U0136034

人間佛教世界展望

釋永東　著

蘭臺出版社

法水長流五大洲

永東法師是高雄人，跟我出家三十年了，早年調派美國西來寺、波士頓佛教中心、澳洲南天寺、墨爾本佛光山與泰國曼谷道場等地服務，並且擔任六年的北美中英文巡迴弘講。這期間，累積海外弘法的實務經驗，與友寺頻繁交流培養了善因好緣。

完成美國西來大學博士學位後，即返台任教佛光大學，在教學與輔導之餘，在學術研究上也筆耕不斷；不僅發表多篇人間佛教相關論文，又指導十數篇中英文的碩士論文，分別探討佛光山在美國、澳洲、馬來西亞、印度與拉達克等地人間佛教的發展與現況。

如今，永東將上述累積的弘法經驗，解行並重與詳實細膩的觀察，透過這本《人間佛教世界展望》，提出諸多對人間佛教國際化的研究。

他從管理觀點切入，綜觀佛光山自開山前的宜蘭時期至開山後迄今六十六年來，人間佛教在台灣與全球的弘化。在時間上，分成醞釀期、播種期、成長期和發展期等四個階段；在空間上，則以亞洲、美洲、澳洲、歐洲、非洲等五大洲的分別院，從道場成立緣起、文化適應等面向，對佛光山發展人間佛教做全面性的學術研究。

永東身為出家弘法者，擁有主持海外道場的實務經驗，並且透過訪談、參與觀察等方法，蒐集佛光山豐富的資料，佐以西方的經營管理理論，呈現佛光山弘揚人間佛教的具體成果，彰顯人間佛教的時代性、適用性、必然性，可謂難得。

本書具創新觀點與諸多特色，可做為人間佛教教材，對於人間佛教研究具參考價值。今出版在即，應永東的請求，特為撰序，

期勉她在人間佛教發展史的研究上做出更多的貢獻。

2015年12月
於高雄佛光山
佛光山開山宗長
台灣佛光大學、台灣南華大學、
美國西來大學、澳洲南天大學、
菲律賓光明大學創辦人

國際化創新觀點

今（2015）年十月中，國際佛光會世界總會獲得中國政府的同意，在佛光山祖庭中國江蘇宜興大覺寺召開第六屆第一次理事會議。18日的開幕典禮，來自世界五大洲80餘國，超過1000位與會人員，齊聚在大雄寶殿。國際佛光會係由認同佛光山人間佛教宗旨者組織而成的佛教團體，在全球70餘個國家設立協會，300多萬會員中固然還是以華人為主，但是理事會議的出席代表中也有不少非漢語系的人士。這樣的盛況顯現出國際佛光會是國際化的佛教團體，也證明佛光山推動國際化弘揚佛法的成就。

相對於以在家信眾為主的國際佛光會，佛光山教團還有以出家眾為主的寺院道場。星雲大師為了將佛法弘傳於世界各地，在全球設有200餘所道場，分布於亞洲、美洲、歐洲、非洲、大洋洲等的重要城市。藉著這許多道場，佛光山教團超越國境、種族的界線，逐漸向「以共修淨化人心」的目標推展。如此的成就，恐怕在世界佛教史上首見。

佛光山的國際化，固然有開山星雲大師的策略企圖心和毅力，同時也具足內、外部環境的有利條件，才能夠有今天的局面。星雲大師在1992年5月16日，國際佛光會世界總會成立暨第一次會員代表大會中，親自做偈語：「心懷度眾慈悲願，身似法海不繫舟，問我平生何功德？佛光普照五大洲。」大師為國際佛光會編撰的會歌，也有「請聽！我們的心願：佛光普照三千界，法水長流五大洲」的詞句。很明顯地，將佛教弘傳於全世界，讓全世界的有情眾生都能共霑法益，一直是大師的願力（也可以說是策略雄心，或策略企圖心）！

　　佛光山教團將佛法弘傳於世界各地的國際化過程，並且獲致偉大的成績，使得佛光山的國際化策略成為學術界關心的議題。星雲大師究竟如何帶領佛光山和國際佛光會的僧俗二眾，邁向佛法弘揚國際化的現階段成果；乃至於佛光山教團如何立基於現有的基礎上面，更進一步實現佛法弘揚的在地化，更是值得學術界重視，並認真探討。

　　佛光大學副教授永東法師，以親自參與佛光山推動國際化的寶貴經驗，和嚴謹的學術研究訓練，從策略管理的觀點出發，客觀地剖析佛光山推動國際化的歷程，整理出深具洞察力的研究結論。永東法師的研究中，我發現至少有三個頗具創新的做法：第一，將星雲大師和佛光山教團推動國際化的歷程，從1949年大師由中國到台灣弘法起至現在，完整地劃分成醞釀期、播種期、成長期和發展期等四個階段，細膩地分析佛光山教團如何累積有利於國際化的內、外部環境的有利條件。

　　第二，永東法師很細心地觀察到佛光山在世界各地興建道場的不同因緣，並將之歸納成四大因緣：基於佛光山發展需要、因為星雲大師首訪、接受捐贈、由國際佛光會組織後的信徒需要等。對於未來想更深入瞭解和研究佛光山國際化的人來說，提供非常具體而且有用的基礎。

　　第三，永東法師花費大量的時間，晤談佛光山在世界各地主要道場相關人員，深入掌握國際化歷程的經驗與心得；同時，也訪問其他佛教團體從事國際化的經驗，以作為相互參照比較的對象，讓這個領域的學者可以有較全面的觀察。

　　永東法師使用了上述三個重大的研究創意，所以也獲得以前研究者未曾觀察到的發現，對於佛教研究，乃至於研究企業國際化

策略的人來說，都可以提供相當的啟發。承蒙永東法師囑咐，我敬佩其豐碩的研究成果，故樂為之序。

2015年11月6日

吳欽杉寫於南華大學財務金融學系研究室

現任

南華大學財務金融學系講座教授

國際佛光會世界總會理事

國際佛光會中華總會教師聯誼會總召

佛教全球化模式

　　本書《人間佛教世界展望》能順利出版，首先要感謝佛光大學特色研究計畫的經費支持，與2015年6月14日台灣宗教學會舉辦的2015年度學術會議，本書先行以論文方式發表。其次要感謝的是在筆者蒐集資料與撰寫過程中，接受訪談的佛光山全球的諸位法師們，尤其是佛光大學釋妙晹會計主任，在本書初稿完成後，協助細讀全文，並不吝指教，最後要感謝出版前匿名的諸位外審委員所提供的寶貴意見，致使本書能如期的出版。

　　本書內容主要探討台灣佛光山創辦人星雲大師於1949年由彼岸渡海來台，親自將中國佛教移植到台灣，開啟其國際弘法的第一步，迄今短短的一甲子內，在其大力推動落實人間佛教下，不僅使其中國佛教本土化的別分院遍佈台灣諸多縣市鄉鎮外，更進一步將台灣模式移植到海外五大洲百多所道場。本書將其人間佛教國際化的過程分為醞釀期、播種期、開發期及成長期四個階段，第一個階段醞釀期，是星雲大師五〇年代抵台灣迄八〇年代尚未設立任何海外道場的三十年期間，星雲大師除了陸續在台灣本土設立道場外，同時進入第二階段播種期，積極進行與世界各國宗教交流、國際佛教交流、與國際人士往來、召開宗教/佛教國際會議，甚至洲際弘法，為未來設立海外道場做準備。第三個階段開發期主要在海外接引當地華人，是星雲大師由中國大陸到台灣建寺弘法的翻版模式。然而台海兩岸同民族思想、語言文化，到了海外不同種族國度、語言文化、風土民情、宗教信仰等的國家，要進入第四階段接引該地人民的本土化，所面臨的各種問題，與如何突破這些障礙，是本書主要探討的議題。

　　本書共分為八章,首先,分別從道場成立緣起、產品製造、行銷管理、財務經費與文化適應五個面向,比對星雲大師兩次國際化與本土化開展進路的同異;其次,比較星雲大師海外五大洲代表道場本土化的現有文獻與訪談資料,可以理出其人間佛教國際化所面臨的各種問題及解決模式,借鏡基督教全球化的興衰經驗;最後,參考對照在加拿大溫哥華的日本佛教所傳承的基隆拿佛寺、在美國波士頓韓國佛教所傳承的劍橋禪中心、澳洲墨爾本的藏傳佛寺、與在法國的越南梅村禪修中心的本土化經營實例,提出建言。一方面藉此檢視歸納星雲人間佛教全球弘化所形成的成功模式,得以提供其他亞洲宗教團體國際化的參考;另一方面瞭解星雲人間佛教國際化後的本土化所面臨的種種困難與紓困之道。希冀星雲人間佛教國際化模式的研究成果,能作為「人間佛教」與「非營利組織管理」等相關課程的教材,以及撰寫相關論文的參考,並對二十世紀以降的世界佛教發展史模式有所貢獻。

釋永東　於佛光雲起樓

2015年11月

第六章、星雲人間佛教國際化的成長期

第七章、亞洲不同傳承的佛教團體在西方國家國際化的模式

第八章、總結與申論

參考書目

附錄 佛光山國際翻譯中心外文著作一覽表

第一章、緒論

　　發源於印度的佛教，發展至二十一世紀的今天，歷經兩千六百年的傳播過程，其中不斷的經歷國際化與本土化，在各地都能因時、因地、因人制宜，開創出各具特色的佛教。台灣佛光山創辦人星雲大師(1927~)(以下簡稱星雲)於1949年春由中國渡海來台，親自將中國佛教移植到台灣，開啟其國際弘法的第一步，迄今短短的一甲子，不僅使中國佛教本土化(有云在地化，本論文統一採用本土化)的別分院遍佈台灣諸多縣市鄉鎮外，更有百多所海外道場屹立於全球五大洲。落腳台灣後的星雲，透過全台設立的別分院，與度眾弘法的本土化經驗，逐步形塑出一套落實人間佛教的理論與做法，例如人間佛教六大特質、佛光山四大宗旨、四給工作信條、三好人生等，成為其日後國際弘化的依循指標與基本模式。

第一節、研究動機及目的

　　筆者於1985年出家後，曾有二十年時間實際參與佛光山在大洋洲、北美洲與亞洲多所海外道場的建設與弘法，以及北美所有道場的巡迴弘講，並擔任過佛光山海外都監院助理。身為一名圈內人，從中觀察到星雲人間佛教國際化過程中遭遇到的問題與困難，及佛光山為解決問題所做的應變策略。加上筆者在佛光大學教學生涯中，亦陸續指導過十數名外籍生，撰寫佛光山道場的人間佛教在其國家本土化的碩士學位論文，更發現星雲人間佛教國際化之後，在轉型為本土化的過程中，年長華人傳承予當地出生受教育的第二代子弟時，產生青黃不接現象，更遑論再過渡到本地人的本土化就更加困難了。

　　筆者認為星雲人間佛教國際化的過程可分為四個階段—醞釀期、播種期、開發期及成長期，第一個階段醞釀期，是星雲五〇年代抵台灣迄八〇年代尚未設立任何海外道場的三十年期間，星雲除了陸續在台灣本土設立道場外，同時進入第二個階段播種期，積極進行國際佛教交流、世界宗教交流、與國際人士往來、召開宗/佛教國際會議，甚至洲際弘法，為未來設立海外道場而準備。第三個階段開發期主要在海外接引當地華人，是星雲由中國大陸到台灣建寺弘法的翻版。然而台海兩岸同民族、語言、與文化，到了海外不同種族民俗、語言文化、宗教信仰等的國家，要進入第四個階段接引本地人的本土化，進展緩慢、停滯不前，曾讓星雲頗有無力感。

　　本論文從道場成立緣起、產品製造、行銷弘法、財務管理與文化適應等五個面向，對於星雲兩次國際化與本土化開展進路的同異做比對，以及與星雲在海外五大洲的代表道場本土化的比較，理

出其人間佛教國際化的模式。並參考對照亞洲大乘佛教傳承在加拿大溫哥華的日本佛教所傳承基隆拿佛寺、美國波士頓韓國佛教所傳承的劍橋禪中心、澳洲墨爾本的藏傳佛寺、與在法國的越南梅村禪修中心的本土化，提出建言，一方面藉此檢視歸納星雲人間佛教全球弘化所形成的成功模式，得以提供其他亞洲宗教團體國際化的參考；另一方面瞭解星雲人間佛教國際化後的本土化所面臨的種種困難與紓困之道。希冀星雲人間佛教國際化模式的研究成果，能作為「人間佛教」與「非營利組織管理」等相關課程的教材，以及撰寫相關論文的參考，並對二十世紀以降的世界佛教發展史模式有所貢獻。

第二節、文獻回顧

上述星雲國際化所遇到的難題不易為圈外人所發現與瞭解，亦無法見於佛光山出版的所有相關文獻中，但略可見於少數的學術論文中，卻都是片斷的。研究佛光山國際化的相關文獻以《佛光山開山四十週年紀念特刊》第8冊《佛光道場》，與第7冊《國際交流》兩本專書為主。前者《佛光道場》介紹佛光山全球近兩百所的道場，[1] 後者《國際交流》則記錄佛光山與各宗教的交流、佛光山於世界各地的貢獻、及弘法度眾的諸多創建等。[2] 兩本專書均未見提出任何國際化過程中遇到的困難與對策，而且只收錄到2007年上半年，但仍能做為本論文的主要參考資料。另

---

[1] 佛光山宗委會(2007)，《佛光山開山四十週年紀念特刊 8 佛光道場》，佛光山文教基金會。

[2] 同上註。

外，星雲相關傳記如符芝瑛(1995)《傳燈》、【3】與林清玄(2001)《浩瀚星雲》，【4】兩部傳記對星雲弘揚佛教的貢獻與服務社會達致的成就，都有詳實精緻的敘述。滿義(2005)《星雲模式的人間佛教》，【5】與符芝瑛(2006)《雲水日月(上、下)-星雲大師傳》，【6】兩部為星雲較晚期的傳記，前者以理論文獻彙整為主，後者則以佛光山海內外相關單位負責人第一手的訪談資料居多，都有可資參考的資訊。上述四本星雲傳記一致表彰星雲對整個佛教發展史三項具革命性的貢獻：佛法西傳、眾教協力與建立傳承制度。【7】再者，星雲最近出版的親身的口述歷史《貧僧有話要說》，【8】可以更精準的掌握星雲人間佛教六十年來的弘化發展過程。

其他研究佛光山國際化的相關學術論文相當多，可分為兩類。一類是居住在台灣本島的研究者角度，計有五篇；另一類屬僑居海外研究者的觀點，共有十三篇，分別為佛光山在美國洛杉磯與紐約、荷蘭、澳洲、巴西、馬來西亞、與菲律賓等國的道場研究。兩者切入層面深淺有別，前者探討較表面化，說明如下：

一、佛光山國際化本島視野：

計有五篇學位論文，分述如后：

(一)孫寶惠(2006)，《非營利事業組織之國際化發展策略—以

【3】　符芝瑛(1995)，《傳燈》，台北市：天下遠見出版股份有限公司。

【4】　林清玄(2001)，《浩瀚星雲》，台北市：圓神出版社。

【5】　滿義(2005)，《星雲模式的人間佛教》，天下遠見出版股份有限公司。

【6】　符芝瑛(2006)，《雲水日月-星雲大師傳(上、下)》，台北市：天下遠見出版股份有限公司。

【7】　符芝瑛(2006)，《雲水日月-星雲大師傳(上)》，台北市：天下遠見出版股份有限公司，頁8。

【8】　星雲(2015)，《貧僧有話要說》，台北市：福報文化有限公司。

佛光山為例》對佛光山個案國際化的成就，依策略的SWOT分析，針對組織使命、個人特質、工作體驗、組織目標認知、組織承諾進行研究的結果。【9】本論文作者以圈外人眼光來看佛光山的國際化，但指導教授吳欽杉博士是佛光山與佛光會資深信徒與會員，提出佛光山設立中文小學、美國西來大學等知識文化教育機構，是最符應知識經濟的時代，且能紮根「本土化」途徑的睿見。

　　(二)戴美華(2007)，《非營利組織國際化策略之研究-以慈濟與佛光山為例》探討慈濟與佛光山國際化的動機、國際化策略之異同，海外進入模式如何有效運用，進入模式之分類，與選擇之影響因素等議題。【10】

　　(三)廖嘉雯(2008)，《台灣非政府組織參與聯合國之策略—以國際佛光會為例》主要探討分會散佈全球知名的國際佛光會，是台灣非政府的在家組織，如何能在2003年被聯合國經社理事會授予特殊諮商地位？【11】筆者認為：成立佛光會是星雲人間佛教國際化後的本土化過程中，為改善老少華人信徒銜接與融合信仰的階段性策略，由此可見佛光會對星雲人間佛教的國際化與本土化扮演相當重要的角色。

　　(四)羅綺新(2009)，《佛光山教團全球化之文化意象》認為佛光山教團意象並非一成不變，當教團內化教義，再透過活動的實

【9】　孫寶惠(2006)，《非營利事業組織之國際化發展策略—以佛光山為例》，國立中山大學企業管理學系研究所碩士論文。

【10】　戴美華(2007)，《非營利組織國際化策略之研究-以慈濟與佛光山為例》，育達商業技術學院企業管理所碩士論文。

【11】　廖嘉雯(2008)，《台灣非政府組織參與聯合國之策略—以國際佛光會為例》，南華大學國際暨大陸事務學系亞太研究所碩士論文。

踐，所形塑出的意象，可以提高信徒的認同感，增加教團行為的一致性，強化信徒的信仰，信徒的行為也跟著改變，具有「信仰－意象」的相互動態關係，透過教團活動信徒的信仰被強化，以改變既有的意象，進而重塑新的意象。【12】佛光山在全球國際弘化中，就是透過文化活動來強化其意象。

(五)李美蘭(2015)，《佛光山藍海策略之研究》論述和評析佛光山近50年經營的成功策略，是如何結合與運用「藍海策略」？以做為信仰人口越來越少的韓國佛教的借鏡。作者以藍海策略理論，透過「四項行動架構」(ERRC)理論分析佛光山的價值創新、關注非佛教徒、以多元化的活動與現代化設備、融合傳統與現代、藝文化與國際化等的發展。作者認為佛光山以參與、解釋、希望透明化的公平程序，來克服組織障礙，讓大眾找到安頓的力量，心甘情願投入「弘揚人間佛教、共創佛光淨土」的目標。【13】此最新出爐的碩士論文縱觀佛光山藍海策略的實施，談國際化部分只佔兩頁篇幅，並沒有進一步透析佛光山藍海策略運用在國際化後的本土化的情況，較偏重在星雲人間佛教在台本土化的做法，僅對本論文的醞釀期具有參考價值。

二、佛光山國際化海外視野：

此類學術研究計有兩部專書、六篇學報論文與七篇學位論文，分別探討如下：

(一)專書類：

【12】 羅綺新(2009)，《佛光山教團全球化之文化意象》，佛光大學未來學研究所碩士論文。

【13】 李美蘭(2015)，《佛光山藍海策略之研究》，佛光大學佛教學系碩士論文。

　　兩部相關專書，分別為2004年Stuart Chandler出版的博士論文 Establishing a Pure Land on Earth: The Foguang Buddhist Perspective on Modernization and Globalization。【14】與2015年程恭讓出版的《星雲大師人間佛教思想研究》。【15】

　　前者的主要內容為Stuart縱觀佛光山的現代化與全球化的看法，其中採用許多Holmes Welch 1967年出版的The Practice of Chinese Buddhism一書的觀點。【16】Stuart特別關心來自信眾捐款的財務議題，尤其是海外本土化時，既要保有中華文化，又要能夠吸引西方人；不需仰賴華人的捐款，而能解決本土弘化的經濟問題等兩者間的平衡。以一位西方人能關照到這些細膩問題，是極為不易的。

　　後者《星雲大師人間佛教思想研究》近800頁專書中，程恭讓在第十章〈佛光西來寺：星雲大師人間佛教國際化的大試驗場〉，以西來寺參訪劄記為主，收錄了2014年8月10-28日期間訪談現任住持慧東法師在美國推動人間佛教本土化經驗的第一手寶貴資料。【17】

　　(二)學報類：六篇學報論文四位作者中的前三位作者，皆為具有圈內人身份星雲的出家徒弟，分別為釋滿具〈人

【14】　Stuart Chandler(2004), Establishing a Pure Land on Earth: The Foguang Buddhist Perspective on Modernization and Globalization, - Honolulu: University of Hawai'i Press.

【15】　程恭讓(2015)，《星雲大師人間佛教思想研究》，高雄市：佛光事業有限公司。

【16】　Holmes Welch(1967),The Practice of Chinese Buddhism: 1900-1950. Cambridge: Harvard University Press.

【17】　程恭讓(2015)，《星雲大師人間佛教思想研究》，頁548-623。

間佛教全球弘化問題略論—以美國為例〉【18】與釋妙光英文撰寫的Issues of Acculturation and Globalization Faced by the Fo Guang Shan Buddhist Order(佛光山海外弘傳的文化適應問題)【19】，以及釋妙益對佛光山美國西來寺、荷蘭荷華寺與德國佛光山的三個個案研究。三位均擁有佛光山海外道場的實務經驗，這些研究論文是相當珍貴的第一手資料，綜整略述如下：

1.釋滿具〈人間佛教全球弘化問題略論—以美國為例〉，針對42位曾任職佛光山美國各道場的出家僧眾所做的問卷調查結果，認為中華文化與禪修是接引西方人學佛的善巧方便法，加強外語能力是本土化推動者的必修功課，降低東西方文化差異是本土化必然的途徑。【20】

依據筆者過去長年在美、加、澳洲等國大學與佛光山別分院，以英語巡迴弘講禪教西方人士的經驗，以及觀察這些別分院的弘法模式，筆者認為加強外語能力之外，更重要的是有本土化弘法的意願與自信，否則光有外語能力而無心投入本土化弘法工作，會永遠停留在初期接引當地華人的階段。

2.釋妙光英文撰寫的Issues of Acculturation and Globalization

【18】　釋滿具(2013)，〈人間佛教全球弘化問題略論—以美國為例〉，《2013星雲大師人間佛教理論實踐研究》，頁482-499。

【19】　釋妙光(2013)，Issues of Acculturation and Globalization Faced by the Fo Guang Shan Buddhist Order〈佛光山海外弘傳的文化適應問題〉，《2013星雲大師人間佛教理論實踐研究》，頁540-577。

【20】　釋滿具(2013)，〈人間佛教全球弘化問題略論—以美國為例〉，《2013星雲大師人間佛教理論實踐研究》，頁482。

Faced by the Fo Guang Shan Buddhist Order(佛光山海外弘傳的文化適應問題)，從天主教傳教中國人，發生文化適應問題點切入，再由文化適應的角度探討佛光山在海外本土化現況，溯源星雲強調海外道場本土人士擔任住持的理念，透過適當性的策略檢視，與面臨文化衝突的解決方法。【21】

　　3.另外三篇學報論文為釋妙益(2004)〈從佛光山美國西來寺看佛教本土化〉指出星雲對佛光山海外第一大寺西來寺提出本土化四大指標—西來英語化、西來國際化、西來文宣化、西來僧信化。【22】釋妙益調派歐洲道場服務後，又陸續發表了〈從星雲大師本土化理念看佛光山全球弘化之文化適應及成效—以荷蘭荷華寺為例〉【23】與〈從「柏林佛光山德文組」看德國弘法成效及佛教本土化〉，【24】再度呈現佛光山在歐洲不同語言文化與宗教信仰背景下的本土化做法。上述三位僧眾都從東西方文化衝擊面提到語言適應問題，後者更進一步論及在歐洲中國傳統寺廟建築，難耐低溫冰雪氣候造成嚴重的損壞，與新舊移民信徒間相互排擠、互不相容的困境，並提出紓困之建議。

　　4.由陸鏗與馬西屏共同完成的〈星雲大師與人間佛教全球化發

【21】　釋妙光(2013)，〈佛光山海外弘傳的文化適應問題〉，《2013星雲大師人間佛教理論實踐研究》，頁540。

【22】　釋妙益(2004)，〈從佛光山美國西來寺看佛教本土化〉，《普門學報》第24期／2004年11月，頁314。

【23】　釋妙益(2013)，〈從星雲大師本土化理念看佛光山全球弘化之文化適應及成效—以荷蘭荷華寺為例〉，《2013星雲大師人間佛教理論實踐研究》，頁500-539。

【24】　釋妙益(2014)，〈從「柏林佛光山德文組」看德國弘法成效及佛教本土化〉，《2014星雲大師人間佛教理論實踐研究》，頁640-666。

展之研究〉，長年居住美國資深知名報人陸鏗，從全球視角縱觀佛教人間性的特質，借鏡基督教全球化的興衰，探討如下三個問題：佛教文化有沒有像當年的基督教一樣，逐漸走上全球化的道路？佛教文化全球化的優勢與劣勢何在？想要全球化，第一步必須先具備有「人間性」。究竟佛教文化是否具有符合「理性的人生與社會」特徵的「人間性」？【25】本論文採杭亭頓（Samuol. P. Huntington）《文明衝突與世界秩序的重建》（The Clash of Civilizations and the Remaking of World Order）的看法，認為各國界定認同自己的主要標準，已是來自不同「文明」之間的衝突──文化、宗教與「本土化」社會特質。【26】

(三)學位論文類：

七篇學位論文中，有三篇為英文論文，其中兩篇是來自澳洲的Fun, Leonard (2013) Effective Transition of Fo Guang Shan Young Adult Division into Buddha's Light International Association through the Study of Sydney Prajnas Division(佛光青年轉為國際佛光會員之研究─以雪梨般若分團為例)【27】，與Wai, Wei Wei(韋葳葳) (2013) Localization of Humanistic Buddhism in Australia: Nan Tien Temple as

---

【25】 陸鏗/馬西屏(2007)，〈星雲大師與人間佛教全球化發展之研究〉，《普門學報》第40期，頁1-30。

【26】 杭亭頓（Samuol P. Huntington）、黃裕美譯(1997)，《文明衝突與世界秩序的重建》（The Clash of Civilizations and the Remaking of World Order），聯經出版公司，頁34-39。

【27】 Fun, Leonard (2013) Effective Transition of Fo Guang Shan Young Adult Division into Buddha's Light International Association through the Study of Sydney Prajnas Division(佛光青年轉為國際佛光會員之研究─以雪梨般若分團為例)，佛光大學佛教學系碩士論文。

Example《人間佛教在澳洲本土化研究－以南天寺為例》【28】，兩位都是筆者指導的研究生，均為澳洲南天寺的佛青，具有圈內人的身份，前者探究發現南天寺第二代華人信徒的佛青，轉為佛光會員的意願極為薄弱；後者則透過訪談，瞭解在南天寺服務與擔任義工的本土人士，對南天寺的忠誠度與向心力，建議國際化後的本土化勢必要提拔本地澳洲人擔任寺廟住持。兩篇論文分別提供本研究第五章第二節與第三節很好的佐證。另一篇為來自菲律賓Marie Antoinette R. Gorgonio(2009) The Study of the Impact of the Influence of Humanistic Buddhism Music on the Participants of the "Biography of the Buddha" Musical Production in the Philippines(人間佛教音樂與非佛教徒中之影響研究-以菲律賓"佛陀傳-悉達多太子"為例)，【29】提供在亞洲使用英文的菲律賓天主教國家，利用佛陀傳音樂劇是善巧方便的本土化方式。

　　另外四篇學位論文都是以中文撰寫，其中兩篇分別探討佛光山在北美洲紐約道場，與南美洲的巴西佛光山，前者陳家羚(2012)《從佛光山紐約道場看紐約華人宗教參與和社會適應》所談的對象主要以華人為主，作者認為「信仰」是主要影響華人適應變因，故分別結合性別、世代、社經地位、家庭組織結構、政治和文化認同等因素，檢視紐約在美華人的適應能力。【30】其實佛光山紐約道場

【28】 韋葳葳(2013)《人間佛教在澳洲本土化研究－以南天寺為例》，佛光大學佛教學系碩士論文。

【29】 Marie Antoinette R. Gorgonio(2009)《人間佛教音樂與非佛教徒中之影響研究-以菲律賓"佛陀傳-悉達多太子"為例》，佛光大學佛教學系碩士論文。

【30】 陳家羚(2012)《從佛光山紐約道場看紐約華人宗教參與和社會適應》，國

自1991年成立迄今，一直停留在國際化後接引當地華人的階段，一直無法有所突破。後者朱思薇(釋妙上) (2008)《佛教西來南美的分析探討－以佛光山人間佛教在巴西的發展為研究》探討的佛光山巴西如來寺則是迥異於前述紐約道場，已邁入國際化後的本土化，接引的幾乎都是當地巴西人。作者以圈內人的角色亦觀察到中巴間文化差異的衝擊需要調和，故提出極為中肯的建議：人間佛教的本土化是以圓融、奉獻、友好、尊重包容，不排斥其本土信仰為原則，是將理念活用在生活中，提供實用的生活藥方。以文化、教育來培養人才，宣傳教義，只要對「人」的道德倫理有益、生活品質提升，從思想見解上改造人心，這才是根本之道。【31】

　　其中兩篇相關的中文學位論文，皆探討佛光山在馬來西亞的國際化與本土化，也都仍保留在華人的接引。第一篇李姿儀(2011)《跨國宗教與在地社會-以馬來西亞佛光山為例》，探討佛光山人間佛教國際化到馬來西亞後，如何克服跨國的藩籬，獲得在地伊斯蘭教社會的認同，以及融合文化間的差異，使彼此間的交流得以進行。【32】第二篇林威廷 (2011)《佛光山在大馬華人社區中的發展-以柔佛州新山禪淨中心為研究》探討「華人宗教」與佛教團體對人們所發揮的社會功能，作者認為「華人宗教」還須朝向正確生活修行發展，亦即以出世的精神作入世的事業，誠如佛光山星雲所提倡的「人間佛教」的理念，正符合現代人所需，以佛教朝向生活化、制

立臺灣師範大學華語文教學系碩士論文。

【31】　朱思薇(釋妙上) (2008)，《佛教西來南美的分析探討－以佛光山人間佛教在巴西的發展為研究》，南華大學宗教學研究所碩士論文。

【32】　李姿儀(2011)，《跨國宗教與在地社會-以馬來西亞佛光山為例》，國立暨南國際大學東南亞研究所碩士論文。

度化、現代化、國際化的發展邁進，「人間佛教」的落實在人們日常生活中，關懷社會、維護民主、照顧民眾疾苦，從事文化、教育、慈善、弘法等事業，從而達到以佛法淨化人心的功能。【33】

　　為便利讀者一覽星雲人間佛教國際化模式探討的相關文獻，特分類依出版年代列表如表1-1。

表1-1、佛光山國際化相關文獻一覽表

視野	種類	編號	年代	作者	專書/論文名稱
佛光山國際化本山視野(7)	專書(7)	1	1995	符芝瑛	《傳燈》
		2	2001	林清玄	《浩瀚星雲》
		3	2005	釋滿義	《星雲模式的人間佛教》
		4	2006	符芝瑛	《雲水日月-星雲大師傳(上、下)》
		5	2008	佛光山宗務委員會	《佛光山開山四十週年紀念特刊》第7冊《國際交流》
		6	2008	佛光山宗務委員會	《佛光山開山四十週年紀念特刊》第8冊《佛光道場》
		7	2015	星雲	《貧僧有話要說》
佛光山國際化本島視野(5)	學位論文(5)	1	2006	孫寶惠	《非營利事業組織之國際化發展策略—以佛光山為例》
		2	2007	戴美華	《非營利組織國際化策略之研究-以慈濟與佛光山為例》
		3	2008	廖嘉雯	《台灣非政府組織參與聯合國之策略—以國際佛光會為例》
		4	2009	羅綺新	《佛光山教團全球化之文化意象》
		5	2015	李美蘭	《佛光山藍海策略之研究》

【33】　林威廷 (2011)，《佛光山在大馬華人社區中的發展-以柔佛州新山禪淨中心爲研究》佛光大學佛教學系碩士論文。

視野	種類	編號	年代	作者	專書/論文名稱
佛光山國際化海外視野15	專書(2)	1	2004	Stuart Chandler	*Establishing a Pure Land on Earth: The Foguang Buddhist Perspective on Modernization and Globalization*
		2	2015	程恭讓	《星雲大師人間佛教思想研究》
	學報(6)	1	2004	釋妙益	〈從佛光山美國西來寺看佛教本土化〉
		2	2007	陸鏗 馬西屏	〈星雲大師與人間佛教全球化發展之研究〉
		3	2013	釋妙益	〈從星雲大師本土化理念看佛光山全球弘化之文化適應及成效—以荷蘭荷華寺為例〉
		4	2014	釋妙益	〈從「柏林佛光山德文組」看德國弘法成效及佛教本土化〉
		5	2014	釋滿具	〈人間佛教全球弘化問題略論—以美國為例〉
		6	2014	Shih, MiaoGuang (釋妙光)	*Issues of Acculturation and Globalization faced by the Fo Guang Shan Buddhist Order* 〈佛光山海外弘傳的文化適應問題〉
	學位論文(7)	1	2008	朱思薇 (釋妙上)	《佛教西來南美的分析探討－以佛光山人間佛教在巴西的發展為研究》
		2	2009	Marie Antoinette R. Gorgon	*The Study of the Impact of the Influence of Humanistic Buddhism Music on the Participants of the "Biography of the Buddha" Musical Production in the Philippines* 《人間佛教音樂與非佛教徒中之影響研究-以菲律賓"佛陀傳-悉達多太子"為例》
		3	2011	李姿儀	《跨國宗教與在地社會-以馬來西亞佛光山為例》
		4	2011	林威廷	《佛光山在大馬華人社區中的發展-以柔佛州新山禪淨中心為研究》
		5	2012	陳家羚	《從佛光山紐約道場看紐約華人宗教參與和社會適應》
		6	2013	Wai, wei-wei (韋葳葳)	*Localization of Humanistic Buddhism in Australia: Nan Tien Temple as Example* 《人間佛教在澳洲本土化研究 - 以南天寺為例》
		7	2013	Fun, Leonard	*Effective Transition of Fo Guang Shan Young Adult Division into Buddha's Light International Association through the Study of Sydney Prajnas Division* (佛光青年轉為國際佛光會員之研究—以雪梨般若分團為例)
3	5	27			5英22中

　　上表1-1合計27筆星雲人間佛教國際化相關研究文獻，僅有五篇論文以英文撰寫，其餘22篇均以中文撰寫佔八成居多。除了第一部符芝瑛《傳燈》，在二十世紀末出版外，其他26筆文獻發表時間都在21世紀初，最早始於2004年Stuart Chandler的專書，此書原為作者於1998年就讀哈佛大學時的博士論文，直到2004年才出版。第一類由本島角度來研究佛光山國際化的論文共有12篇，稍早於第二類的海外視野研究佛光山的國際化。第二類相關研究論文計15篇，略多於本島視野的研究量，研究道場個案跨亞洲、美洲、大洋洲及歐洲，唯未見佛光山任何非洲道場相關學術研究論文。佛光山在海外各洲各地設立的道場，雖然各有不同的人事環境與因緣條件，但可就這些被研究的道場文獻中找出其共通點，形成星雲人間佛教國際化與海外道場本土化模式的參考與依據。

第三節、研究方法與困難解決

　　本論文的研究方法主要採質性研究的文獻觀察、田野調查、與訪談。先搜集相關文獻資料，不足處再輔以田野調查與訪談。2007年之後成立的佛光山海內外道場，尚無詳細的文字記載，則需透過訪談來蒐集有關資料，若無法直接面對面訪談，則以email、skype或網路電話取代。然而由於各洲、各國，甚至各道場都有不同的因緣，所以不便設計結構式問題訪談，故以半結構式問題為之。主要訪談問題可分為國內與海外道場兩類：兩類的共同問題為道場設立時間、設立的因緣、現任住持相關資料等；在海外道場部分，則增加使用語言、經費來源、經營模式與本土化現況與困難

等。在取得各種相關資料後，將依佛光山在台灣與五大洲的海外道場創建時間先後，與四項創建緣起分別製表，供第三章與第五章使用。其餘訪談內容則供第三章、第五章與第六章使用，以利統計分析與彼此之間的比較詮釋。

　　第二部分分醞釀期、播種期、開發期及成長期四個階段，來檢視星雲人間佛教國際化之後的本土化發展現況。礙於有些相關的內部文獻只記錄佛光山的弘法成果，未涉及可能遭遇到的困難及解決策略，且筆者本身又屬圈內人身份，故易流於探討不夠客觀或避重就輕之嫌。所以筆者將結合圈內人的優點，加上學者的立場來平衡此問題。另外，四個階段的時間不易劃分，故需先統一界定。

　　故本論文除了第一章緒論及文獻回顧外，第二章星雲人間佛教的理念與實踐；第三章探討星雲由大陸來台首波國際化與本土化的道場設立、產品製造、行銷管理、經費來源與文化適應模式的醞釀期；第四章播種期討論星雲如何為未來在海外設立道場做準備。第五章直接探討星雲在五大洲創設的海外道場的創建因緣、產品製造、行銷弘化、財務管理與文化適應，並與首波在台灣國際化與本土化模式做比較，瞭解兩組模式的同異。第六章檢視佛光山海外道場國際化後的本土化問題與因應的解決策略，第七章列舉其他亞洲國家四個大乘佛教傳承在西方國家的本土化模式，再與之比較作為參考。以上第三章至第六章是星雲人間佛教國際化之開展進路不同階段的分別探討。第七章是比對同為大乘傳承亦來自亞洲的四個佛教團體國際化與本土化的實例，以做為借鏡。第八章結論與建議。

第四節、背景說明

　　佛陀在印度摩竭陀國(Magadha)佛陀迦耶的菩提樹下成道後，一生遊行教化於蘇羅婆國(Suraeena古代阿槃提國Avanti)首都優禪尼(Ujayana)、支提國(Cedi)首都拘睒彌(kausambi)、憍薩羅國 (Kosala)首都舍衛城(Sravasti)、迦屍國(Kasi)首都波羅奈(Baranasi)、離車國(Licchavi)首都毘舍離(Vaisali)、鴦伽國(Anga)首都瞻波城(Campa)、與末羅國(Malla)首都拘尸那捷羅城(Kusinagara)等國。【34】由於佛陀周遊上述各國的國際化弘法活動，與其涅槃後弟子繼續擴大向外推動國際弘法傳播，佛法才得以向外南傳到斯里蘭卡、泰國等東南亞國家，形成所謂的南傳佛教；向北經由中亞諸國傳至中國、韓國、日本等國家，形成北傳佛教。佛教能延續至今，歸功於佛陀自始即在落實佛教的國際化與本土化。

　　身為北傳佛教主角的中國佛教，發展到了清末民初時，社會瀰漫出世的山林佛教、與度死的經懺佛教等風氣，因而有太虛大師為對治度死的佛教而提倡人生佛教的思想，之後由在台灣的印順與星雲繼承。印順偏重在人間佛教思想理論的鑽研，而星雲則側重在人間佛教的推動與落實。為何星雲被推崇為人間佛教的推動與落實者，由下列星雲對佛教的看法可窺知一二「佛教不是出家人的，也不是供學者研究的，佛教應該是有益於全民大眾的；佛教不是理論、抽象的，而是重視人間性、具有人間性格，能為世間帶來幸福快樂的宗教。」【35】由此不難看出星雲人間佛教的理念，自然包含

【34】　後秦・佛陀耶舍共竺佛念譯，《長阿含・遊行經》，《大正藏》冊1，no.1，頁21中。

【35】　符芝瑛(2006)，《雲水日月 星雲大師傳(下)》，台北市：天下遠見出版股

如下三條，1.將追求來世的佛教變成重視今生的佛教；2.把超然的西方極樂世界，改造為現實的人間淨土；3.變「有漏皆苦」(煩惱、有缺陷、不圓滿)的人生嘆息，為人類福祉的生命禮讚。【36】

在台灣積極落實人間佛教的星雲，自1949年來台灣之後，便以許多貼近當時人們的喜好或者潮流的方法傳播佛教。透由電視、廣播、組織青年佛教歌詠隊等活動，不但走入在家信眾，更貼近人們的需求，因此加速了人間佛教在台灣的本土化，同時也形塑出星雲人間佛教國際化的初期模式。

有如上特質的星雲人間佛教，在推動國際化過程中，面對不同於台灣的種族國度、語言文化、風土民情、宗教信仰等，曾面臨什麼樣的衝擊，又如何突破？在進入主題探討前，在此需先釐清「國際化」的定義，才易界定星雲人間佛教國際化過程中各階段的發展進路。

根據Hitt et. al, (2007) Strategic management: Competitiveness and globalization指出國際化意指廠商在擴張其產品銷售、研發、製造等營運活動，在本國以外的地區完成，皆可稱為國際化。【37】而國際化之後緊接著就是本土化的耕耘，兩者之間表面上似有時間先

份有限公司，頁412。

【36】 符芝瑛(2006)，《雲水日月 星雲大師傳(下)》，台北市：天下遠見出版股份有限公司，頁412。

【37】 原文為 "International diversification refers to a strategy in which a "firm expands the sales of its goods or services across the borders of global regions and countries into different geographical locations or markets" Hitt, M. A., Ireland, R. D., & Hoskisson, R. E. (2007), Strategic management: Competitiveness and globalization (7 ed.). Mason, OH: South-Western. Hitt, M. A., p.251

後，但實質上是一體互補的，兩者之間的差異，如下列摘錄所述：

> 國際化意味著產品有適用於任何地方的「潛力」；在地化則是
> 為了更適合於「特定」地方的使用，而另外增添的特色。若以
> 一項產品來說，國際化只需做一次，但在地化則要針對不同的
> 區域各做一次。這兩者之間是互補的，並且兩者合起來才能讓
> 一個系統適用於各地。【38】

上述理論正可印證星雲1949年由大陸跨國到台灣，將中國佛教傳到中國以外的台灣，即屬星雲第一次的國際化，之後在台灣南北各地設立75所分別院的本土化，兩者合起來的系統，正好成了星雲以台灣為基地，在五大洲設立海外道場的適用模式。從台灣移植到五大洲的海外道場成功與否，與發展的程度，則有賴於星雲所製造出的產品與培養出來僧眾的能力差異，正如管理學所謂的廠商國際化發展的程度，及廠商所擁有的產品差異化能力，對績效的影響佔有重要決定性。【39】

下列將綜整星雲人間佛教的理念與實踐，以瞭解其中是否具有加快其全球國際化弘法腳步的有利元素。

【38】　〈國際化與在地化〉http://zh.wikipedia.org/wiki/%E5%9B%BD%E9%99%
　　　85%E5%8C%96%E4%B8%8E%E6%9C%AC%E5%9C%B0%E5%8C%96
　　　2014.12.25

【39】　喬友慶、于卓民、林月雲，〈國際化程度與產品差異化能力對廠商績效
　　　之影響–台灣大型製造廠商之實證研究〉《管理學報》，第十九卷，第五
　　　期，民國九十一年十月，頁813。

第二章、星雲人間佛教的理念與實踐

　　星雲開創佛光山，以人間佛教為主要思想依據，以「弘揚人間佛教，建設佛光淨土」為目標。因此，星雲自1949年由中國初抵宜蘭，即推出多種創新的弘法活動。1967年創辦佛光山後，為了實現上述目標，更全方位推出各種多元的弘法事業，創新價值導向，開啟全台灣甚至全球無人競爭的市場空間，正如高希均在為符芝瑛《雲水日月・星雲大師傳》寫序時，推崇「星雲模式」不僅符合「藍海策略」，更超越了藍海策略。星雲是藍海策略的先行者、領先了半世紀。【1】

　　下面在探討星雲人間佛教的理念與實踐前，將先爬梳星雲人間佛教思想的啟蒙與在宜蘭的初試啼聲。

【1】 符芝瑛(2006)，《雲水日月 星雲大師傳(上)》，頁14。

第一節、星雲人間佛教思想的啟蒙與發動

　　星雲所以能畢生堅持以「弘揚人間佛教，建設佛光淨土」為使命，除了深受太虛大師提倡佛教「教產改革」、「教理改革」、「教制改革」三革運動思想的影響外，【2】其實真正啟發其弘揚人間佛教的，是他自己的人間性格，在這種性格裡，本來就存有人間佛教的思想。在星雲未出家之前，就有與人為善、從善如流、為人著想、給人歡喜、合群隨眾、助人為樂、歡樂融和、同體共生的性格。【3】星雲曾說：

> 我與太虛大師曾經有過接觸，我少年時代的理想與太虛大師的思想不謀而合。不過最主要的是，在我的性格觀念裡，我總是希望別人好，希望大眾好，希望佛教的發展能夠蓬勃興隆，希望盡自己的力量給人利益，希望在眾緣所成之下，人間淨土的理想能夠實現。【4】

　　此外，星雲會積極弘揚人間佛教也深受其母親的影響。在符芝瑛《雲水日月》書中可窺見，

> 一年，老奶奶在台下聽兒子講《金剛經》，講到「無我相，無人相，無眾生相，無壽者相」，兒子下台之後，她一本正經的

【2】　星雲大師(2015)，《貧僧有話要說》，台北市：福報文化有限公司，頁192。

【3】　星雲大師(2008)，《人間佛教語錄(下冊)》，台北市：香海文化出版，頁49。

【4】　符芝瑛(2006)，《雲水日月 星雲大師傳(下)》，台北市：天下遠見出版股份有限公司，頁444。

批評講得太深奧了，「如果無我相，心中眼中都沒有他人，還修什麼行呢？」兒子聽到母親的一席話，啞口無言，的確，母親堅持的「有人相」不正是他努力推行人間佛教的最佳註解嗎？【5】

　　上述摘錄內容似乎有違《金剛經》無相的理念，但不著相是指佛果位上，是菩薩悟道的境界，是得度之後才能說的；在沒有得度之前，人相是很重要的。【6】反而因為星雲心中常存有眾生的利他性格，才能於1993年其母親在香港紅館體育館，聽聞兒子講《金剛經》後給予提點時，能激盪出星雲心中對人間佛教更深度的認知與弘化方向。可見星雲與生俱來的人間利他性格、與太虛大師佛教三革運動的影響，成為星雲五〇年代初到宜蘭弘揚人間佛教初試啼聲的強大動力。加上星雲講金剛經後受其母親無四相提撥的影響，則更堅定其人間佛教利他性的特質與日後說法的方式。此外，當時正逢「中國佛教會」在台灣奉准復會，該會透過大規模舉辦傳戒活動，來認證能居住寺廟與擔任住持合法的僧人，致使台灣佛教逐漸脫離日式「肉食娶妻」的佛教與齋教的遺風。【7】這些佛教寺廟僧眾的整肅，對於圖思改革當時台灣佛教弊端的星雲，提供不少的助緣與希望。

【5】　符芝瑛(2006)，《雲水日月 星雲大師傳(上)》，台北市：天下遠見出版股份有限公司，頁48。
【6】　參閱星雲大師(2008)，《人間佛教語錄(下冊)》，台北市：香海文化出版，頁117。
【7】　參閱江燦騰(2010)，〈二戰後台灣漢傳佛教的轉型與創新〉，《二十一世紀雙月刊》，頁169。李美蘭(2015)，《佛光山藍海策略之研究》，佛光大學佛教學系碩士論文，頁13。

　　1953年星雲應邀擔任宜蘭雷音寺念佛會的講師，初到宜蘭新環境，一方面，用既有的中國佛教文化意識，來認識當時台灣佛教的文化生態；另一方面，要適應當時台灣佛教的文化生態與中國佛教的差異性帶來的衝擊。星雲審度時勢與觀察環境，發現其間因總統夫人宋美齡排佛尊基，且當時的宜蘭佛教正處於制度散漫，神佛不分，尤其齋教與佛教更混淆不清，難以分辨，正信佛教的人口很少，【8】又因佛教混雜民間信仰，被誤認為是迷信，且佛教僅在葬禮時才被派上用場等。【9】致使年青人只歡喜到具現代化設備的教會，加上民眾習於佛道不分的信仰禮拜，不易勝解佛教的講經說法。上述種種宗教亂象，早讓星雲體會到身處異國、受到信仰不同、語言不通、民情殊異等文化衝擊所導致的不便。早已激發起其深藏內心改革佛教的種子，開始發揮其獨特的弘法佈教方式，以正本清源。

一、人間佛教宜蘭初試啼聲

　　有鑑於當時充斥宜蘭的宗教亂象，首先，星雲擬定了如下幾個階段的佛教發展策劃：【10】

　　第一步，成立念佛會，以接引當時大部分為文盲者，往生西方淨土最方便的法門，藉以推廣念經識字的國民教育。

　　第二步，發掘佛教青年的力量，成立全台灣第一支佛教歌詠

【8】　星雲大師，《甲子慶—星雲大師宜蘭弘法60周年》〈那些年，我在宜蘭〉，釋妙熙主編，頁6。

【9】　李美蘭(2015)，《佛光山藍海策略之研究》，佛光大學佛教學系碩士論文，頁13。

【10】　參閱符芝瑛(2006)，《雲水日月 星雲大師傳(上)》，台北市：天下遠見出版股份有限公司，頁95-97。

隊，自行編寫創作佛教歌曲。進一步設立國文班，紮根青年的國文底子。

　　第三步，為初高中學生組織學生會，為清寒子弟設立「光華文理補習班」，請在學校教書的信徒義務輔導英文、數學、理化等科目。

　　星雲除了試辦「通俗演講」，藉助青年協助翻譯成台語外，[11] 在其近期出版的《貧僧有話要說》中，星雲曾自述其未到台灣前「在還沒有用道傳教之前，即先用文字來傳教，在二十歲左右，即編過《怒濤》雜誌，做過徐州《霞光》半月刊的主編，在鎮江的《新江書報》上也發表過許多篇的文章。」[12] 所以星雲初到台灣駐足宜蘭後，順理成章發揮起其筆下精宏的長才，在弘講之餘，自 1953 年即開始著書《玉琳國師》、《釋迦牟尼佛傳》、《佛陀的十大弟子傳》等，迄今仍筆耕不斷。這些書進一步被編成舞台劇、拍成電影、或製成連續劇，此種結合出版物與媒體的傳播方式，能超越時空的限制，且易受到各階層的認同。星雲的這些人間佛教思想著書，成為佛光山推銷人間佛教的主要產品，亦適用於之後全球國際化的推動。1954 年籌組「宜蘭佛教歌詠隊」，編制《佛教聖歌集》，吸引年輕人。又成立「助念團」、「弘法組」做環島佈教。1955 年設立國文補習班，以協助中學生的學業、1956 年設立慈愛幼稚園、1957 年設立兒童星期學校，[13] 這些活動針對對象年輕化，

---

[11]　李美蘭(2015)，《佛光山藍海策略之研究》，佛光大學佛教學系碩士論文，頁14。

[12]　星雲大師(2015)，《貧僧有話要說》，台北市：福報文化有限公司，頁130。

[13]　參閱佛光山宗委會(2007)，《佛光山開山四十週年紀念特刊 8 佛光道

活動項目多元化，使用方法現代化，設計內容生活化，已為星雲人間佛教未來全球國際化奠立基礎與注入活力。

　　星雲又將基督教「報佳音」方式，運用在信徒的家庭普照、新年走春等誦經祈福活動上。【14】並將1956年落成啟用的念佛會講堂模仿基督教教堂的外觀，跳脫傳統的法會講經外，舉辦各種相關活動。星雲在宜蘭透過創新方式破除傳統佛教保守的偏見，深獲年輕人的接受與喜愛，是星雲由中國到台灣後，本土化第一個成功的典範。由上可看出在宜蘭時期，星雲的文化、教育、慈善、共修方面的四大宗旨已漸醞釀成熟。因此，1965年即在高雄設立壽山佛學院開始培養人才，奠基1967年佛光山開山的基礎。

二、宗教藍海策略的先行者

　　2005年八月，「天下文化」出版《藍海策略》與《星雲模式的人間佛教》，身為財經管理背景的創辦人高希均即提出「星雲模式」符合「藍海策略」的觀點。【15】翌年，高希均在為符芝瑛《雲水日月‧星雲大師傳》寫序時，更進一步推崇「星雲模式的人間佛教」即藍海策略的中文版、宗教版。【16】筆者亦認為，星雲本具的人間性格，加上太虛大師教改思想的啟發，促使星雲在宜蘭初創時期的五〇年代，就已採用藍海策略來弘揚佛法、廣攬信眾，之後再蒙受其母親「說法要讓人聽得懂」的棒喝，藉由上述諸多助緣，星雲逐漸融通人間佛教的理論與實務，再經歷半個世紀由台灣到全球

場》，頁20。
【14】　闞正宗(2004)，《重讀台灣佛教—戰後台灣佛教(續篇)》，台北：大千出版社，頁297。
【15】　符芝瑛(2006)，《雲水日月 星雲大師傳(上)》，頁12。
【16】　同上註，頁14。

道場持續的試驗與不斷的更新，到了二十一世紀的今天，星雲人間佛教推陳出新的弘法模式，誠如高希均所言是超越了藍海策略。高希均在《雲水日月‧星雲大師傳》序中寫到，

> 藍海策略的精義，就是跳脫傳統的惡性競爭，刺激企業或組織去追求一個完全嶄新的想像空間與發展方向。而不再堅持一個固定的市場，也不是在圍城中搏鬥，更不能對舊市場、舊產業緊抱不放；而是勇敢的另建舞台，另尋市場，另找活路，透過『價值創新』在新創的環境中大顯身手。【17】

下列透過藍海策略「四項行動架構」(ERRC)理論，與星雲在宜蘭推動人間佛教的弘法實踐做比對，即可分曉。在比對兩者前，先做藍海策略「四項行動架構」理論的說明。所謂的藍海策略「四項行動架構」分別為消除(Eliminate)、減少(Reduce)、提升(Raise)、與創造(Create)，以企業經營的角度來說，就是把同業習以為常的因素或不需要的因素「消除」，「減少」過多不必要的因素，把某些因素「提升」到高於同業標準以增加顧客價值，「創造」同業尚未提供的因素，即透過革新「創造」現有市場裡不存在的東西，稱之為開拓藍海的方法。【18】

（一）「消除」(Eliminate)：星雲初到宜蘭時，當時的宜蘭多為信仰民間神明、齋教龍華派、或先天派，極少佛教的信仰人口，即使有，常是佛教混雜民間宗教，被誤認為是迷信。為消除民眾佛道不分的信仰禮拜、與不解佛法，星雲辦「通俗演講」，藉助青年協

【17】　符芝瑛(2006)，《雲水日月 星雲大師傳(上)》，高希均序頁13。

【18】　參閱李美蘭(2015)，《佛光山藍海策略之研究》，佛光大學佛教學系碩士論文，頁58。

助翻譯成台語；為消除當時受蔣宋美齡影響尊崇基督教信仰的迷思，星雲將基督教「報佳音」方式，運用在信徒的家庭普照、新年走春等誦經祈福活動上，甚至於1956年落成啟用的念佛會講堂模仿基督教教堂的內外觀。可見星雲已採用了藍海策略，來消除當時宜蘭社會的種種信仰通病。

(二)「減少」(Reduce)：為減少青年不願到佛寺的排斥感，星雲改用青年能夠接受的方式，組織佛教青年歌詠隊，還親自譜曲，編製《佛教聖歌集》；為減少佛教僅用在葬禮的迷思，組織念佛會以接引當時大部分為文盲者，做為往生西方淨土的方便法門；改善民眾習於佛道不分的信仰禮拜，不易勝解佛教的講經說法，星雲試辦「通俗演講」，藉助青年協助翻譯成台語，以減少語言不通的弘法障礙。

(三)「提升」(Raise)：為了提升國民的國學基礎，星雲成立念佛會，藉以推廣念經識字的國民教育；設立國文補習班，紮根青年的國文底子；為中學生組織學生會，為清寒子弟設立「光華文理補習班」，請在學校教書的信徒義務輔導英文、數學、理化等科目，以協助中學生的學業。

(四)「創造」(Create)：為創造佛教價值，星雲著書《玉琳國師》、《釋迦牟尼佛傳》、《佛陀的十大弟子傳》等，進一步編成舞台劇、拍成電影、或製成連續劇，利用現代化、多元媒介，創造超越時空的弘法度眾價值。成立「助念團」、「弘法組」做環島佈教。1956年設立慈愛幼稚園、1957年設立兒童星期學校；跳脫傳統的法會講經外，舉辦各種相關活動，開發的對象擴及老、中、青、少年與幼兒等各年齡層。星雲認為只要對大眾有利、對佛教有貢獻

的事，應該及時把握時機，努力去創造。【19】

　　上述星雲所開創的各項藍海策略，不僅後來為佛光山台灣各別分院與事業單位所採用，也延用到佛光山海外的所有國際道場。形塑出高希均所謂的星雲模式的人間佛教的藍海策略，摘錄如下：

> 不斷努力開創佛教的『新市場』；不與其他宗教競爭，使『競爭』變得不相干，還彼此和平共處；創造出信徒及社會的新需求，追求持續領先，不怕同業模仿；同時維持信徒的信任與社會的信賴；調整內部人才的培育與作業系統。【20】

　　星雲到台灣後，秉持人間佛教利他的精神，透過藍海策略，積極推動人間佛教，帶動全台學佛風氣。1997年起，舉辦台灣寺院行政管理講習會，邀請全台友寺道場青年僧眾參加講習會，並免費提供僧衣、自編的佛教辭典與教科書等，以提高僧眾的素質與弘法資糧，猶如台灣佛教的領航人。星雲不藏私與不怕同業模仿的性格，不只帶動台灣佛教界的僧信水準，亦影響東南亞佛教至鉅，尤以越南與韓國佛教團體，爭相組團前往佛光山取經，或派弟子至佛光山叢林學院或佛光大學佛教學系就讀，就讀的學生人數有逐年增加之勢。這些留學僧返國後接掌寺廟住持，如法泡製在台灣所學的各種法會活動外，筆者2012年暑假帶領40位學生至越南由北到南十日移地教學，發現胡志明市竹林禪院還主動將星雲的各種著作越譯；弘法寺則早已開始效法星雲人間佛教，舉辦大型的念佛共修法會、與大型的兒童夏令營等，盛況空前。每個暑假數千名額的兒童

【19】　星雲大師(2005)，《人間佛教系列‧佛教與生活(一)》，台北市：香海文化出版，頁28。
【20】　符芝瑛(2006)，《雲水日月 星雲大師傳(上)》，頁序13-14。

夏令營，家長半夜排隊搶報名常向隅，這些寺廟有計畫的培育僧才接班，並效法星雲人間佛教的藍海策略，在越南所發揮的弘法成效有過之無不及，如今淨土法門的念佛風氣已逐漸在改變原以禪院為主的越南佛教。這些影響造成台灣鄰近大乘佛教國家的改變與發展，對於星雲人間佛教未來的國際化有推波助瀾的作用。而星雲不藏私與不怕同業模仿的性格，不僅帶動全球佛教界的轉型與提升，更激勵星雲本身持續不斷地改革與創新，形成一種良性的循環。

第二節、弘揚人間佛教

星雲認為人間佛教是佛陀的本懷，所以佛陀出生、修行、成道、說法都在人間。星雲提倡「佛說的、人要的、淨化的、善美的；凡是契理契機的佛法，只要是對人類的利益福祉有所增進，只要是饒益眾生、對社會國家有所貢獻，都是人間佛教。」[21]佛教並非限定某些人或是某些地區的，而是佛陀為人類展現的所有教法，能利益眾生、增進社會福祉就是人間佛教。佛法應該在人間求，佛陀的教法裡一定有解決現代社會，及人生所產生的問題。[22]

星雲又認為傳統佛教常站在僧侶的立場，將佛法解說的極為消極負面，只一味地強調無常、無我、苦、空，缺乏人間性、建設性的觀念。[23]導致社會大眾對佛教有山林的、出世的、迷信的、老人的等錯誤的印象，而遠離佛教不敢接近，遂致佛教衰退不振。

【21】　星雲大師(2006)，〈中國佛教與五乘佛法〉，《普門學報》第35期，頁7。
【22】　參閱李美蘭(2015)，《佛光山藍海策略之研究》，佛光大學佛教學系碩士論文，頁23。
【23】　星雲大師(2012)，《人間佛教何處尋》，台北市：天下遠見，頁15。

而且佛教寺院大多在深山裡，只重視個人的自修以求了生脫死。星雲希望佛教能從出家眾到在家眾，讓每一個人都可以共同擁有佛教。更期望佛教能走進社會，深入民間，讓佛法的教化來改善社會大眾的生活。【24】所以星雲認為：

> 佛教事業不同於一般商業，從事佛教事業的人，應具有信仰、慈悲、給人方便、服務及廣結善緣的理念。不管從事什麼工作，只要跟佛教的道德、精神相吻合，就可以從事，如旅館服務大眾、百貨提供人們購物、素食館方便人們素食……社會上也有很多人，省吃儉用的來布施，如修橋鋪路、施茶、施水……以促進人間祥和氣氛，當然也算是佛教事業。【25】

星雲在如此詮釋佛教下，其推動的人間佛教對於教法、修行等，又有何創新特色？

一、人間佛教的教法與原則

星雲積極在僧信四眾的生活中落實人間佛教，透過佛陀教法，來淨化思想、改善生活水準。這些教法在其《人間佛教何處尋》書中提到諸如：

> 如果你相信因果，因果在你的生活中有受用，因果就是人間佛教；你相信慈悲，慈悲在你的生活中有受用，慈悲就是人間佛教。三皈、五戒、六度、十善都是人間佛教。人間佛教就是救度大眾的佛教，舉凡著書立說、設校辦學、興建道場、素齋談禪、講經說法、掃街環保、參與活動、教育文化、施診醫療、

【24】 星雲大師(2008)，《人間佛教語錄(下冊)》，台北市：香海文化出版，頁179。

【25】 同上註，頁76。

> 養老育幼、共修傳戒、佛學講座、朝山活動、念佛共修、佛學
> 會考、梵唄演唱、軍中弘法、鄉村佈教、智慧靈巧、生活持
> 戒，以及緣起的群我關係、因果的循環真理、業力的人為善
> 惡、滅道的現世成就、空性的包容世界、自我的圓滿真如等
> 等，這些都是人間佛教。【26】

　　從上述摘錄文，可見能與生活融合不二的都是人間佛教，因
為人間佛教注重個人身心的淨化，生活的幸福美滿，人際關係尊
重包容、融和歡喜，所以能與社會人士相應。【27】因此，星雲人間
佛教的內容，都與現世人生的生活、生涯與生命息息相關，共有如
下十項：(一)家庭溫暖；(二)身心調和；(三)生活淨化；(四)處事愉
快；(五)人群融洽；(六)環境潔淨；(七)社會安定；(八)國家承平；
(九)國際和平；(十)佛土吉祥。【28】這些內容循序漸進由個人、家
庭、社會、國家、世界、到宇宙；由個體身心、人我共識、生態環
境、社稷環宇、到法界佛土等，正報與依報國土的清淨莊嚴都含攝
了。

　　雖然上述與生活融合不二的都是人間佛教，但是有「非佛不
作」的原則。星雲說：「佛教要『人間化』、『事業化』，但更重要
的是『佛法化』，不能『世俗化』。開辦學校，推廣教育，不能以圖
利為本；創辦醫院，救人一命，不能金錢至上。可以開設素食餐廳，
可以創設果園農場，但不能殺生營業，唯利是圖。此外，只要是能夠
光大佛法的文教慈善，都應該興作。總之，弘法利生的事業，應該有

【26】　星雲大師(2012)，《人間佛教何處尋》，台北市：天下遠見，頁16。
【27】　星雲大師(2012)，《佛教(五)教史》，高雄：佛光出版社，頁619。
【28】　同上註。

所作為，也應『非佛不作』」。【29】人間佛教雖然強調方便，但要懂得「非佛不作」的善巧。

二、人間佛教的修行與實踐

　　本小節將略述星雲人間佛教的精神、星雲人間佛教的修持、星雲人間佛教的建設、與星雲人間佛教的實踐等，以多元角度來瞭解星雲人間佛教之後所以能推廣到全球五大洲，成功國際弘化上所擁有的籌碼。

　　在佛光山出版的《怎樣做個佛光人》書中，星雲提到：

> 學佛，不是一心求「了生脫死」為目標，應該要先「生活」後「生死」。古來的大德出家也都是先發願服務眾生，否則資糧不夠如何生死了脫？諸經典中也強調先「生活」後「生死」的重要性。如《阿彌陀經》說，若人欲生極樂國土，不可以少善根福德因緣。意思就是，必須先辦好生活上的福德資糧，才能夠往生西方極樂世界。《金剛經》也強調穿衣吃飯、徑行勞動；中國百丈禪師更提出『一日不作，一日不食』的生活呼籲。所以，我們應該先照顧好自己的生活，再進而談及憂悲苦惱的斷除，這才是人間佛教的精神所在。【30】

　　更具體的說，人間佛教的精神可歸納為如下五點：(一)對大眾有人間性格；(二)對世界有國際性格；(三)對社會有慈悲性格；(四)對信仰有正知正見；(五)對因緣要懂得感恩。【31】

【29】　星雲大師(2008)，《人間佛教語錄(下冊)》，台北市：香海文化出版，頁60。

【30】　星雲大師(2015)，《佛光與教團‧怎樣做個佛光人》，台北市：三聯書店，頁3。

【31】　同上註，頁43。

　　由上摘錄可見人間佛教貴在能落實於生活當中，但首先要有出世的思想，然後再做入世的事業。星雲認為：「所謂出世的生活，一樣在世間上生活，只是要把佛教出世的思想，無邊深廣的悲智，運用於救度眾生的事業上。期使每一個人能發出離心，了脫生死，更促進世界繁榮，國家富強，社會安和，到處充滿佛法的真理與和平。」【32】由此又可見星雲胸懷世界，促發其往後積極國際化的內在動力。

　　然而星雲人間佛教在積極入世，經營多元創新的弘法事業時，難道其弟子不會陷入過度追求金錢、物質等利潤的迷網中嗎？星雲在此提醒人間佛教行者，如何避免掉入金錢窩與畏懼生死？他勸誡道：

> 若沒有出世的思想，在從事利生事業時，就容易起貪心執著；有了出世的思想，再做入世的事業，等於是「文官不愛財，武將不怕死」，面對金錢不動心，遇到生死也無所畏懼。那麼，什麼是出世的思想？就是「以退為進」、「以眾為我」、「以空為樂」、「以無為有」，就是對人生有無常的警覺，對物質有遠離的看法，對情愛有淡化的觀念，對自己存自覺的要求。學佛者，要既能入世，也能出世，才能隨緣自在。【33】

　　星雲認為人間佛教的行者，凡出口之語，正知正見；待人處事，大公無私，如日月之輝，光明坦蕩。【34】

【32】　星雲大師(2008)，《人間佛教語錄(中冊)》，台北市：香海文化出版，頁13。

【33】　星雲大師(2008)，《人間佛教語錄(下冊)》，台北市：香海文化出版，頁60。

【34】　同上註。

　　進一步，星雲鑑於今天佛教的某些趨勢已經違背了佛陀的本旨，例如：只重視佛學玄談，輕視實際的修證；只重視茹素禮拜，輕忽道德的增上；只重視自修解脫，缺乏入世的責任。因此，提出如何建設人間佛教，重點在說明真正的人間佛教是現實重於玄談，大眾重於個人，社會重於山林，利他重於自利。【35】所以星雲針砭時勢，提出如下六個弘揚人間佛教的方向：(一)建設生活樂趣的人間佛教；(二)建設財富豐足的人間佛教；(三)建設慈悲道德的人間佛教；(四)建設眷屬和敬的人間佛教；(五)建設大乘普濟的人間佛教；(六)建設佛國淨土的人間佛教。【36】都是與我們的日常生活息息相關。

　　之後，星雲再提出實踐人間佛教的四個方法：(一)以慈悲淨化社會；(二)以道德立身處事；(三)以勤勞創建事業；(四)以和諧溝通彼此。【37】與奉行人間佛教的四種方式：(一)禮貌尊敬講愛語；(二)樂觀滿足生歡喜；(三)明理和平樂自由；(四)慈悲包容慶安全。【38】以上提出的方法強化上述人間佛教十項內容，都與人的生活、品德息息相關，是星雲「所謂生活的佛教，就是說話、走路、吃飯，不論做任何事，都應該符合佛陀律儀的教化，例如：佛法中的發心，可以運用於我們的生活中，敦親睦鄰、孝敬親長、友愛手足、幫助朋友。佛法不是畫餅充饑、說食數寶，應該身體力行，徹底去實踐，進而擴

【35】　參閱星雲大師(1998)，《佛教叢書・人間佛教》，高雄市：佛光出版社，頁393。

【36】　星雲大師(1998)，《佛教叢書・教史・人間佛教的重光》，高雄市：佛光出版社，頁618。

【37】　同上註。

【38】　同上註。

充運用於家庭、學校、社會，不可以把生活與佛法分開。」【39】的寫
照。正如太虛大師所言：「仰止唯佛陀，完成在人格；人成即佛成，
是名真現實。」【40】

第三節、建設佛光淨土

　　星雲創辦的佛光山以人間佛教的人間性、生活性、利他性、
喜樂性、時代性、普濟性，在不同的時空因緣裡，本著佛陀重視現
生、示教利喜的本懷，弘揚人間佛教，開創佛光淨土。【41】人間佛
教旨在建設人間淨土，讓每個人都能現證法喜安樂，在現世就過著
幸福美滿的生活。【42】可以說建設佛光淨土是星雲推動人間佛教的
目的。

　　〈從現實的世界說到佛教理想的世界〉文中，星雲根據《維
摩經》、《彌勒生經》、《藥師經》、《阿彌陀經》、《華嚴經》
的五部經典，提出人間淨土、兜率淨土、琉璃淨土、極樂淨土、華
嚴淨土的五個理想淨土世界。星雲主張此淨土世界不是往生後才能
到達，而是在這娑婆世界建立。並且認為《維摩經》裡的「隨其心
淨，則國土淨」是理想的人間淨土。【43】維摩居士雖然是在家眾的

【39】　星雲大師(2008)，《人間佛教語錄(中冊)》，台北市：香海文化出版，頁
　　　　12。
【40】　星雲大師(2008)，《人間佛教語錄(下)》。台北市：香海文化出版，頁
　　　　51。
【41】　星雲大師(1999)，《佛教教科書(11)佛光學》，高雄市：佛光出版社，頁
　　　　97。
【42】　星雲大師(2008)，《人間佛教語錄(下)》，頁48。
【43】　星雲大師(1998)，《星雲大師講演集(1))再版。高雄：佛光出版社，頁

身份，但以持戒、實踐菩薩道等精神度化眾生，是人間淨土的理想典範。星雲曾說：

> 佛光山提倡人間佛教，就是要讓佛教落實在人間。落實在我們的生活，落實在我們每一個人的心靈上。把人間創造成安和樂利的世界，實現國土身心的淨化，就是成就未來的佛光淨土世界。【44】

可見，星雲人間佛教要建設的佛光淨土，就像《維摩經》的人間淨土，在日常生活中實踐佛法，讓精神、心靈昇華，從改變心靈開始進而建設。建設淨土從改變我們的身心開始，如何淨化我們的身心呢？

一、實踐眼耳鼻舌的淨土：面帶微笑、眼露慈光。誠懇傾聽、常說愛語、對人關懷、鼓勵慰勉、隨手幫助等，這就是六根的淨土。

二、實踐行住坐臥的淨土：舉止端莊、行儀穩重、起居有時、進退有據、一切合乎律儀，這就是行住坐臥的淨土。

三、實踐人際間的和諧淨土：與人交往，熱誠主動，講話幽默、待人有禮，常存體諒，心懷感恩，人際和諧，當下淨土就在人我之間。

四、實踐居家環境的淨土：居家環境，保持寧靜、整潔，懂得佈置、美化，這就是居家的淨土。

五、實踐思想見解的淨土：積極樂觀，凡事往好處想，不偏激、不消極、不悲觀，具正知正見，常想真善美的好人、好事、如此自能

78。

【44】　星雲大師(2008)，《人間佛教語錄(下)》。台北市：香海文化出版，頁278。

從思想上建立淨土。【45】

由上可知，從個人開始將佛法融合在生活裡，從生活裡實踐佛法，佛光淨土就能在生活中建立。若是我們能在生活裡應用以及享受到佛教的理念，那就是人間佛教，當下就是佛光淨土。【46】佛光山所謂的佛光淨土是「佛化的世界」、「善美的世界」、「安樂的世界」、「喜悅的世界」，摘錄如下：

> 佛光淨土是一個「佛化的世界」：每一個人都皈依三寶，受持五戒，明因識果，廣結善緣。佛光淨土是一個「善美的世界」：大家所看、所聽、所說、所做皆是善美。佛光淨土是一個「安樂的世界」：人與人之間沒有嫉妒，只有尊重；沒有憎恨，只有祥和；沒有貪欲，只有喜捨；沒有傷害，只有成就。佛光淨土是一個「喜悅的世界」：時時都是良辰美日，處處都是般若天地。【47】

星雲舉佛光淨土建設的實例：「佛光山為了讓佛教徒重視現世的生活，創辦佛光精舍，提供老者者安單；設立大慈育幼院，撫孤育幼；創設佛光診所、雲水醫院、萬壽園等讓人的一生生老病死都可以在佛光山完成；成立功德主會，讓有功於佛教的人士，現世就可以得到功德的彰顯，不必等到往生才能獲益於世。」【48】佛光山重視生活

【45】 釋滿義(2005)，《星雲模式的人間佛教》。台北市：天下遠見，頁408。

【46】 李美蘭(2015)，《佛光山藍海策略之研究》，佛光大學佛教學系碩士論文，頁29。

【47】 星雲大師(2008)，《人間佛教語錄(下)》，台北市：香海文化出版，頁313。

【48】 星雲大師(1999)，《佛教教科書(11)佛光學》，高雄市：佛光出版社，頁97-98。

上的化育，借助出版佛書、舉辦講座、座談、家庭普照，把佛法帶進家庭，融入生活。爾近，更透過電台、電視台，以多元方式弘化全球。所謂「自性彌陀，唯心淨土」，只要內心淨化，當下就是佛國淨土。[49]因此，星雲弘揚人間佛教，以出世的精神做入世的事業，如今隨著其人間佛教傳佈全球五大洲，所到之處，都在逐一實現其佛光淨土。

　　綜上所述，人間佛教是出自於佛陀的本懷，幫助人類得到精神利益以及幸福的教義。人間佛教脫離以前傳統佛教以出家人為主的想法，因應時代的需求，帶領現代人獲得幸福快樂、富足美滿的生活。人間佛教重視的是如何在我們的生活裡運用佛法。針對傳統佛教的淨土思想，星雲以創新的方式解釋佛法，提示人間佛教的價值與未來要走的方向。並建議從自己開始，把我們的娑婆世界改變成佛光淨土。[50]以上略述星雲人間佛教的理念，接著，將在下一節繼續探討實踐人間佛教的四大宗旨。

第四節、落實四大宗旨

　　釋惠空〈佛教經濟與佛教旅遊〉一文提及，「若從世俗的角度來看，佛教蘊含的經濟活動可概括為宗教性產業、文化性產業與娛樂性產業等三種」。[51]廣義而言，佛教文化包括整個佛教的氛圍，

---

[49]　星雲大師(1999)，《佛教教科書(11)佛光學》，高雄市：佛光出版社，頁98。

[50]　參閱李美蘭(2015)，《佛光山藍海策略之研究》，佛光大學佛教學系碩士論文，頁30。

[51]　釋惠空(2015)，〈佛教經濟與佛教旅遊〉，頁1，Phật Học Online 2015,8,23http://www.chuaphapminh.com/PrintView.

可涵括整體佛教之活動與事物，如歷史文物、佛教儀軌、佛門禮儀、法器梵唄、建築雕像、佛菩薩節慶、佛教風俗習慣、佛教文學、戲劇、繪畫、舞蹈等佛教藝術。社會人士透過佛教文化得到佛法滋潤，使心靈、精神提升或滿足；而在透過佛教文化滿足心靈需求時，即有佛教文化產業產生。[52]

　　娛樂性產業，主要以旅遊觀光產業為主，此完全屬於世俗性經濟。佛光山本山的淨土洞窟、大佛城、百人名家碑牆、佛教文物陳列館、文物展覽館的佛教文化創意，及朝山會館、檀信樓、雲居樓的信眾住宿規劃，皆屬之。[53]這三種產業互為因果，相輔相成，以僧才為宗教性產業的本質，與強而有力之僧團組織的運作來支撐，星雲認為人才的培養就是：「一個人間佛教的推動者，不但要博通經論，而且要具備一般社會知識，甚至天文地理、政經常識、講說寫作、各種技能、以及宗教體驗、莊嚴的行儀等。」[54]且要有如佛光山推動人間佛教一般，有明確的弘法方向，並能與文化、教育等事業同時發展，才能產生吸引人的旅遊能量。

　　佛光山的經濟活動包含了上述宗教性產業、文化性產業與娛樂性產業等三種多元的產業。事實上單只有宗教性產業就足以維持僧團的運作，而要深厚佛教文化產業，則需有良好宗教產業來擴充、及加深其文化深廣度，以彰顯其文化價值、帶動其影響

---

aspx?Language=zh&ID=525402
[52]　同上註。
[53]　同上註。
[54]　星雲大師(2008)，《人間佛教語錄(下冊)》，台北市：香海文化出版，頁97。

力。【55】所以星雲人間佛教國際化事業，就先推動僧信教育，培養僧眾弘法的能力，與攝化信眾的力量，以深化佛教文化之影響。可見佛光山之旅遊產業的推動，背後仍奠基於宗教產業鼓動文化產業而產生。這些應歸功於星雲對整體佛教經濟的洞察力與前瞻性。

　　佛光山自1967年開山以來，一直致力人間佛教的推動，以「給人信心，給人歡喜，給人希望，給人方便。」的理念，實踐「以文化弘揚佛法、以教育培養人才、以慈善福利社會、以共修淨化人心」之宗旨，建立歡喜融合的人間淨土。【56】星雲認為推動四大宗旨是設立佛光山的主要目的，正如管理學大師Peter Drucker的看法：「非營利組織學的第一課：使命。使命代表了組織的責任、公共性與信念(belief)，並實際引導非營利組織的行動更隱含著非營利組織存在的價值。」【57】為透過四大宗旨，成就佛光淨土，星雲在佛光山開山後，陸續於台灣北、中、南、東區各地設立75座道場，積極落實人間佛教在台灣的本土化。之後又相繼在海外五大洲設立124座道場，這些道場依據四大宗旨設計的活動，由點、線、面到全球五大洲的延伸方式來推動人間佛教，以建設佛光淨土於全球五大洲。下列將分別剖析四大宗旨的源起與內涵：

一、以文化弘揚佛法

【55】　釋惠空(2015)，〈佛教經濟與佛教旅遊〉，頁2，Phật Học Online 2015,8,23http://www.chuaphapminh.com/PrintView.aspx?Language=zh&ID=525402

【56】　佛光山宗委會(2006)，《佛光山徒眾手冊》，高雄：佛光山宗委會，頁218。

【57】　江明修主編(2000)，《第三部門：經營策略與社會參與》，台北：智勝文化公司，頁97。

　　佛教由印度傳入中國所以會興隆，應歸功於各地寺院發揮了
多方面的文化功能。例如歷代僧侶前往印度取經，返回後設立譯經
院譯經；藏經的開雕，使法寶流傳至今；寺院結合建築、雕刻與書
畫藝術，使寺院具有文化教育的意義；僧侶的博學，鑽研佛理，
和活潑講學，深刻影響了中國文人與其思想文化的發展。【58】而這
些文化元素促進了佛教的發展與延續，既然人間佛教是離不開生活
的，而生活又少不了文化，當然「人間佛教就少不了文化」。難怪
星雲人間佛教四大宗旨的第一條即是「以文化弘揚佛法」。

　　星雲認為佛陀教義是真理不會衰退，問題在因應時代的傳
教方式，所以星雲不但善用譬喻說法，也自創多層次多種類的譬
喻。【59】文化是超越種族、膚色、語言、文字，是人類藝術、文明
的傳承。透過文化的交流，人們相互欣賞、了解，進而美化人生，
發展和諧的世界。文化事業對於佛教的發展與延續，具有橫遍十
方，豎窮三際的影響力。所以星雲認為以文化弘揚佛法是最適合現
代眾生的根器。因此，佛光山與文字、出版物、音樂、藝術，以及
文教活動等相關文化事業單位應運而生。諸如經典結集、翻譯、刊
刻、雕像、著述、書畫藝術、科技文學等事業。【60】這些事業需要
因應時代需求做改變，比如今日的電腦大藏經，使佛法的流傳更加
普遍；佛教雜誌的出版，為佛法的弘傳貢獻良多；寺院引進西域

【58】　星雲大師(1998)，《佛教叢書‧人間佛教》，高雄市：佛光出版社，頁
　　　 487。
【59】　參閱釋永東(2014)，〈星雲《迷悟之間‧真理的價值》之譬喻運用〉，文
　　　 學與宗教實踐研討會，頁19。
【60】　星雲大師(1998)，《佛教叢書‧人間佛教》，頁487。

的樂曲、舞蹈等，促進佛教在文化上的交流。[61] 因此，星雲早在1959年已經創辦「佛教文化服務處」。開山後，為了提升信仰層次、培養正知正見，1988年星雲創設「佛光山文教基金會」，秉承佛光山「以文化弘揚佛法，以教育培養人才」的宗旨，從事文教工作之推展與贊助。[62] 除了積極獎助僧伽人才及優秀青年進修佛學之外，並自1982年起，不斷舉辦國際性的學術會議。1990年，開辦世界佛學會考。1995年，將佛教梵唄帶上國際音樂舞台。[63] 藉由文字、音樂、出版物、藝術、文教活動等方式，堅持文化弘揚佛法的道路。[64]

　　負責佛光山以文化弘揚佛法的相關單位所舉辦的活動，即釋惠空所謂的文化性產業，諸如：人間通訊社、人間文教基金會、人間衛視、雲水書坊、人間福報、人間佛教讀書會、佛光山文教基金會、佛光山電子大藏經、佛光文化、佛光緣美術、世界佛教美術圖典、普門學報、如是我聞、香海文化、美國佛光出版、香海旅行社、三好體育協會、滴水坊、星雲大師公益信託基金。[65] 這些單位專辦佛教文化相關活動，都屬於狹義的文化事業單位；廣義的文化事業單位則包括佛光山海內外所有分別院道場，上揭道場都在全

[61]　星雲大師(1998)，《佛教叢書‧人間佛教》，高雄市：佛光出版社，頁490-495。

[62]　佛光山宗委會(2007)，《佛光山開山四十週年紀念特刊 4 文化藝術》，佛光山文教基金會，頁96。

[63]　佛光山宗委會(2006)，《佛光山徒眾手冊》，高雄：佛光山宗委會，頁218。

[64]　參閱李美蘭(2015)，《佛光山藍海策略之研究》，佛光大學佛教學系碩士論文，頁31。

[65]　佛光山全球資訊網 https://www.gs.org.tw/career_culture.aspx (2015.8.12)

球各地，積極地以佛光山「以文化弘揚佛法」的宗旨，推動星雲人間佛教。

二、以教育培養人才

　　自古以來，佛教的叢林寺院就是提供十方衲子、學士文人參訪修道的學校；因此培育人才就是佛教寺院的功能。佛教的教育事業大致可分為四類：學院禪林、佛教大學、社會義學、傳授戒法。【66】自民國以來，學院禪林漸被新式學堂教育方式的佛學院所取代，佛學院授課內容以佛學為主，世學為輔。【67】社會義學旨在免費教育貧窮人家失學的子弟。【68】後來佛教界亦興辦多所社會中學、大學，嘉惠學子、造福人群，【69】例如智光工商學校、普門中學、均頭中小學、南華大學與佛光大學，甚至在美國的西來大學、澳洲南天大學、與菲律賓光明大學，都是星雲所創辦。今日佛教教育蓬勃發展，兒童有星期學校、夏令營；青年有青年會、大專社團；信徒有信徒共修會、信徒講習會、都市佛學院，抄經班；還有為信徒及一般社會大眾所開設的各種技能訓練班、才藝班等，都為社會提供了多方面多層次的教育功能。【70】

　　星雲剛到臺灣時，「目睹正信佛教的衰微，深刻感受到教育的重要性，了知需有人才才能講經說法，辦活動、興事業，讓正法久

【66】　星雲大師(1998)，《佛教叢書・人間佛教》，高雄市：佛光出版社，頁499。

【67】　參閱上註，頁500-501。

【68】　參閱上註，頁502。

【69】　參閱上註，頁503。

【70】　參閱上註。

住。」【71】因此，星雲認為佛教的興盛仰賴人才的培養，故未創建佛光山前的1965年即在高雄壽山寺設立佛學院，開始培養弘法的僧侶。創設佛光山以來，即分設僧伽教育與社會教育單位，有計畫的培養各種佛教與社會人才。【72】首先開辦叢林學院，積極培養講經弘法的人才。學愚在其《人間佛教：星雲大師如是說、如是行》書中說道：「佛光山的教育可以說是傳統與現代的結合，貫穿於人的一生，大致上構成僧伽教育、信眾教育和社會教育的三個部分。」【73】到目前為止，佛光山於全世界創立16所佛學院、5所大學、1所中學、3所中學小學、1所小學、3所幼稚園，乃至都市佛學院、勝鬘書院、電視佛學院、15間人間大學、社區大學、短期出家修道會等各項教育，積極實踐與落實。【74】佛光山相關的教育單位明細詳列如下：佛光山教育院、佛光山叢林學院、電視佛學院、非洲佛學院、勝鬘書院、美國西來大學、台灣嘉義南華大學、宜蘭佛光大學、佛光人間大學、台南人間大學、普門中學、均頭國民中學、均一國民中小學、小天星幼稚園、慧慈幼稚園、慈航幼兒園、博愛社區大學、彰化社區大學、台中市光大社區大學、苗栗大明社區大學、百萬人興學委員會、人間大學網路教學平台、澳洲南天大學、

【71】 佛光山宗委會(2007)，《佛光山開山四十週年紀念特刊6 僧信教育》，佛光山文教基金會，頁5。

【72】 佛光山宗委會(2007)，《佛光山徒眾手冊》，佛光山文教基金會，頁219。

【73】 學愚(2011)，《人間佛教：星雲大師如是說、如是行》，香港：中華書局，頁345。

【74】 佛光山宗委會(2007)，《佛光山開山四十週年紀念特刊3 僧信教育》，頁6。

馬來西亞東禪佛學院、菲律賓光明大學。【75】

　　佛光山的教育具有「從僧伽的教育到社會的教育，從幼稚園的教育到大學的教育，從家庭的教育到社會的教育，從學校的教育到監獄的教育。」【76】等兼容並蓄的性格，在社會上進行弘法利生的事業，注重培養淨化人心、弘法利生的人才。上述佛光山的僧信教育所栽培的人才，是其宗教性產業的根本，繼以奠基進階的文化性產業與娛樂性產業，打造成為一處成功的佛教聖地。

三、以慈善福利社會

　　二千六百年前，釋迦牟尼佛為憐愍娑婆世界眾生的種種疾苦而應化世間，並宣說種種離苦得樂的妙法，《郁迦羅越問菩薩行經》〈醫品第三〉謂：「貧窮者教以大施，……病瘦者給予醫藥，無護者為作護者，無所歸者為受其歸，無救者為作救者。」【77】佛教徒本著佛陀此一慈悲濟世的本懷，在人間推動實踐各項慈善事業。例如：賑濟施貧、養老育幼、創僧祇戶、設無盡藏院、行醫救人、設養病坊、戒殺放生、義塚義葬等。【78】更進一步推動社會公益事業，例如：植樹造林、墾荒闢田、鑿井施水、興建水利、築橋鋪路、經營碾磑、利濟行旅、急難救助、設置浴室、設佛圖戶等。【79】

【75】　佛光山全球資訊網 https://www.gs.org.tw/career_culture.aspx (2015.8.12)

【76】　佛光山宗委會(2007)，《佛光山開山四十週年紀念特刊 3 僧信教育》，頁6。

【77】　西晉・竺法護譯，《郁迦羅越問菩薩行經》，《大正藏》冊12，第323經，頁24下。

【78】　星雲大師(1998)，《佛教叢書・人間佛教》，高雄市：佛光出版社，頁505-513。

【79】　北魏時代沙門統曇曜，曾奏請文成帝設置「佛圖戶」。這是藉著佛教的

　　1949年，星雲由中國抵達台灣，即是率領「僧伽救護隊」想到台灣來救拔苦難的人。故早在宜蘭時期的1954年，星雲仍掛單在雷音寺時期，即帶領青年學子進入宜蘭監獄，以佛法度化受刑人，助其建立改過向善的信念。至今，此項教化輔導的觸角已擴展至全省各監所。【80】之後本著慈悲利他的菩薩精神，於1964年於壽山寺創設「慈善堂」，從事濟急、施藥等慈善工作；1963年接辦宜蘭蘭陽仁愛之家；1967年成立「急難救助會」，每年冬季舉辦冬令救濟，同年起陸續創辦佛光精舍與大慈育幼院，以養老育幼；設立佛光診所、與雲水醫院，以行醫救人；成立萬壽園，提供低收入戶義塚義葬等，並且成立監獄輔教組、急救會、冬令救濟會、友愛服務隊、觀音護生會等。【81】1989年設立「財團法人佛光山慈悲社會福利基金會」，來落實佛光山「以慈善福利社會」的宗旨。基金會撫卹孤幼、賑濟貧病、照顧殘障、老幼窮困無依者。【82】希望一個人的生、老、病、死都能夠在佛光山完成。

教化與督導，使那些叛亂重犯、俘虜和投降者的勞力，提供寺院的清掃或寺田的耕作。此舉不但增加寺院的人力，同時獄囚們在寺院裡接受佛法的熏陶及僧尼的感化之後，常能痛改前非，達到淨化人心的效果。此一制度，實際上也是一種奴隸的解放運動。佛圖戶的建立，不僅安撫齊民的怨叛，也解決了國家社會、佛教的經濟問題。星雲大師(1998)，《佛教叢書·人間佛教》，高雄市：佛光出版社，頁525。

【80】　佛光山慈悲社會福利基金會官方網站http://www.compassion.org.tw/0322-news.aspx?id=236&month=05&date=29 2015.10.3

【81】　學愚(2011)，《人間佛教：星雲大師如是說、如是行》，香港：中華書局，頁346。

【82】　杜憲昌報導，〈佛光菩薩送愛　慈善院系列報導--世間災難無常〉2015/05/29 佛光山慈悲社會福利基金會官方網站http://www.compassion.org.tw/0322-news.aspx?id=236&month=05&date=29

　　然而，星雲基本上堅持以「文教才能究竟解救人心，才是真正的慈善」[83]的理念，所以初以慈善救助，繼予文化教育，教會做麵包的方法。再與佛光會協同國內外全球的賑災，積極實踐「無緣大慈、同體大悲」的佛陀教法。[84]以完成佛光山「以慈善福利社會」的宗旨。

四、以共修淨化人心

　　基於「四恩總報」的精神，佛光山僧俗二眾在星雲的帶領下，重視宗教修行，提倡共修的主要目的，是希望藉由集體修持，堅定信仰的力量，增長宗教的情操，淨化心靈的無明，確立菩薩道的修持。希望把修行的空間從寺院擴展到社會、從僧團推廣到信徒。因此，星雲認為佛法跟生活要密切結合才能讓人接受，佛法才能達到利益眾生的功效。所以，不僅進行禮拜、禪修、念佛的傳統修行方式，還開辦了許多創新應機的相關活動，來傳達佛教的理念。[85]按照其獨特傳達佛法的方法，包括本山及世界各地分別院舉辦佛教報恩法會、平安燈法會、供僧法會、短期出家、佛化婚禮、佛化祝壽、佛光山朝山團、信徒香會、印度朝聖、回歸佛陀時代弘法大會、禪淨密三修法會、世界顯密和平法會、南北行腳、婦女法座會、金剛禪坐會、假日修道會，以及各種類型的大專佛學夏令營、教師夏令營、兒童夏令營、老人夏令營等活動，[86]來實踐

【83】　釋滿義(2005)，《星雲模式的人間佛教》。台北：天下遠見，頁121。

【84】　參閱李美蘭(2015)，《佛光山藍海策略之研究》，佛光大學佛教學系碩士論文，頁19-20。

【85】　同上註，頁33-34。

【86】　星雲大師(1997)，《佛光山開山30週年紀念特刊》，高雄市：佛光文化事業公司，頁23-32。

佛光山「以共修淨化人心」的宗旨。這就是釋惠空所謂的宗教性產業，具有鼓動文化性產業的能量。

　　星雲一生都很用心推行人間佛教，希望人間佛教成為「現代」、「文明」、「進步」、「實用」的代名詞。[87] 星雲說：「我講述佛法時，總要讓大眾聽得懂；書寫文章時，總要讓大眾能體會；興建道場時，總要讓大眾用得上；舉辦活動時，總要讓大家能參與；開辦法會時，總要讓大家能法喜；海外弘法時，也會提供語文翻譯。」[88] 可見星雲隨時隨地都在顧及大眾的需要，故其採用的弘法原則與方式就極為現代化、多元化、創新性、與實用性，舉凡著書立說、設校辦學、興建道場、素齋談禪、講經說法、掃街環保、參與活動、教育文化、施診醫療、養老育幼、三皈五戒、佛學講座、朝山活動、念佛共修、佛學會考、梵唄演唱、軍中弘法、鄉村佈教、智慧靈巧、群我關係、因緣果報、般若空性、圓滿真如等，這些都是人間佛教。[89] 遍及文化、教育、慈善與共修四大領域，目前已達到如下的成就：

> 從傳統的佛教到現代的佛教，從獨居的佛教到大眾的佛教，
>
> 從梵唄的佛教到歌詠的佛教，從經懺的佛教到事業的佛教，
>
> 從地區的佛教到國際的佛教，從散漫的佛教到制度的佛教，
>
> 從靜態的佛教到動態的佛教，從山林的佛教到社會的佛教，
>
> 從遁世的佛教到救世的佛教，從唯僧的佛教到和信的佛教，

---

[87]　星雲大師(2008)，《人間佛教語錄(下)》，台北市：香海文化出版公司，頁68。

[88]　星雲大師(2001)，〈中國佛教階段性的發展芻議〉，《普門學報》，第一期，頁56。

[89]　星雲大師(2001)，〈人間佛教的藍圖〉，《普門學報》，第5期，頁4。

　　從弟子的佛教到講師的佛教，從寺院的佛教到會堂的佛教，

　　從宗派的佛教到尊重的佛教，從行善的佛教到傳教的佛教，

　　從法會的佛教到活動的佛教，從老人的佛教到青年的佛教。【90】

　　星雲孤身由大陸前往台灣宜蘭雷音寺，自1953至1963年，駐錫宜蘭的十年期間，一位不會說閩南話的僧青年，如何向信眾宣傳佛教，而能獲得當地信徒普遍的支持，並且吸引有為的青年學子，胼手胝足地開創出蘭陽地區的佛教盛況，奠定佛光山以台灣為根據地，邁向弘化全球的格局，是十分值得探討的議題。近年來，由於星雲倡導的人間佛教，已於兩岸甚至國際間引起高度的認同，研究「佛光學」已成了勢不可擋的趨勢。下面第三章起將逐章探討星雲人間佛教國際化的醞釀期、播種期、開發期、與成長期等四期，每一階段的內容與特色，以瞭解其國際化過程中形塑出來的弘法模式。

【90】　星雲大師(2012)，《人間佛教何處尋》，台北市：天下遠見，頁148-149。

第三章、星雲人間佛教國際化的醞釀期

　　本章〈星雲人間佛教國際化的醞釀期〉含蓋的時間，是從星雲五〇年代抵台灣，迄八〇年代尚未設立任何海外道場的三十年期間，這期間星雲除了陸續在台灣本土設立道場外，同時進入第二階段播種期，積極進行國際佛教交流、世界宗教交流、與國際人士往來、召開宗/佛教國際會議，甚至洲際弘法，為未來海外道場的設立做準備。上述醞釀期與播種期，在時間點上有部分重疊，本章僅研究第一階段醞釀期，第二階段的播種期則留待下一章再討論。本章將分為五個部分，分別探討星雲人間佛教在台灣本土化的五項業務：道場設立、產品製造、行銷(弘化)策略、財務管理、與文化適應。

第一節、星雲人間佛教在台灣本土化的道場設立

　　釋尊在印度佛陀迦耶菩提樹下，成道後的弘化過程中，陸續接引了不少的弟子出家，於是就有在家護法為佛陀建置伽藍(精舍)，做為安僧說法的處所。首先有中印度摩揭陀國的竹林精舍，為頻毗婆羅王建立供養佛陀，分為十六大院，每院六十房，更有五百樓閣，七十二講堂，是最早的佛教寺院。[1] 繼有給孤獨長者供養，座落中印度憍薩羅舍衛城南方的祇園精舍，號稱佛教最早的二大精舍。接著即為佛母率領的尼眾設置的那摩提健尼精舍，同時期又陸續成立了鹿母講堂、重閣講堂、與渠師多講堂等。[2] 上述陸續為佛陀建設的道場，有明顯由早期提供僧眾安單的精舍，轉變為以說法為主的講堂。

　　星雲追隨佛陀的模式，在台灣建寺以安僧與弘法，但筆者認為星雲積極在全台創建道場，不僅為其接引的出家徒弟有個安身立命的依止處，另一個原因，多少與其在1949年，隨僧侶救護隊，自基隆港踏上了台灣的土地後，礙於沒有身分證身分不明，以致沒人敢收容他們，而北上南下跑遍各地，經歷了四個多月流離失所的痛苦經驗有關。[3] 但最重要的是星雲希望能夠透過所創建的道場，秉持佛光山「以教育培養人才、以文化弘揚佛法、以共修淨化人

【1】　全佛編輯部(2000)，《釋迦牟尼佛 人間守護主》，全佛文化出版公司，頁106。

【2】　同上註，頁141。

【3】　星雲大師(1987)，《星雲大師講演集》〈我的宗教體驗〉，佛光出版社，頁674。

心、以慈善福利社會」的四大宗旨，同步在世界各地推展各項人間佛教的弘法事業與相關活動，方便善巧地接引社會大眾接觸與認識佛教。【4】

　　由於星雲在宜蘭近15年期間(1949~1964)，初試啼聲其人間佛教時，即懂得採用藍海策略，而獲得當地社會大眾很大的迴響，這些在家信眾跟隨星雲多聞薰習佛法後，逐漸有要求剃度歸投佛門者。卻礙於星雲沒有自己的道場可以收留而回絕。如此，日久積累更多發心剃度者後，終於1964年促發星雲到高雄啟建壽山寺，創辦佛學院培養僧才的決心。之後才有1967年總本山佛光山寺【5】的開創，以及陸續在台灣各地設立的分別院道場，做為佛光山在台灣推廣星雲人間佛教的據點。

　　下列將依北、中、南、東四區，分別製表呈現並說明星雲人間佛教在台灣本土化的道場設立：

一、佛光山台灣北區道場的成立因緣

　　佛光山在北台灣的別分院，首推1980年創建的普門寺、與孫張清揚捐贈的永和學社，帶動台北等北部地區學佛的風氣，與促成佛光山在這些地區陸續設立分別院道場。【6】迄2006年辜家財團法人將劍潭古寺贈予佛光山止，佛光山在台灣北區共成立了28所道場，其中16所道場的設立集中在九〇年代，尤其在1994年，三重禪淨中心等四間禪淨中心與台北道場同時成立。從別院(1)、寺(13)、

【4】　佛光山宗委會(2007)，《佛光山開山四十週年紀念特刊 8 佛光道場》，頁6。

【5】　佛光山寺的地址：高雄市大樹區興田路153號。

【6】　佛光山宗委會(2007)，《佛光山開山四十週年紀念特刊 8 佛光道場》，頁30。

道場(2)、講堂(2)、禪淨中心(8)到學社(1)都有，這些道場名稱後面括弧內的數字為該型態等級的寺院數，其中八所是因佛光山本身發展的需求而設立；桃園講堂、板橋講堂與鶯歌禪淨中心等三所道場，是應當地信徒邀請配合佛光山的發展而成立；永和學社、極樂寺與法寶寺等18所道場，則是由法師或信眾所捐贈，佔64.28%高比例，可見當時台灣北部佛教興隆的盛況，與星雲在台灣北部受肯定的程度。唯有較晚成立的三重禪淨中心、與新店禪淨中心兩座道場，才是先有佛光會後再設立的道場。

　　下列將佛光山在台灣北區所有的28所道場依設立年代先後，分為成立佛光會、信徒邀請或提供場所、佛光山自身發展需求等三類建寺因緣，與地理位置排序製表如表3-1，以利瀏覽。

表3-1.佛光山台灣北區28所道場成立因緣與時間表

#	成立時間	道場名稱	成立佛光會	信徒邀請或提供場所	發展需求	由北到南地理位置排序
1	1980	普門寺			1974 普門精舍	8
2	1980	永和學社		孫張清揚/黃新泰捐		10
3	1981	極樂寺		原光尊寺1905年建修慧法師1946年接管1981年贈佛光山		1
4	1983	法寶寺		原1973年元光寺性梵法師創		24
5	1986	北海道場		日華僑王村文彥1982年捐地		19

#	成立時間	道場名稱	成立佛光會	信徒邀請或提供場所	發展需求	由北到南地理位置排序
6	1987	明崇寺		原1972年真空法師創		28
7	1988	大明寺			星雲感妙果法師知遇之恩	27
8	1990	桃園講堂		信徒請法	v	21
9	1991	板橋講堂		信徒邀請	v	17
10	1991	安國寺		原慈善堂1938年瀛妙和尚建		13
11	1992	內湖禪淨中心		1990年游賴迴堯提供		4
12	1992	泰山禪淨中心		許穗覿1990年提供佈教所		12
13	1994	台北道場			v	3
14	1994	三重禪淨中心	1991			11
15	1994	淡水禪淨中心			v	20

#	成立時間	道場名稱	成立佛光會	信徒邀請或提供場所	發展需求	由北到南地理位置排序
16	1994	新店禪淨中心	1993	創會長羅成榮自宅臨時會所		9
17	1994	士林禪淨中心			v	14
18	1997	大慈佛社		原1957年馬紹謙		7
19	1997	金光明寺			v	15
20	1997	寶塔寺		日據時原道觀1967年改佛堂孫慧昌法師捐		23
21	1997	竹東大覺寺		1955年原林西竺與甘玉燕創		25
22	1998	松山寺		道安長老1957年興建		6
23	1998	鶯歌禪淨中心		信徒請法	v	16
24	2001	擇善寺		原1992年徐褚格建		18
25	2002	頭份宏法寺		原1961年玄空法師創		26

#	成立時間	道場名稱	成立佛光會	信徒邀請或提供場所	發展需求	由北到南地理位置排序
26	2003	中壢禪淨中心		吳伯雄提供住家二樓		22
27	2004	千佛禪寺		原1946年德明法師建		2
28	2006	劍潭古寺		明末清初創，辜家財團法人劍潭古寺贈		5
合計		28道場	2	3信徒邀請 / 18捐贈	8	28

上表為筆者綜合《佛光山開山四十週年紀念特刊 8 佛光道場》頁20-53與《佛光山2015我們的報告》頁98整理製表

二、佛光山台灣中區道場的成立因緣

　　星雲在台灣中部地區的弘法，以1975年興建的彰化福山寺為中樞，是開山之初最早設立的別分院，[7] 如今隨著台灣高速公路的開闢與高鐵的通車，其地位已由2004年在台中市區設立的都市道場惠中寺所取代，而會有惠中寺乃源於1987年在台中市設立的佈教所發展演變而來。[8] 佛光山在台灣中區的16所道場，依規模大小從寺(6)、講堂(3)、禪淨中心(4)、學館(1)/學舍(1)都有，皆成立於彰化福山寺之後，集中在1996-1998年間。這些道場其中九所過半

---

[7] 參閱佛光山宗委會(2007)，《佛光山開山四十週年紀念特刊 8 佛光道場》，頁18。

[8] 同上註，頁56。

數是因佛光山本身發展的需求而設立；豐原禪淨中心與員林講堂兩所道場，是應當地信徒邀請而成立；圓福寺、妙法寺與清德寺三所道場，則是由法師捐贈；唯有較晚成立的北港禪淨中心與草屯禪淨中心，才是先有佛光會之後再設立的道場。另外，因應嘉義南華大學的創校，才有嘉義學館與南華學舍的設置需求。2012年佛光山受贈之紫雲寺，座落彰化市，為目前擔任拉斯維加斯蓮華寺住持的慧光法師，原來在紫雲寺剃度出家，隨後就讀佛光山中國佛教研究院後，留在佛光山跟隨星雲學習的因緣，而轉贈佛光山管理。【9】這些道場的產權都是佛光山寺所擁有，唯有魚池佛光山是承租國有地興建而成的。【10】

　　下列將佛光山中區所有的16所道場依設立年代先後，分為成立佛光會、信徒邀請或提供場所，佛光山自身發展需求等三類建寺因緣，與地理位置排序製表如表3-2，以利瀏覽。

表3-2.佛光山台灣中區16所道場成立因緣與時間表

#	成立時間	道場名稱	成立佛光會	信徒邀請或提供場所	發展需求	由北到南地理位置排序
1	1975	福山寺			佛光山第一座別分院	7
2	1980	圓福寺		1833年建		13

【9】 地理資訊科學研究專題中心 紫雲寺 2012.11.07 http://crgis.rchss.sinica.edu.tw/temples/ChanghuaCounty/changhua/0701055-ZYS

【10】 佛光山宗委會(2007)，《佛光山開山四十週年紀念特刊 8 佛光道場》，頁64。

#	成立時間	道場名稱	成立佛光會	信徒邀請或提供場所	發展需求	由北到南地理位置排序
3	1988	員林講堂		雙林寺邀請		10
4	1990	彰化講堂			v	9
5	1991	嘉義學館			v	14
6	1992	豐原禪淨中心		信徒需求		2
7	1993	北港禪淨中心	1991			12
8	1996	斗六禪淨中心			v	11
9	1996	南華學舍			v	16
10	1998	草屯禪淨中心	1992			4
11	1998	魚池佛光山			承租國有地興建	6
12	1999	大林講堂			v	15
13	2001	妙法寺		1966年如莊如敏法師創		3
14	2002	清德寺		原1940年心義法師創		5

#	成立時間	道場名稱	成立佛光會	信徒邀請或提供場所	發展需求	由北到南地理位置排序
15	2004	惠中寺			發展自1987年的布教所	1
16	2012	紫雲寺		1975年由鍾嬌弟(副主持)及鐘碧直(監院)合建		8
合計		16道場	2	2信徒請法/4捐贈	8	16

上表為筆者綜合《佛光山開山四十週年紀念特刊 8 佛光道場》頁56-69 與《佛光山2015我們的報告》頁98整理製表

三、佛光山台灣南區道場的成立因緣

　　星雲在台灣南區的道場設置，發端於1960年興建的高雄壽山寺，再於1967年於高雄市大樹區興建佛光山寺，其後才於1981年興建高雄普賢寺與台南慧慈寺。[11] 近年來星雲有感於南台灣缺乏一座綜合性、多元化的現代佛法文教中心，故陸續於2007年興建台南南台別院與鳳山講堂、以及高雄南屏別院，2008年已竣工正式啟用。[12] 2011年落成的佛陀紀念館，集文化、教育、藝術、佛教於一身，為融和傳統與現代的多功能建築，[13] 頓使星雲人間佛教的

台灣本土與國際弘揚更上一層樓，也是星雲藍海策略的展現。佛光山另在金門與澎湖外島設有金蓮淨苑等四座道場，筆者將其歸在南區道場，因此至今佛光山在台灣南區共有22所道場，依規模大小從紀念館(1)、別院(2)、寺(9)、講堂(6)、禪淨中心(3)到佛剎(1)/佛教堂(1)等等都有，皆成立於壽山寺之後，密集設立於九○年代。其中九所是應佛光山本身發展的需求而設立；小港講堂與日光寺等六所道場，是應當地信徒邀請而設立；福國寺、大慈寺與明見寺等六所道場，則是由法師或信徒捐贈；唯有1992年成立的新營講堂，才是先有佛光會後再設立的道場。壽山寺與慧慈寺是由早期的念佛會轉型為寺廟，屏東講堂、小港講堂、旗山禪淨中心、與鳳山禪淨中心四所道場，則是原為佈教所發展而成。而座落高雄市右昌的寶華寺，早在1951年就是學經堂，1975年轉型念佛會，1989年由信徒代表向佛光山請法成立佈教所，1993年再啟建而成。【14】

　　下列將佛光山南區所有的22所道場依設立年代先後，分為成立佛光會、信徒邀請或提供場所、佛光山自身發展需求等三類建寺因緣，與地理位置排序製表如表3-3，以利瀏覽。

【14】　參閱佛光山宗委會(2007)，《佛光山開山四十週年紀念特刊 8 佛光道場》，頁81。

表3-3.佛光山台灣南區22所道場成立因緣與時間表

#	成立時間	道場名稱	成立佛光會	信徒邀請或提供場所	發展需求	由北到南地理位置排序
1	1963	壽山寺		原1960年壽山念佛會		12
2	1967	佛光山寺			v	17
3	1971	明見寺		原1963年胡紹德建		4
4	1973	信願寺			v	3
5	1980	福國寺		原1967年和妙法師創		9
6	1981	慧慈寺		原1970年善化念佛會		6
7	1981	普賢寺			v	11
8	1987	海天佛剎			v	2
9	1990	屏東講堂		原屏東佈教所		21
10	1990	台南講堂				8
11	1991	岡山禪淨中心		1965年借警悟寺成立岡山念佛堂		17
12	1992	新營講堂	1991			5
13	1992	小港講堂		原紅毛港佈教所		15

#	成立時間	道場名稱	成立佛光會	信徒邀請或提供場所	發展需求	由北到南地理位置排序
14	1993	寶華寺		原1951年學經堂		16
15	1995	旗山禪淨中心		原1981年旗山佈教所		19
16	1995	金蓮淨苑		普哲法師贈		1
17	2001	潮州講堂		1987年林怡和提供場地		22
18	2004	高雄佛教堂		原1954年建月基住持星雲監寺		14
19	2007	南台別院			v	7
20	2007	鳳山講堂			v	20
21	2008	南屏別院			v	10
22	2011	佛陀紀念館			v	13
合計		22道場	1	6信徒請法/ 6捐贈	9	22

上表為筆者綜合《佛光山開山四十週年紀念特刊 8 佛光道場》頁70-89
與《佛光山2015我們的報告》頁98整理製表

四、佛光山台灣東區道場的成立因緣

佛光山在東台灣的別分院，首推雷音寺(即今蘭陽別院)，為星雲於1953年元月改建，帶動宜蘭地區學佛的風氣。【15】其後1960年南下高雄設立壽山寺，開辦佛學院，培養僧才，才有1967年在高雄縣大樹鄉(現改為高雄市大樹區)創建佛光山寺，以之為據點，陸續興建分別院道場，推動其在台灣的本土化，甚至後來在海外五大洲的國際化，都溯源於雷音寺。迄2014年接收台東金剛寺止，佛光山在台灣東區，由最北的蘭陽別院到最南的金剛寺，共成立了九所道場。其中安樂精舍與金剛寺都在2007年後受贈自友寺，欠缺完整的寺廟資料。筆者分別於2015年9月11日與2015年9月13日兩天，透過電話訪問金剛寺慧立法師，與當地日光寺住持滿禎法師，有關二寺的歷史、轉贈佛光山的因緣與年代、以及現況發展。此兩座新贈寺院，與座落宜蘭地區的蘭陽別院、靈山寺與圓明寺等，計五所道場均為友寺法師捐贈，宜蘭仁愛之家則原為基督教於1962年創辦，五年後經營不力，轉讓予佛光山經營迄今。台東日光寺則是應一批《普門雜誌》與《覺世旬刊》長期讀者群之邀而設立。【16】只有礁溪會館是應佛光山自己的發展需求而設立。可見佛光山星雲人間佛教，奠基於宜蘭，故在台灣東區早期成立的道場大都受贈於友寺，少數為信眾所捐。為回饋這些善因好緣，而有座落礁溪林美山上佛光大學創辦的殊勝因緣，因此，才有1993年在佛光大學校園內設立佛光學舍的需求，如今已重建為五樓宏偉的百萬人興學紀念館。

【15】 佛光山宗委會(2007)，《佛光山開山四十週年紀念特刊 8 佛光道場》，頁18。

【16】 同上註，頁88。

下列將佛光山東區所有的九所道場依設立年代先後，分為成立佛光會、信徒邀請或提供場所、佛光山自身發展需求等三類建寺因緣，與地理位置排序製表如表3-4，以利瀏覽。

表3-4.佛光山台灣東區九所道場成立因緣與時間表

#	成立時間	道場名稱	成立佛光會	信徒邀請或提供場所	發展需求	由北到南地理位置排序
1	1953	蘭陽別院		1991李決和等	原雷音寺	1
	1967	宜蘭仁愛之家		基督教董鴻烈先生1962年創辦1967年轉讓佛光山		2
2	1981	靈山寺		妙圓法師1912年創建，達德法師贈		5
3	1982	圓明寺		覺意法師1915年興建		4
5	1992	月光寺		舊址原壽豐精舍葉文明贈 新址為佛光會督導杜美娥捐贈四樓建築		6
6	1992	日光寺		《普門雜誌》與《覺世旬刊》台東市民的長期讀者群		8
7	2007	礁溪會館			2006	3
8	2008	安樂精舍		寬慧法師捐贈		7

#	成立時間	道場名稱	成立佛光會	信徒邀請或提供場所	發展需求	由北到南地理位置排序
9	2014	金剛寺		今輝法師1967年興建		9
合計		9道場		1信徒邀請 /7捐贈	1	9

上表為筆者綜合《佛光山開山四十週年紀念特刊 8 佛光道場》頁20-23、88-89與《佛光山2015我們的報告》頁98整理製表

五、小結

　　星雲在台灣北、中、南、與東區所設立的75個道場，其中以北區的28個道場數量最多，其次為南區的22個道場，中區的16個道場，最後為東區的九個道場。若從道場成立時間點來看，可見佛光山在台灣的發展路線，最早始於1953年東區的雷音寺(今已更名為蘭陽別院)，其次為南區1963年成立的壽山寺，再其次為中區1975年建設的福山寺，最晚為北區1980年設立的普門寺。75座道場的三種創立因緣中，以信徒提供場所而設立的道場共有35所居多，18所佔五成一集中在北區；其次為佛光山本身發展需求而設的道場有26所，北、中、南、東四區分別為8、8、9、1比例，可見佛光山在台灣北、中、南三區有均衡發展，但以中區16所道場中就有九所，是佛光山本身發展需求而設的道場佔五成，可見佛光山在中區此項需求最高；再其次為信徒邀請而設的道場有12所，六所佔五成集中在南區；最後為成立佛光會後有法師輔導需求所設的道場五所。如表3-5所示。

　　從上述北區信徒提供星雲場所設立的18處道場，與東北角的

宜蘭地區七處道場，共計25處由信徒捐贈道場數，高居佛光山全台設立的75所道場總數的33.33%來看，佛教在台灣的發展以北區信徒求法若渴，發展的較早、也較為盛況，不難看出當時北區的經濟條件相對較佳，當然這與星雲抵台後落腳東北角的宜蘭雷音寺不無關係。若從整個世界潮流發展趨勢來看，星雲欣逢1960年代新時代運動崇尚宗教領袖魅力的時代，在當時保守的台灣社會，正如高希均在符芝瑛《雲水日月 星雲大師傳(上)》序中提到，以星雲個人具有過人的領悟力、敏銳的洞察力、強烈的說服力、堅毅的執行力、巨大的擴散力與無私的生命力[17]等條件，是相當能吸引當時社會各階層的人士。這些由下面兩節星雲人間佛教的產品製造與管理行銷就不難看出。

表3-5.佛光山台灣75所道場成立因緣統計表

地區	道場數	成立佛光會	信徒邀請	信徒提供場所	發展需求
北區道場	28	2	3	18	8
中區道場	16	2	2	4	8
南區道場	22	1	6	6	9
東區道場	9	0	1	7	1
總計	75	5	12	35	26

[17] 符芝瑛(2006)，《雲水日月 星雲大師傳(上)》，天下遠見出版公司，頁16。

　　星雲人間佛教首波國際化之後，在台灣本土化所興建的道場
共有75座，設立時間始於1953年的雷音寺，如今已擴建為十七層樓
的「智慧型」大樓，異名為蘭陽別院。之後在這55年期間，佛光山
陸續在全台北、中、南、東四區設立道場，終於2014年佛光山接受
友寺贈送的台東金剛寺。於九〇年代達到興建道場的顛峰期，期間
共建造了40所道場，尤其是九〇年至九四年間同時在北、中、南、
東四區創建道場。九二年新設道場數高達七所，達到星雲在台灣首
波本土化建寺的最高峰，之後逐漸減少新道場的設立，2000年與
2005年兩年均未出現新建道場，如表3-6與圖1所示。筆者認為佛光
山在台灣本島如雨後春筍般開闢道場到一定數量後，需要進一步強
化弘法的相關軟體，並做弘法成效的自我評估與適度的發展調整。

　　另外，上述寺廟的建築雕塑最能直接展現佛教文化，除了滿
足人的視覺外，最能表現宗教形象，【18】也是一種文化產業，能帶
來弘法與經濟效益的附加價值，符應藍海策略「提升」與「創造」
的指標。再者，1994年佛光山成立佛光淨土文教基金會後，即有更
明確與更專業的專責單位，負責佛光山所有海內外道場的興建。
二十一世紀以後才完成的現代化分別院，如2003年改建的苗栗大明
寺、2007年落成的南台別院、鳳山講堂、與金蓮淨苑、2008年啟用
的南屏別院等台灣本土化道場的建築，不僅線條簡單、動線流暢、
節約環保、質樸簡約，在空間規劃上注入文化思維，擴大弘法度眾
的功能。【19】星雲人間佛教第一波在台灣本土化的道場興建時，就

【18】　釋惠空(2015)，〈佛教經濟與佛教旅遊〉，Phật Học Online 2015,8,23，頁
　　　　6。http://www.chuaphapminh.com/PrintView.aspx?Language=zh&ID=525402
【19】　佛光山宗委會(2007)，《佛光山開山四十週年紀念特刊 4 文化藝術》，頁
　　　　122。

已在落實其寺院學校化、民眾心靈加油站、人生百貨公司的理念，
以擴大接引各領域的民眾，又是星雲藍海策略的發揮。

表3-6.佛光山台灣道場成立總數年表

時間	北區	中區	南區	東區	總數
1953				1	1
1963			1		1
1967			1	1	2
1971			1		1
1973			1		1
1975		1			1
1980	2	1	1		1
1981	1		2	1	4
1982				1	4
1983	1				1
1986	1				1
1987	1		1		1
1988	1	1			2
1990	1	1	2		2
1991	2	1	1		4
1992	2	1	2	2	4
1993		1	1		7
1994	5				2
1995			2		5
1996		2			2
1997	4				2
1998	2	2			4
1999		1			4
2000	1	1	1		1
2001	1	1			3
2002	1				2
2003	1	1			1

時間	北區	中區	南區	東區	總數
2004	1				3
2006					1
2007			2	1	3
2008			1	1	2
2011			1		1
2012		1			1
2014				1	1
Total	28	16		9	75

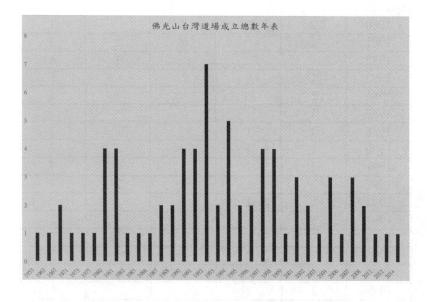

圖1.佛光山台灣道場成立時間與數量圖

　　佛光山先後在台灣興建的75座道場，其中，宜蘭蘭陽別院、
台北普門寺、台北道場、三峽金光明寺、彰化福山寺、台中惠中

寺、台南南台別院、高雄普賢寺與南屏別院，為台灣首屈一指的
別院。【20】其餘道場依所在地行政轄區大小與人口多寡，依次有講
堂、禪淨中心等不同的稱呼。

　　在硬體建設後，為了提昇各分別院的弘法成效，達成上述佛
光山訂定的目標，就需要透過管理組織、人力、財務、與資訊等，
來確保達成組織使命的管理策略。佛教道場屬非營利組織，不同於
一般企業追求創造更多的利潤，而是靠「使命」的凝聚、資源與
引導方向，以落實其組織使命。【21】星雲曾強調佛光山倡導人間佛
教，是以有組織、有系統、有規劃的企業精神，作為人間佛教事業
的管理。【22】這些即是佛教所謂的弘法軟體的發揮，就牽涉到產品
與行銷的問題。

第二節、第一波國際化的產品製造

　　前述星雲由中國到台灣的國際化後，在台灣本土化設立的
道場屬硬體建設，之後就需靠產品的製造與行銷。「所謂產品
(product)是指一種理念(idea)、實體(physical entity)、服務(service)、或
者是以上三者之任何組合。一般則指能夠提供給市場，被人們使用和
消費，並能滿足人們某種需求的任何東西，包括有形的物品、無形的

【20】　佛光山宗委會(2007)，《佛光山開山四十週年紀念特刊 8 佛光道場》，佛
　　　　光山文教基金會，頁18。

【21】　參閱蕭新煌、官有垣、陸宛蘋主編(2011)，《非營利部門：組織與運作
　　　　(精簡本)》，高雄：巨流圖書公司，頁102。

【22】　星雲大師(1998)，《佛教叢書‧教用‧佛教與企業》，高雄市：佛光出版
　　　　社，頁326。

服務、組織、觀念或它們的組合。」【23】星雲最大的願望是以文字來弘法，他認為文字是超越時空，所以在忙碌的弘法佈教的工作中，從未稍減其寫作度眾的願望。【24】因此，星雲將其提倡的弘法方式融入於寫作出版當中，不只是出版專書，也接編或是舉辦多種報章雜誌，其人間佛教製造出的產品，包括佛光山的文字出版、影音傳播、書畫特展、梵唄演唱、佛教學術會議【25】等有形的物品；生老病死、拔苦予樂等的相關諮詢的無形服務；佛光山與佛光會僧俗二眾的組織；以及人間佛教思想觀念的組合。

若依佛光山「以教育培養人才、以文化弘揚佛法、以共修淨化人心、以慈善福利社會」四大宗旨來看，星雲人間佛教的產品以第二大宗旨文化藝術產品為主，以第一宗旨人才培養、第三宗旨淨化人心與第四宗旨福利社會為輔，前者較為具體可見播種的因，後三者屬於種因產生的結果，即「一組將輸入轉化為輸出的相互關聯或相互作用的“活動”的結果，即“過程”的結果」。【26】這些產品與一般有定價的具體產品不同，是需要靠行銷者與消費者共同來完成，因此就需仰賴行銷者培養觀機逗教的能力、與多元行銷策略的能耐。

接著將論述星雲人間佛教的產品，可概分為文字出版、傳媒影音與佛曲音聲等三類，略述如下：

【23】 百度百科http://baike.baidu.com/view/1214.htm 2015.4.20
【24】 星雲大師(1987)，《星雲大師講演集》〈我的宗教體驗〉，佛光出版社，頁663、668。
【25】 佛光山宗委會(2007)，《佛光山開山四十週年紀念特刊4文化藝術》，頁3。
【26】 百度百科http://baike.baidu.com/view/1214.htm 2015.4.20

一、文字出版

星雲認為「文化是千秋大業，推展佛教首要做好佛教的文化工作，佛教的文化傳播，不受時空限制、無遠弗屆。」【27】因此佛光山在1959年即成立「佛教文化服務處」，之後擴大為「佛光出版社」，甚至1997年再成立「香海文化事業有限公司」等，經營平面、影音出版品及文化禮品的製作、代理與發行，構成完整的佛教圖書出版系統；從1957年編輯《覺世旬刊》到1979年創辦《普門雜誌》，1995年易名《佛光學報》到2001年轉型為《普門學報》、《法藏文庫》，1977年編纂《佛光大藏經》、1978年印行《佛光大辭典》到1987年出版《佛教史年表》、2004年投入「佛典電子化」等文字般若工作，使得佛教文化深度化、普及化；1997年開始積極參加世界各地舉辦的「國際書展」到「圖書分贈世界」促成佛教文化的國際交流。【28】

星雲具體產品從早期的專書，如1953年譯著《觀世音菩薩普門品講話》與專著《無聲息歌唱》、1954年《玉琳國師傳》、1955年《釋迦牟尼佛傳》、1959年《十大弟子傳》、1960年《八大人覺經講話》、1961年《佛教故事大全》、1962年《中英佛學辭典》與《中英對照佛學叢書》、1965年《覺世論叢》與《佛教童話集》、1979年《海天遊踪》等，到中期出版的套書，如1979年出版《星雲大師講演集》、1987年《星雲禪話》、1989年《星雲日記》、1992年《星雲說偈》、1993年《星雲法語》、1995年《佛教叢書》與

【27】 佛光山宗委會(2007)，《佛光山開山四十週年紀念特刊 4 文化藝術》，頁10。

【28】 同上註。

《中國佛教高僧全集》、1996年《中國佛教經典寶藏》與有聲《百喻經圖畫書》、1997年《金剛經講話》、1999年《中國佛教百科叢書》與《佛光教科書》以及《往事百語》、2000年《六祖壇經講話》(四冊)與《佛光祈願文》、2004年《佛教高僧漫畫全集》、《迷悟之間》與《禪門語錄》、2007年《佛光菜根譚》系列、2008年《人間佛教語錄》、《人間佛教論文集》、《人間佛教當代問題座談會》與《人間佛教書信選》、2009年《人間萬事》、2013年《百年佛緣》、【29】2015年《貧僧有話要說》等,從早期包含佛教各領域多元普及的內容,到聚焦人間佛教的相關議題,近幾年則偏重在佛教發展的回顧,與對信眾與弟子的叮嚀,星雲文字創作產品琳琅滿目。甚至有些弟子受其薰陶亦加入撰述著作行列,來多元化其相關產品,如2006-2007年慈惠出版十冊的《古今譚》,2008、2009年心培分別出版《禪七講話》與《佛七講話》,滿義2005年出版《星雲模式的人間佛教》、2015年再出版《星雲學說與實踐》等,其他還有許多弟子的佛學著作,礙於篇幅不克在此一一列舉。或者非屬僧團的專家學者著書與作品等,如韓國圓性法師的詩文繪本「風」、「鏡子」、「禪心」;大陸作家陸幼青先生的「生命的留言-死亡日記」一書。【30】迄今星雲已近九〇大壽仍孜孜不倦地在研發、創新、深化、製造更多文字產品,這些產品都成了星雲弟子與時俱進的行銷弘化所依據的有形產品。

二、傳媒影音

【29】 佛光山宗委會(2007),《佛光山開山四十週年紀念特刊4文化藝術》,頁16-25。

【30】 「關於香海」http://www.gandha.com.tw/about.aspx 2015.9.15

　　成立電視台、辦報紙是星雲年輕時就許下的心願，早在1957年星雲即開始於台北民營民本電台製作「佛教之聲」，1961年應國營中廣宜蘭台邀請開闢「覺世之聲」，接著中廣的「信心門」；中廣、漢聲、天南全國聯播的「禪的妙用」，以及天南的「生活的智慧」。影視節目則始於1979年在華視製播「甘露」節目，接著台灣電視「信心門」、中國電視「佛學講座」，又分別在三家電視台開播「星雲禪話」、「星雲法語」、「星雲說偈」、「星雲說喻」、「蓮心」等節目。【31】更在1988年創辦了佛教界成立電視台第一家獨立製播的「人間衛視」，製播清淨無污染的節目，帶給社會祥和歡喜。1997年成立「如是我聞」專門製作優良音樂。1998年成立「佛光山電視中心」，製作電視佛教節目及教學帶。【32】另外，2000年4月1日還發行佛教界第一份綜合日報《人間福報》，協助改善社會與提升生活品質。

　　影音出版品方面，香海文化事業有限公司陸續發行了現代及傳統的佛教梵唄、心靈音樂、演奏音樂、有聲書等，如2001年星雲親自錄製100首的「佛光祈願文CD有聲書」、2002年「佛光再現-2002恭迎佛指舍利紀念專輯」、2004年連續劇「法門寺猜想DVD」、與弟子心定「從般若心經談人間佛教-心定和尚講座」、以及「心經-孟庭葦演唱專輯」等產品，星雲製作的這些影視節目亦是其創作的另類產品。

三、佛曲音聲

【31】　佛光山宗委會(2007)，《佛光山開山四十週年紀念特刊 4 文化藝術》，頁62。

【32】　同上註，頁60。

　　1953年，星雲初抵宜蘭弘法時，為了接引青年學佛，親自撰詞、請人作曲，組織「青年歌詠隊」，於各地弘法活動中加入佛曲演唱來傳播教義。【33】隨後於1956年印行《佛教聖歌集》、1957年灌錄六張10吋的佛教第一套聖歌唱片，並於電台播放、1978年發行「佛教梵唄大全錄音帶」。【34】另外，為使佛教音樂更大眾化，推動以佛教為範疇的創作音樂，2003~2007年間每年舉辦〈人間音緣〉徵曲、發表與推動，分別發表了來自全球五大洲81首、101首、115首、85首，【35】合計發表了462首歌曲。這些歌曲不僅被出版成紀念專輯CD外，並被積極在佛光山全球別分院、學校、社區、監獄等傳唱。【36】又於2006年成立佛教界第一支專屬的梵樂團—佛光山人間音緣梵樂團，於新竹市立音樂廳等七處舉辦「禮讚音緣」、2007年於新竹交通大學與台北新舞台舉辦「妙音初揚‧新團新氣象」。此樂團除了演奏佛教音樂外，還擔負起傳統音樂采風和研究佛教音樂的工作。【37】

　　此外，星雲將佛教寺廟法會佛事中的梵唄，透過梵唄讚頌團在台灣各地演唱，如1979年、1990年於台北國父紀念館分別舉辦「佛教自強愛國梵唄音樂會」與「佛教梵唄音樂弘法大會」、1992年(與台北市政府合辦)與1994年於台北國家音樂廳分別舉辦「梵音海潮音」與「二二八紀念音樂會」、1995年於台北國家戲劇院等地

【33】　佛光山宗委會(2007)，《佛光山開山四十週年紀念特刊 4 文化藝術》，頁130。

【34】　同上註，頁131。

【35】　參閱上註，頁158-164。

【36】　參閱上註，頁166。

【37】　同上註，頁167。

舉辦六場「禮讚十方佛梵音樂舞」、1996年再次於台北國家戲劇院等地舉辦六場「莊嚴淨土·梵音樂舞」、1999年與台北市政府合辦於台北中正紀念堂廣場演出「莊嚴淨土·梵音樂舞」、2000年與日本韓國及中國大陸等地知名佛教團體，共同於台北國父紀念館演出「一日梵唄千禧法音」音樂會、2001年與台北市立國樂團於台北社教館等地演出「晨鐘暮鼓梵音樂舞」、2002年於台北國家戲劇院演出「慈悲喜捨梵唄音樂演唱會」、2003年應台北市政府邀請演出「梵音祈福音樂會」等。【38】由上可見星雲於台灣島內舉辦的各種梵唄音樂會，由自辦到與市政府合辦、由僧眾到僧俗二眾合演、由單一僧團到跨國佛教團體的聯合演出、由純梵唄唱頌到舞蹈搭配等，一再地更新、深化此項弘法產品。

　　星雲透過音聲製造了佛教多元的相關產品，從自行撰詞、請人作曲，組織「青年歌詠隊」、印行《佛教聖歌集》、灌錄佛教聖歌唱片、舉辦〈人間音緣〉徵曲、發表、推動與出版紀念專輯CD、梵唄讚頌團全台巡迴展演等，為其人間佛教在台灣的本土化行銷，創造了相當有價值的利器。

　　上述琳琅滿目的文字出版、傳媒影音，與佛曲音聲等三類創作，是星雲持續不斷地在推陳出新，以滿足信眾的學佛欲望，與提升其佛學造詣，以便契入生活即修行的人間佛教真義，這些都是星雲採用的籃海策略，不僅成為星雲人間佛教第一波在台灣本土化的主要熱銷產品，亦成為星雲人間佛教第二波海外國際化的重要產品。

【38】　參閱佛光山宗委會(2007)，《佛光山開山四十週年紀念特刊 4 文化藝術》，頁132-139。

第三節、第一波國際化的管理行銷

上面已簡介星雲人間佛教產品的種類與內容，這些產品要如何推銷出去，就涉及行銷人才的培養、行銷策略的設計、經營與管理、以及財源的開發與運用。為推動與落實四大宗旨的需求，佛光山的組織在宗務委員會下，設置長老院、都監院、文化院、教育院與慈善院等五院，與佛光山文教基金會、佛光山淨土文教基金會、人間文教基金會、佛光山慈悲社會福利基金會、佛光山電視弘法基金會、佛光山宗務發展策進委員會、佛光山大藏經編修委員會、國際佛光會發展委員會、國際佛教促進會、佛光山功德主會等十會，以及佛光山修持中心、人間福報社、與佛光緣美術館總館等單位。【39】各院會單位再依四大宗旨的歸屬，規劃、推動、執行各種相關弘法活動。上述星雲在台灣北、中、南、東各地成立的75處道場，歸屬在都監院下，利用佛光山本山與當地的資源，亦依佛光山四大宗旨在各地推動各種法會活動。下面將分為人才培育的僧信教育、產品弘法的行銷經營、財務管理，與文化適應等四個面向分述之：

一、僧信教育

星雲歷經動盪紛擾的時代來到台灣時，正值正信佛教的衰微，深刻瞭解人才培育的重要性，認為有人才才能講經說法、舉行活動、興辦事業，讓正法久住。【40】星雲對經營教育的看法：「佛

【39】　佛光山宗委會(2007)，《佛光山開山四十週年紀念特刊 1 佛光宗風》，頁 39-40。

【40】　參閱佛光山宗委會(2007)，《佛光山開山四十週年紀念特刊 3 僧信教

光人要把佛化教育從幼稚園、小學、中學、推動到大學；從個人家庭推動到整個社會；從寺廟出家眾推動到大眾生活裡。」【41】故在壽山寺落成的第二年1965年成立壽山佛學院，1967年興建目前的佛光山寺之初，即興建東方佛教學院。【42】1987年在組織中設立教育院推動僧信教育，轄下分設僧伽教育與社會教育。僧伽教育下設僧伽教育研究委員會、中國佛教研究院與佛光山叢林學院三個單位。僧伽教育研究委員會設有僧伽教育推展小組、教材編纂小組、教學研究小組與師資培訓研究小組。中國佛教研究院統籌設置了美國西來大學宗教研究所，嘉義南華大學宗教比較研究所與佛學研究中心，宜蘭佛光大學宗教研究所、佛教研修學院、與佛教研究中心、澳洲南天大學佛學應用學研究所、與人間佛教研究中心等。佛光山叢林學院則包括東方佛教學院、專修學部與國際學部。專修學部包括佛光山女眾學部、與佛光山男眾學部。國際學部設英文佛學院、日文佛學院、外籍生研修班、英文佛學研究所。【43】

　　佛光山在此種教育組織體系下，其所有僧眾都是依自己的社會學歷與佛學造詣，被分發到適合的學部就讀。學生在修業過程中或完成學業後，陸續剃度出家或在家入道，僧信二眾學生畢業後才依教學研究、文化社教、寺務行政等類別的個人性向專長，分派到佛光山所屬不同單位實習與服務。星雲在《佛光教科書(11)佛光學》書中就提到，佛光山秉持人盡其才的理念，力求開發僧眾的潛能，故在職務上有如下分配的原則：

　　育》，頁6。
【41】　同上註，頁114。
【42】　同上註，頁6。
【43】　同上註。

(一)長於口才、思想靈敏者：可從事文教事業。例如：講主、教授、教師、弘講師、編輯、寫作等職務。

(二)慈悲增上、柔和親切者：可委於知客、湯藥、醫療賑濟、養老育幼等慈善工作。

(三)勤勞耐煩、組織力強者：可勝任住持、監院、副寺、會務秘書、行政助理等職務。

(四)明因識果、通曉財務者：可承擔司庫、主計、會計以及出納等福田工作。

(五)威儀端莊、具備身教者：可任引禮、法務、司儀、悅眾、等職務，發揮所長。【44】

一般初學者，以一般性的職務為主，例如：總務、園藝、行堂、典座、香燈、知賓等行單，以培福修慧自我養成。

釋滿耕〈星雲大師與當代「人間佛教」〉論文，對於上述佛光山用人的五項專長分類，則將其歸納為如下學行弘修四種：「星雲為了在弘法方面更有效益，將佛光山上述各種職務具體分為：學（深造進修）、行（辦事當家）、弘（弘法講學）、修（苦行修行）四個方面。」【45】

在台灣本土社會教育方面，佛光山愛用興辦十六所佛學院之辦學經驗基礎，1956年創辦了宜蘭慈愛幼稚園、1967年創辦台南慈航托兒所、1981年創辦善化慧慈幼稚園、與2000年創辦新營小天星幼稚園等四所幼稚教育園。1977年創設普門中學、2002年創設人文

【44】 星雲編著(1999)，《佛光教科書(11)佛光學》，台北市：佛光文化事業有限公司，頁132-133。

【45】 釋滿耕(2006)，〈星雲大師與當代「人間佛教」〉（五之三）《普門學報》第33期，頁3。

國小、2004年創辦均頭國民中小學、2009年創辦均一國中小學等四所中小學，以及1996年創設南華與2000年創設佛光兩所大學，【46】以實現星雲人間佛教在台灣本土化的人才培育的理念。

在台灣本土信眾教育方面，為讓信眾能依其性向循序漸進修持佛法，【47】自1984年起陸續在普賢寺與普門寺、1985年在圓福寺開設都市佛學院，【48】1994年創設勝鬘書院，【49】1997年創設電視佛學院，【50】2002年於三峽金光明寺創設佛光人間大學，【51】2003年起在台灣各縣市創辦六所社區大學，【52】以及2003年於佛光山叢林學院創辦天眼網路佛學院【53】等。

以上在僧眾教育方面，佛光山不僅在台灣創辦佛學院，亦擴大到海外，迄今在全球共設立了十六所佛學院、五所大學，為佛教培養人才；在信眾教育方面，舉行世界佛學會考、國際佛教會議，帶動全球各地的學佛風氣；舉辦佛學夏令營、佛學講習會、都市佛學院、星期學校，將菩提種子遍灑世界各個角落。並設立教士、師姑制度，培養在家信眾共同投入弘法行列。1991年成立中華佛光會，在台灣本島上，陸續設立檀講師制度，發展讀書會、帶動讀書風氣，讓信眾與僧眾共同擔負弘傳佛法的責任。

【46】　佛光山宗委會(2007)，《佛光山開山四十週年紀念特刊 3 僧信教育》，頁92-135。

【47】　同上註，頁136。。

【48】　同上註，頁137-139。

【49】　同上註，頁143。

【50】　同上註，頁148。

【51】　同上註，頁150。

【52】　同上註，頁152-161。

【53】　同上註，頁162。

　　上述僧信教育是實踐佛光山四大宗旨之「以教育培養人才」主要策略。

二、行銷管理

　　星雲創辦的佛光山秉承佛陀依法不依人的教示，建立如上完善的制度來統理弘法大眾，其最大特色就是強調集體創作，並為職務輪調、序列等級、僧團立法等，擬制了一系列不違佛教傳統的現代化管理辦法。【54】在行銷弘法上透過寺廟舉辦法會與佛學講座等弘法活動、設置滴水坊提供茶禪素齋、成立文教基金會舉辦各種有關活動，與設立美術館藉由多元館藏來弘法，說明如下：

　　(一)寺廟與附設的滴水坊

　　星雲在台灣首波國際化後的本土化，陸續於全台興建75座道場，做為弘法的主要據點，以舉辦各種法會佛事來接引信徒。廣義來說，佛光山全國所有別分院依四大宗旨舉辦的各項活動，都屬寺廟的份內事。狹義來說，較偏重在朝暮課誦、祝聖佛事、普濟佛事等，【55】與佛光山第四大宗旨之「以共修淨化人心」相呼應。其內容分別略說明如下：

　　1、朝暮課誦：早課的內容與程序為：包括《楞嚴咒》《大悲咒》《十小咒》《心經》（每月初一、十五之前加唱《寶鼎贊》）、《回向贊》《贊佛偈》、繞念佛號、《發願偈》、三皈依、《大吉祥天女咒》及《韋馱贊》。晚課的內容和程序為：《阿彌陀經》（或《大懺悔文》）、蒙山施食、《回向偈》、《贊佛

【54】　釋滿耕(2006)，〈星雲大師與當代「人間佛教」〉（五之三）《普門學報》第33期，頁3。

【55】　釋永東(2011)，《當代台灣佛教發展趨勢》，台北市：蘭臺出版社，頁107。

偈》、繞念佛號、《發願偈》、三皈依、《伽藍贊》。【56】

2、祝聖佛事：此類佛事常配合佛菩薩聖誕所舉行的慶祝法會，包括佛的誕生日、出家日、成道日、涅槃日，菩薩的誕生日、出家日、成道日，及祖師圓寂紀念日等。依農曆月份先後，有二月初八與十五日釋迦牟尼佛出家與涅槃紀念日、二月十九日觀世音菩薩聖誕、二月二十一日普賢菩薩聖誕，三月十六日准提菩薩聖誕，四月四日文殊菩薩聖誕、四月八日釋迦牟尼佛聖誕、四月十四日藥王菩薩聖誕，五月十三日伽藍菩薩聖誕，六月三日韋馱菩薩聖誕、六月十九日觀世音菩薩成道，七月十三日大勢至菩薩聖誕、七月十五日佛歡喜日、七月二十四日龍樹菩薩聖誕、七月三十日地藏王菩薩聖誕，八月十五日月光菩薩聖誕、八月二十二日燃燈佛聖誕，九月十九日觀世音菩薩出家、九月三十日藥師琉璃光佛聖誕、十一月十七日阿彌陀佛聖誕、十一月十九日日光菩薩聖誕，十二月八日釋迦牟尼佛成道、十二月二十三日監齋菩薩聖誕、十二月二十九日華嚴菩薩聖誕。【57】在這些諸佛菩薩聖誕中，佛光山道場主要以釋迦牟尼佛、藥師佛、阿彌陀佛，與觀世音菩薩、地藏王菩薩、彌勒菩薩的聖誕法會為主。

3、普濟佛事：普濟佛事【58】為佛門超度、薦亡佛事，種類很多，諸如：梁皇寶懺、水懺、大悲懺、藥師懺、淨土懺、地藏懺、金剛懺、八十八佛洪名寶懺、三時繫念、水陸法會、蒙山施食、放生會等。為現前之人懺悔業障、植福延齡，或為超薦先亡、救拔惡

【56】　參閱釋永東(2011)，《當代台灣佛教發展趨勢》，頁108。

【57】　參閱〈諸佛菩薩聖誕紀念日〉佛教導航 www.fjdh.cn/main/fojn/jnr.htm 2015.4.3

【58】　參閱釋永東(2011)，《當代台灣佛教發展趨勢》，頁110。

道眾生而舉行的。

　　上述各種佛事並非所有道場都可以舉辦，而是依寺院規模大小，訂有上限，如供佛齋天的大齋天與水陸法會，就規定別院級道場才可以舉行。除了上述依諸佛菩薩聖誕舉辦的慶祝法會外，所有佛光山在台灣的道場週末亦有共修法會，方便上班族或隨堂超薦往生者眷屬的參與。

　　另外，佛光山全國主要縣市別分院設有以素食度眾的滴水坊，如宜蘭蘭陽別院、礁溪會館、佛光大學滴水坊與百萬人興學紀念館、台北道場、普門寺、永和學社、三重香海出版社、安國寺、金光明寺、基隆極樂寺、寶塔寺、苗栗大明寺、新竹法寶寺、台中惠中寺、嘉義會館、南華學館、南華大學滴水坊、台南南台別院、高雄南屏別院、普賢寺、鳳山講堂、屏東講堂，與佛光山本山香光亭、美展、傳燈樓三個滴水坊，以及佛陀紀念館禮敬大廳、樟樹林、榕樹林、佛光樓等四個滴水坊。筆者認為佛光山滴水坊的設置，是星雲人間佛教與時俱進，深具文化特色的創舉，也是文化產業的一種。

　　舉凡信眾的生、老、病、死，婚、喪、喜、慶等相關活動，都是佛光山道場僧眾關心的內涵。近幾年佛光山總本山、與永和學舍以及北投安國寺，還提供佛光大學佛教學系的外籍生，於寒暑假期間擔任義工或工讀的暫時居留處。可見星雲人間佛教第一波國際化後在台灣的本土化，有賴其分布全台75座道場僧眾的住持弘法與通力合作，方能再經由各種基金會、美術館、佛光會的輔助，來透過四大宗旨的各項多元活動來落實其本土化。

　　(二)基金會

　　星雲在佛光山的弘法事業中，先後於1988年成立佛光山文教基金會、1989年設立財團法人佛光山慈悲社會福利基金會，1994年成立佛光淨土文教基金會、1998年設立佛光山電視弘法基金會與人間文教基金會等。佛光山文教基金會稟承佛光山「以文化弘揚佛法，以教育培養人才」的宗旨，從事文教工作之推展與贊助。如：舉辦國際性佛教學術會議、出版學術論文，以推動佛學研究；辦理梵唄音樂巡迴世界弘法、人間音緣歌曲發表會、成立梵樂團，讓佛教音樂普及化、大眾化；創辦世界佛學會考、推廣生命教育種子教師培訓、設立雲水書坊，帶動讀書風氣；籌辦嘉義南華大學、宜蘭佛光大學、南投均頭中小學及災區學校重建，獎助佛教優秀人員弘法、留學、研究，以培育人才，回饋社會；贊助發行佛學書籍、光碟和捐贈圖書，增加文化資源與交流；以及進行各種公益藝文活動，提升佛教文化素質。【59】

　　佛光山慈悲社會福利基金會，稟承佛光山「以慈善福利社會」的宗旨，統籌辦理兒童青少年福利、老人福利、雲水義診服務、宗教心靈諮詢、急難救助、重大災難救援、監獄輔導教化、機構探訪、二手醫療輔具、失智症防治等等十大類，亦接受政府委託辦理社會福利工作。【60】佛光淨土文教基金會主要功能，在統籌佛光山全球道場的硬體建設，讓這些寺院能進一步發揮「寺院學校化」，成為民眾心靈的加油站，擴大弘法度眾的功能。【61】佛光山

【59】　佛光山宗委會(2007)，《佛光山開山四十週年紀念特刊4文化藝術》，頁96。

【60】　佛光山慈悲社會福利基金會網址 2015.7.25http://www.compassion.org.tw/0322-news.aspx?id=238&month=07&date=30

【61】　佛光山宗委會(2007)，《佛光山開山四十週年紀念特刊4文化藝術》，頁

電視弘法基金會籌募善款，以因應「人間衛視」龐大的開銷。而人間衛視回饋以多元的視野、多樣的風貌製播社會教化、慈善公益的淨化節目來關心大眾、服務社會。【62】人間文教基金會每年配合教育部終身學習列車，舉辦各項主題活動，且數度榮任童軍教育及全民閱讀教育終身學習列車長。並經常於全國各地舉辦各類型講座、生命教育研習營等，提供大眾終身學習的場域。並獎助海內外傑出青年留學或遊學；整合各地社區教育資源，建構全方位的社區學習體系。【63】

　　綜合上述，佛光山文教基金會與人間文教基金會，推動各項文化、教育的深耕工作；佛光山慈悲社會福利基金會，統籌各種社會服務濟助工作；佛光淨土文教基金會，統籌佛光山全球道場的興建；佛光山電視弘法基金會籌募善款，提供人間衛視製播優質節目。這些都是佛光山落實其四大宗旨之「以文化弘揚佛法」與「以教育培養人才」的主要單位，也是星雲藍海策略的產銷手法。

　　(三)美術館弘法

　　有鑑於佛教教義能夠透過藝術彰顯，星雲在1967年佛光山開山時，即建置淨土洞窟、五百羅漢等雕塑群之雕像，除展現高度藝術價值外，更呈現高度佛教思想與深刻佛法意涵。【64】又於1983年在佛光山興建「佛光山文物陳列館」，藉由陳列佛教文物、字

　　　122。

【62】　同上註。

【63】　同上註。

【64】　釋惠空(2015)，〈佛教經濟與佛教旅遊〉，頁7，Phật Học Online 2015,8,23http://www.chuaphapminh.com/PrintView.aspx?Language=zh&ID=525402

畫、法器等作品，實踐以文物說法的佈教方式，後異名為「佛光山寶藏館」。【65】1994年為籌設佛光大學，創辦「佛光緣美術館台北館」，【66】定位為當代藝術展館。1997年於屏東講堂成立「佛光緣美術館屏東館」，【67】定位為兒童美術館。2002年於蘭陽別院七樓成立「佛光緣美術館宜蘭館」，【68】定位為佛光山歷史博物館。2002年成立「佛光緣美術館總部」，統籌管理各項巡迴展覽，在各地落實佛法藝文化，並提倡兒童美術教育與推廣人才培訓活動，以加強弘化功能。【69】開發美術館周邊產品，將佛教文化運轉出世間經濟效益，發行《佛光緣美術館》季刊，編纂《世界佛教美術圖典》。2007年又於彰化福山寺設立「佛光緣美術館彰化館」，定位為素人藝術創作館。【70】之後又陸續於2008年設立「佛光緣美術館台中館」，「佛光緣美術館台南館」與「佛光緣美術館高雄館」定位為社區藝文館等。【71】

　　星雲在台灣北、中、南、東等區設立如上「佛光緣美術館」，以落實其「寺院學校化與藝文化」的理念，及「以文化弘揚佛法」的精神。並藉著免費開放這些佛光緣美術館，讓美術館的空間與展品無言說法，使大眾從文化藝術的薰陶領略中自然契入

【65】　佛光山宗委會(2007)，《佛光山開山四十週年紀念特刊 4 文化藝術》，頁170。

【66】　同上註，頁172。

【67】　同上註，頁185。

【68】　同上註，頁188。

【69】　同上註，頁172。

【70】　同上註，頁190-191。

【71】　同上註，頁191。

佛法。【72】透過「佛光緣美術館」不僅能以文化藝術來傳播人間佛教，落實佛光山四大宗旨之「以文化弘揚佛法」。佛光山之雕塑群與文物陳列是大佛以外，又一非常具創意的文化產業，【73】也是星雲藍海策略的價值提升手法。

三、財務管理

　　用錢的模式會影響一個企業的發展，鄭志明在〈台灣寺院經濟資源的運用問題〉一文中，對於台灣寺院的財物經營管理模式的變遷，將之分為1970年之前的「量入為出」與1970年之後的「量出為入」兩個經濟模式。前者由收入的多寡決定寺院財物運用方針，導致寺院只能保持現狀；後者指預測支出而計畫收入，有些大型寺院或教團為了積極弘法利生的使命，需要很多財源，因此，在積極推動弘法的同時，亦需要努力開發各種社會經濟資源。【74】佛光山即屬於後者「先用錢再找錢」的經濟模式。

　　對於現代寺院的財物收入來源，鄭志明認為「寺院本身是一個完整的宗教經濟體系，以各種教義實踐的宗教活動與社會關懷，來凝聚群眾共同的信仰感情，也能提供滿足信眾現世利益需求的供給方式，信眾的財物捐獻則提供了寺院得以持續發展的經濟資源。」【75】可見再怎麼現代化、多元化經營的寺廟，信眾永遠是寺院的基本顧

【72】　佛光山宗委會(2007)，《佛光山開山四十週年紀念特刊 4 文化藝術》，頁175。
【73】　釋惠空(2015)，〈佛教經濟與佛教旅遊〉，頁7，Phật Học Online 2015,8,23http://www.chuaphapminh.com/PrintView.aspx?Language=zh&ID=525402
【74】　參閱鄭志明(2003)，〈台灣寺院經濟資源的運用問題〉，宗教福利與資源研討會，頁5。
【75】　參閱上註，頁1。

客。

(一)星雲的財務觀

星雲對於寺院財物收入的看法，結合傳統與現代相當具有開創性，摘錄如下：

> 佛教的經濟來源，在過去印度佛陀時代提倡供養制度，傳到中國，歷代禪門提倡農林生產，到了近代太虛大師又再提倡工禪合一，現在則有基金制度。往後，以原始佛教的供養制度，結合農禪、工禪生產而發展出適合現代的經濟制度，例如：果菜園林、房租田佃、生產事業、佛書出版、書畫流通、佛像法物、法會油香、經懺佛事、餐飲素食、推廣社教、弘法贊助、參觀門票、慈善服務、安單靜養、互助標會、護法委員等，則為時代發展的必然趨勢。【76】

所以星雲認為人間佛教的事業，不光是文化教育、慈善、社會公益而已，建立現代化的人間佛教，其事業應包括工廠、農場、保險、銀行、報紙、電台、公司等等。【77】總之，只要是合乎正業、正命的，且對國家民生、社會大眾、經濟利益、與幸福快樂生活有所增益的事業，都應該去做。【78】

星雲更進一步指出，「有了財富，還要懂得規劃。……來路正當的錢財不是毒蛇，只要懂得經營分配，錢財即能成為人間的慈航，

【76】　星雲大師(1999)，《佛光教科書・實用佛教・佛教對經濟的看法》，高雄：佛光出版社，頁32-33。

【77】　參閱星雲大師(1998)，《佛教叢書・人間佛教・人間佛教的事業》，高雄：佛光出版社，頁526。

【78】　星雲大師(1999)，《佛光教科書・實用佛教・佛教對經濟的看法》，頁33。

救人上岸，解除他人的憂悲苦惱。」【79】可見星雲一掃傳統佛教「黃金是毒蛇」的觀念，認為黃金也是弘法修道的資糧，因此，又具體提出對財富的看法：

> 不只重視狹義的金錢財富，尤其重視廣義的財富，例如：佛法、信仰、慈悲、智慧、健康、歡喜、人緣、自在、慚愧、發心、道德、人格等。不但重視私有財富，尤重共有的財富，例如：道路、公園、河川等公共設施，以及花草樹木、日月星辰、天地萬物的生態維護，並且主張以享有代替擁有、以智慧代替金錢、以滿足代替貪欲、以思想代替物質，發揮普世的觀念，建設共有的胸懷。【80】

星雲再將外在有形財富昇華為明理、正見、勤勞、結緣、布施、喜捨、感恩、知足、道德等真正內在無形的財富。他認為這些財富不但現世受用，來世還可以受用；不但一時受用，終生都能受用；不但一人受用，大眾也可以受用。【81】星雲在《貧僧有話要說》中有更具體明確的四點僧信之間的財富觀念：「一、在我的思想裡主張「儲財於信眾」；二、興辦文教事業，要讓佛光山「窮」；三、珍惜信徒淨施的發心；四、布施要不自苦、不自惱。」【82】前兩點旨在傳播「信徒富寺廟窮」的理念，而後兩點則為「施比受更有

【79】　星雲大師(1999)，《佛光教科書・佛教問題探討・家庭》，高雄：佛光出版社，頁152。

【80】　星雲大師(1999)，《佛光教科書・實用佛教・佛教對經濟的看法》，高雄：佛光出版社，頁34。

【81】　星雲大師(2005)，《佛教對「經濟問題」的看法》，《普門學報》，第26期，頁19。

【82】　星雲大師(2015)，《貧僧有話要說》，台北市：福報文化股份有限公司，頁26-28。

福」觀念的灌輸。上述諸種財富觀不離「同體共生」的觀念，因此佛光山才能將金錢用在建設佛光山、建設世界，這就是其所以能弘化五大洲的重要原因。

　　星雲要求佛光山寺及所有分別院經濟的管理人，要有因果觀念與常住觀念，遵守「有權不可管錢，管錢的沒有權」；「要用智慧莊嚴世間，而不要用財富來堆砌」；「要能運用財富，而不為財富所用」。【83】

　　佛光山為推動人間佛教、實踐佛光淨土的目標，星雲提出「用新事業增廣淨財」的理念，將信仰與事業結合，使信仰佛教的人口逐漸「年輕化」、「知識化」。【84】佛光山依據其四大宗旨開創多元弘法活動，與開發多種經濟資源，藉以吸收更多非佛教徒的顧客群。星雲人間佛教因此創造出很多佛教的第一，成為全球佛教界效法的楷模，星雲則樂觀教界的模仿，希冀藉以提升整體佛教的素質。

　　(二)佛光山在台灣的經費來源

　　佛教寺院的發展仰賴十方善信的捐款，故與社會經濟成長息息相關。由於台灣近年來經濟成長停滯不前，人心思危捐款意願降低，且年輕人對家庭信仰的傳承意願不高，加上台灣廟宇密度高競爭激烈，寺院若不思變以應理應機，恐難敵被淘汰的命運。近十年來，花蓮地區已陸續有數間規模較小的寺院，敵不過大教團有效率的組織管理、與現代化的弘法方式，而流失信徒、頓失依靠而關

【83】　參閱星雲大師(1999)，《佛光教科書‧實用佛教‧佛教對經濟的看法》，高雄：佛光出版社，頁33。
【84】　符芝瑛(2006)，《雲水日月 星雲大師傳(上)》，天下遠見出版公司，頁15。

門。

從上一章佛光山四大宗旨相關推動單位與多元活動的簡介，可見佛光山為落實四大宗旨，放遠眼光站在非顧客群與信徒的需求上考量，增設許多事業單位，與辦理許多有創意、有理念、有佛法與大型的弘法活動，以創造更多的需求，善巧方便接引社會各階層人士的學佛。使得佛光山在財源的收入上，除了有傳統的信眾捐款與房地產捐贈、法會收入、佛像刻名、納骨功德、法物流通、護法委員費外，與為特定目的成立的百萬人興學委員會，以及獎學金贊助等方式外，又有其他來自相關事業單位的收入，如佛光出版社、香海文化公司、佛光緣美術館、人間衛視、人間福報、托兒所、香海旅行社、滴水坊、朝山會館膳宿、佛陀紀念館的多元經營、與星雲大師公益信託基金等收入的支持，以及佛光山1,300名出家弟子無給薪的奉獻，如此既符合相依相支的緣起法，又能滿足信徒自利利他，且達到多元的創新價值，佛光山教團才得以在台灣經濟如此蕭條，與資深大功德主陸續作古的情況下，仍能持續成長茁壯。

四、文化適應

在本書第一章定義國際化時，引用〈國際化與在地化〉一文的理論，提到所以有能力國際化，表示星雲人間佛教有適用於任何地方的「潛力」，星雲由中國到台灣的國際化只需做一次，但要讓其人間佛教在台灣生根，星雲卻需陸續成立75座各有特色的分別院來完成。在這過程中，星雲必然採行動研究法，做中學習、磨合，積累其第二波全球國際化的經驗與資糧。

星雲1949年由中國到台灣弘揚佛法，屬其第一波的國際化，初到宜蘭開始本土化時，即面臨台海兩岸文化差異的適應問題。幸

虧台海兩岸同為中華民族，在語言、風土民情等的文化差異上，不如當時星雲在宜蘭面對的宗教亂象嚴重。星雲如何適應前述文化差異，可分語言、宗教、傳承等三方面來探討，在語言方面，當時的宜蘭民眾講台語居多，僅有少數人讀書識字、熟諳國語。因此，星雲雙管齊下，一方面開設國文班訓練文盲者識字講國語。另一方面，再請青年協助星雲講演的翻譯，藉以強化彼此的溝通能力。在宗教亂象方面，星雲組織念佛會、成立全台灣第一支佛教歌詠隊，自行編寫創作佛教歌曲；將新建念佛會的建築外貌，仿基督教教堂等，都是星雲面對當時社會的宗教亂象，推動正信佛教的對策。

　　跟隨星雲出家與在家信眾逐日成長後，星雲就應緣在全台北、中、南、東各地開闢道場，落實星雲第一波國際化後的本土化。在台灣本土化的過程中，不僅星雲要適應本土的台灣話，僧信二眾弟子也要適應星雲的揚州調國語。因此，1967年佛光山開山之始，即興辦佛教學院培養佛教傳播與教育人才，以紮根佛光山的宗教性產業，並為未來開拓文化性產業、與觀光娛樂性產業而準備。佛光山的佛學院教育，逐漸吸引立志學佛的外籍青年就讀，尤其是來自回教國家的馬來西亞華裔青年的投入，為佛光山創造了國際村的氛圍，提早國際化環境的薰陶。這批擅長多種語言、且幹勁十足的馬籍佛教青年，後來都成為星雲人間佛教第二波全球五大洲國際化工程的主要幹部，為佛光山在世界各地開山闢土，推動星雲人間佛教的國際化。

　　另外，早期中國佛教所以能夠快速發展，應歸功於外來譯經僧儘管譯經不問寺務的傳統，1985年星雲在擔任佛光山寺18年的住持後，遵守如上制度退位傳法，將住持與宗長職位交給本地青年僧

徒心平。【85】這種儘早傳法給本土人士的風範，促使星雲在第二波國際化後的本土化時，急迫想要落實的目標。

第四節、佛光會中華總會相輔相成

國際佛光會是一個世界性的人民社團，以佛教信眾為主要組成對象，包括不同傳承的佛教寺院、佛學院、居士林、念佛會、禪修會等團體會員，更邀請天主教、基督教、摩門教、回教的團體作為佛光之友，有別於其他社會團體。佛光會的會員有共同的宗教信仰，不僅為自己求得心靈解脫、智慧圓滿，更以創造安和樂利的社會、增進和平尊重的世界為共同目標，是個「自他兼利，同體共生」的團體。【86】自1991年中華佛光協會在台灣成立後，一直配合佛光山的四大宗旨，以教育、文化、修行、服務為發展方向。

國際佛光會中華總會為將教育向下紮根，於2000年成立中華佛光童軍團，之後陸續在全台成立47團佛光童軍團(見如下表3-7)；為儲備領導人才，1996年起陸續成立佛光青年團，與在大專院校成立香海社，目前共有38個青年團；【87】為無畏護衛佛法，陸續成立護法金剛；為巾幗不讓鬚眉，陸續成立佛光婦女；為鼓勵信眾承擔弘法重任，設立檀教講師制度；為鼓勵青年在活動中能活用佛法，

【85】 釋妙光(2013)，Issues of Acculturation and Globalization Faced by the Fo Guang Shan Buddhist Order，《星雲大師人間佛教理論實踐研究(下)》，佛光山人間佛教研究院，頁548。

【86】 佛光山宗委會(2007)，《佛光山開山四十週年紀念特刊 6 國際佛光會》，頁8-10。

【87】 「佛光青年台灣聚點」http://www.bliayad.org.tw/cluster.php?area=1#area4 2015.4.4

設有白象、天馬、金獅等青年幹部；為培養人才，鼓勵青年加入弘法行列2008年增設善財與妙慧講師制度。【88】為衛教護法，1994年3月發動萬人護觀音不要走；【89】為促進南北傳交流，1998年2月15-23日於印度傳戒法；【90】為護民護國，1998年4月恭迎西藏佛牙與2002年2月22日-3月31日恭迎西安法門寺佛指舍利回台供奉；【91】為讓僧信同霑法喜，舉辦供僧法會；為讓全球共沐佛恩，總統府前舉辦浴佛法會。【92】可見國際佛光會中華總會組織在家會員，並結合他們的經驗、智慧、力量與人脈，能有效地舉辦大型的國際弘法活動、順利地推動人間佛教。

【88】 國際佛光會中華青年總團網址，http://www.bliayad.org.tw/leader_3.php 2015.9.28

【89】 佛光山宗委會(2007)，《佛光山開山四十週年紀念特刊 6 國際佛光會》，頁74。

【90】 同上註，頁76。

【91】 同上註，頁77-80。

【92】 同上註。

表3-7.國際佛光會中華總會所屬佛光童軍團

基隆市	苗栗縣	嘉義縣市	屏東縣
極樂佛光童軍團	頭份佛光童軍團	大林佛光童軍團	屏東佛光童軍團
台北市	苗栗佛光童軍團	圓福佛光童軍團	潮州佛光童軍團
普門佛光童軍團	**台中市**	**台南市**	**澎湖縣**
台北佛光童軍團	惠中佛光童軍團	福國佛光童軍團	澎湖佛光童軍團
安國佛光童軍團	豐原佛光童軍團	南台佛光童軍團	**宜蘭縣**
內湖佛光童軍團	妙法佛光童軍團	台南佛光童軍團	蘭陽佛光童軍團
大慈佛光童軍團	**彰化縣**	新營佛光童軍團	**花蓮縣**
新北市	彰化佛光童軍團	慧慈佛光童軍團	花蓮佛光童軍團
三重佛光童軍團	員林佛光童軍團	**高雄市**	**台東縣**
新店佛光童軍團	福山佛光童軍團	旗山佛光童軍團	日光佛光童軍團
板橋佛光童軍團	**南投縣**	普賢佛光童軍團	
永和佛光童軍團	草屯佛光童軍團	小港佛光童軍團	
桃園縣	**雲林縣**	寶華佛光童軍團	
桃園佛光童軍團	斗六佛光童軍團	大樹佛光童軍團	
中壢佛光童軍團	北港佛光童軍團	岡山佛光童軍團	
新竹縣市	元長佛光童軍團	鳳山佛光童軍團	
法寶佛光童軍團		南屏佛光童軍團	
		高雄佛光童軍團	

上表3-7摘錄自國際佛光會中華總會官方網站【93】

　　在文化教育上，中華總會舉辦兒童成長禮、佛光成年禮、菩提眷屬祝福禮、兒童冬夏令營、兒童讀經班、說故事比賽、棋藝比

【93】國際佛光會中華總會 2015.4.4 https://www.google.com.tw/?gfe_rd=cr&ei=m
EsfVdywHO7UmQXj6oAQ#q=%E5%9C%8B%E9%9A%9B%E4%BD%9B%
E5%85%89%E6%9C%83%E4%B8%AD%E8%8F%AF%E7%B8%BD%E6%
9C%83

賽、攝影比賽、敦煌舞比賽等，以淨化眾生心靈；【94】舉辦生命教育研習營、「人間佛教」學術研討會、幹部研習會，以落實終身學習；【95】為提倡生活書香化，2003年起陸續成立人間佛教讀書會、2003年起年年舉辦全民閱讀博覽會、2004年舉辦人間佛教閱讀研討會。【96】這些營隊、研習會或讀書會等，都在凝聚會員的共識與團結、促進會員的交流與人際和諧、提升會員的佛學造詣與經驗分享、積累會員的生活體驗來創造生命價值，在在都符應藍海策略的消除、減少、提升、與創造等四項行動架構。

　　為淨化人心，1992年舉辦把心找回來、1994年舉辦七誡運動、1997年舉辦慈悲愛心列車、1998年舉辦三好運動，與星雲大師相關佛學講座。【97】並制定「佛光修持原則」，設立「佛光會員四句偈」【98】、「佛光三昧修持法」，1993年起每年舉辦「禪淨密三修萬人獻燈祈福法會」及針對企業團體、教育人員、社會人士、青年學子等各界人士的修持活動，尤以2002年起每年暑假在佛光山舉辦的「國際青年禪學生活營」，帶動全世界三、四十個國家的千位青年，進到台灣佛光山參與禪學生命營的體驗，以及學術文化交流等，最為盛況。

　　此外，國際佛光會中華總會重視社會福祉，積極參與社會公

【94】　佛光山宗委會(2007)，《佛光山開山四十週年紀念特刊6國際佛光會》，頁98-112。

【95】　同上註，頁122-124。

【96】　同上註，頁132-136。

【97】　同上註，頁142-149。

【98】　慈悲喜捨遍法界，惜福結緣利人天；禪淨戒行平等忍，慚愧感恩大願心。

益活動，展開服務人群、造福社會的具體行動。例如響應環保，加入廢紙回收運動，又透過群力合作，種植二千萬棵樹木救台灣；配合政府積極投入反毒運動、國際救援、賑災；佛光會更舉辦世界傑出青少年選拔比賽、國際青少年和兒童夏令營，為造就國家未來棟樑付出許多努力等。【99】

中華總會以在家信眾身份積極配合佛光山僧團，以現代多元的方法參與佛光山四大宗旨的落實，來推動星雲人間佛教在台灣各地的本土化。配合四大宗旨推出的多元創新的活動，已在第二章第四節說明，故不在此贅述，這些活動都符合「佛說的，人要的，淨化的、善美的」人間佛教的要素，與「非佛不做」的精神。故在兩個佛教團體互助發揮下，已促使人間佛教蔚為台灣學佛的風潮，做到星雲人間佛教第一波國際化後的本土化。

第五節、結論

本章探討星雲人間佛教第一個階段的醞釀期，時間自星雲五〇年代抵台灣，迄八〇年代尚未設立任何海外道場的三十年期間。此期間，星雲採用藍海策略，消除其從大陸到台灣兩岸文化適應的障礙，減少社會大眾對人間佛教的無知、提升財源管道與財務的有效管理，陸續在台灣本土創造了75座分別院道場，派遣其受過正統佛學院教育的台灣本土僧青年住持。同時，星雲積極著書立說，經

【99】 國際佛光會中華總會 2015.4.4 https://www.google.com.tw/?gfe_rd=cr&ei=m
EsfVdywHO7UmQXj6oAQ#q=%E5%9C%8B%E9%9A%9B%E4%BD%9B%
E5%85%89%E6%9C%83%E4%B8%AD%E8%8F%AF%E7%B8%BD%E6%
9C%83

由文字出版、傳媒影音、佛曲音聲，與弟子共同透過佛光山四大宗旨的各項活動，輔以中華總會在家信眾的同心協力、弘法利生，落實其人間佛教第一波在台灣的本土化，同時播種未來弘化全球的因緣，進入星雲人間佛教第二個階段播種期，將於下一章探討。

第四章、星雲人間佛教國際化的播種期

　　1949年星雲組織僧侶救護隊來台，當時謠傳大陸來了六百位奸細伴裝成出家人，因此，星雲亦遭冤獄二十三天，後經善信奔走營救，才打消星雲轉赴香港的念頭，[1] 而積極在台灣紮根弘法，終於1967年在高雄創建佛光山寺做為總本山，繼而在全台陸續共成立了75所道場，完成其第一波的國際化與本土化。

　　這期間，星雲已積極醞釀其第二波的人間佛教全球國際化的準備，不斷遴選有深造潛力的弟子出國讀書，留學國家包括亞洲的日本、韓國、印度、中國，美洲的美國、巴西，歐洲的英國、法國，大洋洲的澳洲與非洲的南非等。這批弟子自然成為佛光山國際

【1】　佛光山宗委會(2007)，《佛光山開山四十週年紀念特刊 8 佛光道場》，頁14。

化的開路先鋒。[2] 此外，根據《國際交流》一書的說法，星雲依據其「融和與和平」理念，推動國際佛教交流、參與世界宗教交流、與國際人士往來、舉辦國際學術會議、與奔走洲際弘法等五項播種活動。[3] 筆者將這段期間稱為「星雲人間佛教國際化的播種期」，這期間星雲陸續在台灣以及海外國家所結的緣，成就了非常多佛光山未來在全球成立道場的因緣。此時期沒有絕對的時間點，但在宜蘭時期星雲已與教界互動頻繁，跨醞釀期迄今，星雲仍在孜孜不倦弘傳邁向人間化、生活化、現代化、社會化、大眾化、藝文化、事業化、制度化、國際化、與未來化的人間佛教。[4] 本章將依上述五項播種活動，分五節來分析其與未來第二波國際化的因果關係。

第一節、推動國際佛教交流

　　星雲人間佛教播種期積極推動國際佛教交流，內容可分為星雲與教界、佛光山與教界、別分院與教界、締結兄弟寺、與兩岸三地交流等五項。這些不管在台灣或在海外推動的各項交流活動，後來都直接或間接影響到星雲第二波的國際化。分述如下：

一、星雲與教界（1967年以前）

　　1949年星雲初到台灣，尚無身份證件，歷經三個月的南北奔

---

[2]　參閱符芝瑛(2006)，《雲水日月—星雲大師傳(1)》，頁302。

[3]　參閱佛光山宗委會(2007)，《佛光山開山四十週年紀念特刊 7 國際交流》，頁7。

[4]　佛光山宗委會(2007)，《佛光山開山四十週年紀念特刊 8 佛光道場》，頁6。

波尋無寺廟掛單，最終為客家人非同宗同門的妙果法師接濟安單。這些經歷促成星雲日後在苗栗、竹東、頭份、屏東等客家人聚集處設立許多禪淨中心、道場與佈教所，[5] 以報妙果法師湧泉之恩。為報恩而建寺回饋當地社會大眾的模式，亦出現在宜蘭蘭陽別院，與筆者任教的佛光大學。筆者認為，上述星雲初進台灣無處落腳的深刻痛苦經驗，影響其日後積極與教界廣結善緣，如1952年，於大醒法師新竹舉辦的「台灣佛教講習會」，擔任教務主任等。[6] 並圖思團結教界，共成佛教在台灣的弘法事業。然而當時台灣正值戒嚴時期，星雲出外佈教常遭警察刁難阻止，處於當時艱難的時局，佛教界流失了不少從大陸來台的僧侶。星雲卻能堅持理想「向困難挑戰」，向佛教陋習挑戰，在教界學習施捨，對教外樂於結緣。[7] 故能成就其未來遍佈全球五大洲的佛教事業。

　　有鑑於同時來台僧侶的流失，星雲發揮其利他的菩薩性格，不斷為其他同道找尋發展長才的機會，亦使信徒能有更多的機會聽聞法音、長養慧命。如1954年籌建完成高雄佛教堂之後，極力邀請月基長老擔任住持；1956年推薦成一法師到頭城念佛會；1961年引介煮雲法師到虎尾念佛會、與真華法師到羅東念佛會；1965年向林務局爭取阿里山的慈雲寺，交給倫參法師住持等。[8] 星雲以眾生需求為前提的特質，不僅廣獲同道肯定，更是未來提拔後進，培養不少僧青年，團結佛教徒與宗教人士，共成佛教事業的契機。星

---

[5]　佛光山宗委會(2007)，《佛光山開山四十週年紀念特刊 7 國際交流》，頁15。

[6]　同上註，頁19。

[7]　同上註。

[8]　同上註。

雲的這些特質，在後來開闢海外道場時發揮了很大的作用，每在海外新開闢一座道場時，星雲都非常放心且信任其派駐的弟子，放手讓他/她們在當地由做中來學習，更包容他們嘗試中所犯的錯誤。如1989年11月星雲初訪澳洲臥龍崗市長行程後，將隨行的永全法師留在人生地不熟的澳洲開山。【9】1990年星雲初訪加拿大搭乘巴士經過多倫多市時，將隨行的依宏法師留在陌生的加拿大創建寺院。【10】這些都是星雲初到台灣宜蘭的寫照，師徒也都共同擁有異國弘教利生的使命感。

　　星雲抵台後的台灣因戰後政局不穩，佛教團體經常赴前線勞軍，並組織弘法團出國訪問，以各種方式傳播佛法，成為民間一股安定的力量。首先在1962年，星雲與台北佛教徒組成「金門前線勞軍團」，赴金門宣慰三軍將士。隔年，星雲再跟隨白聖法師等七人組成的「中華民國佛教訪問團」至東南亞各國訪問，以佛教力量進行國民外交，促進交流。【11】1995年成立的馬來西亞檳城佛光學舍，就是源於星雲此次首訪的因緣成立的。

　　星雲認為，「國際化是佛教必然的趨勢，現代化是佛教進步的關鍵，僧伽教育是佛教萬年的基業，淨化人心是佛教向來的目標。」【12】並以「人能弘道，非道弘人」的決心，帶領佛教青年，積極弘法利生，健全僧團制度，樹立集體創作、制度領導的宗風，

【9】　佛光山宗委會(2007)，《佛光山開山四十週年紀念特刊 8 佛光道場》，頁194。

【10】　星雲(2015)，《貧僧有話要說》，台北市：香海文化公司，頁124。

【11】　佛光山宗委會(2007)，《佛光山開山四十週年紀念特刊 7 國際交流》，頁22。

【12】　同上註。

進一步發揮佛教團結、統一、動員與融合的功用。【13】

二、佛光山與教界（1967年～）

　　星雲於1967年創建佛光山後，與教界的互動包括與台灣友寺的交流、與國際的交流兩項，略述如下：

　　(一)與台灣友寺交流

　　星雲於1967年創建佛光山後，隔年即連續舉辦多次環島佈教、與佛學院學生的畢業參訪。亦邀請各界賢達至佛學院授課；或受邀至各佛學院、僧伽講習會講課；或主持台灣各寺院落成開光剪綵，協助各道場舉辦傳戒和各種法會、活動等。例如：1993年靈巖山寺舉辦水陸法會邀請佛光山協助；九二一大地震事件發生後，佛光山在第一時間協助南投地區寺廟重建；1991年美濃朝元寺、1994年宏法寺、2001年中台禪寺等殿堂落成開光時，星雲應邀主持剪綵；1954年慈航、2001年開證、2004年曉雲以及2005年印順與靈根等教界長老示寂，也都由星雲或佛光山住持親往致哀。星雲積極與佛教界友好往來，共為世界和平安樂攜手合作。【14】此外，星雲一生致力於宗教融合，佛光山本身則兼弘八大宗派。無論各友寺道場之建寺安僧、弘法度眾工作，星雲經常扮演「不請之友」，主動前往結緣。【15】

　　(二)國際交流、弘法

　　星雲積極投入國際交流，陸續參與1963年「東南亞弘法參訪團」致力南北傳佛教的融合、1976年「中國佛教會美國訪問團」促

【13】　佛光山宗委會(2007)，《佛光山開山四十週年紀念特刊 7 國際交流》，頁12。
【14】　同上註，頁26。
【15】　同上註，頁32。

進東西文化的交流、1984年與達賴喇嘛在美國會談，推動顯密佛教的融合，2002年「中南半島慈善弘法之旅」結合佛教團體與慈善機構的合作等，分述如下：

1.南北傳佛教的融合

1963年，星雲即隨「中華民國佛教訪問團」拜訪東南亞，到泰國訪問十五世僧皇等，加強南北傳佛教交流融和。又到印度朝聖，參訪各大聖蹟。之後星雲先後九次率團赴印度朝聖。【16】

2.東西文化的交流

1976年，星雲再組「中國佛教會美國訪問團」，參加美國建國兩百週年慶祝大典，為台灣佛教首次正式組團赴美友好訪問。隨後1978年，決定在美籌建道場，發展國際佛教、世界佛教。【17】1950年，由泰國和錫蘭共同發起成立國際性的「世界佛教徒友誼會」，於1988年假美國佛光山西來寺舉行第十六屆大會，繼於1998年，假澳洲佛光山南天寺舉行第二十屆大會。【18】

3.顯密佛教的融合

1984年，西藏精神領袖達賴喇嘛應美國中外信徒之邀，到洛杉磯弘法，藉機與星雲會談，【19】以促進顯密融合。1989年蒙藏委員會在台設立，星雲即陸續擔任該會的常務董事與顧問。1997年，達賴喇嘛有緣訪問台灣，首站即至佛光山拜訪星雲，並以藏文祈求

【16】　佛光山宗委會(2007)，《佛光山開山四十週年紀念特刊 7 國際交流》，頁37。

【17】　同上註，頁34。

【18】　同上註，頁40。

【19】　同上註，頁41。

世界和平。【20】

　　4.佛教與慈善機構的合作

　　2002年,星雲率團展開為期九日的中南半島慈善弘法之旅,代表國際佛光會及曹氏基金會捐贈一千五百輛的輪椅給寮國、柬埔寨、緬甸與越南及新加坡各個慈善機構,並拜訪當地的高層人士與佛教領袖,未來更將以交換學生的方式促進交流及培養人才,及設立語言中心等方向努力,協助南傳佛教走入國際,為南北傳佛教的融和跨出了一大步。【21】

三、締結兄弟寺

　　1982年、1998年、2003年,佛光山分別與亞洲地區的韓國佛寶通度寺、僧寶松廣寺、法寶海印寺,締結為兄弟寺;佛光山另外與太古宗、天台宗、觀音宗、真言宗等各宗團等,都常有友好往來。【22】1994年與泰國最大道場法身寺、2007年與大陸寒山寺等,都簽署締結兄弟寺。【23】促進中韓與中泰佛教交流活動的蓬勃發展。

四、兩岸三地交流

　　星雲的兩岸三地交流活動,包括大陸弘法探親、西藏仁波伽致贈佛牙舍利、迎請佛指舍利返台供奉、與佛館文藝展、與其他交流等,說明如下:

　　(一)大陸弘法探親

【20】　佛光山宗委會(2007),《佛光山開山四十週年紀念特刊 7 國際交流》,頁41。
【21】　同上註,頁42。
【22】　同上註,頁47。
【23】　同上註,頁13。

　　星雲的兩岸佛教交流始於1987年，在泰國曼谷首次與中國佛教協會會長趙樸初居士會面，開啟兩岸佛教交流新契機。1998年「世界佛教徒友誼會」第16屆國際佛教會議，假美國西來寺召開，促成海峽兩岸佛教團體首次同在一個會議廳開會，成功拉近兩岸佛教界的距離。【24】也促成了1989年星雲組「國際佛教促進會中國大陸弘法探親團」，參訪名剎、拜會高僧、講演座談等，公開的弘法活動，帶來兩岸和平交流的新展望。【25】

　　(二)佛牙舍利

　　1998年，西藏仁波伽贈予佛光山一顆佛牙舍利，經由尼泊爾、泰國到台灣，因恭迎佛牙舍利活動，從南傳到北傳、密教到顯教、僧眾到信眾、寺院到傳媒，凝聚了世界各地佛教徒的心。【26】為恭奉佛牙舍利，2011年在佛光山旁落成的佛陀紀念館，更成為世界宗教徒朝聖的聖地。

　　(三)佛指舍利

　　2002年，在星雲與中國佛教會會長趙樸初居士努力下，促成中國大陸第一國寶法門寺「佛指舍利」，赴台供信眾瞻禮。不但建立兩岸和睦友善的交流典範，也為台灣佛教界四大山頭、與九大門派帶來空前的大融和。【27】

　　(四)佛館文藝展

　　自2011年佛陀紀念館落成啟用後，即積極推動兩岸文化藝術

【24】　佛光山宗委會(2007)，《佛光山開山四十週年紀念特刊 7 國際交流》，頁69。
【25】　同上註。
【26】　同上註，頁71。
【27】　同上註，頁72-73。

的交流，2012年與中國文物交流中心簽訂五年合作協議。連續三年來，已舉辦過千年重光—山東青州龍興寺佛教造像展、光照大千—絲綢之路佛教藝術特展、七寶瑞光—中國南方佛教藝術展、明清水陸畫展與佛像身首合璧展。【28】並將星雲的一筆字送到中國巡迴展覽。此外，每年春節期間，佛陀紀念館邀請中國各種民俗團體駐館，做為期一個月的表演。

　　(五)其他交流

　　其他如2004年，佛光山梵唄讚頌團與中國佛教協會所屬三大語系、五大叢林，兩岸百餘位僧眾共同組成「中國佛教音樂展演團」，分別於澳門、香港、台灣、美國洛杉磯、舊金山、加拿大溫哥華等地巡迴演唱。【29】2005年，星雲參加由中國宗教局與佛教學會主辦，於中國海南省三亞市的「海峽兩岸暨港澳佛教圓桌會議」，探討促進海峽兩岸和港澳佛教界的交流與合作。【30】翌年，於杭州召開首屆「世界佛教論壇」，達成「三亞共識」，促成兩岸四地共同發揚教義、編纂教典、培養僧才等的合作。【31】同年，星雲應聘至湖南大學「嶽麓書院」與廣州中山大學講演。【32】2007年7月，「覺有情—星雲大師墨跡巡迴展」應邀至揚州博物館展覽，發揮佛光山「以文化弘揚佛法」的功能。同年，星雲再度參與由江

【28】　星雲(2015)，《佛光山2015我們的報告》，高雄市：佛光山宗委會，頁43。

【29】　佛光山宗委會(2007)，《佛光山開山四十週年紀念特刊7 國際交流》，頁74。

【30】　參閱上註，頁75。

【31】　同上註，頁76。

【32】　同上註，頁78-79。

蘇省佛教協會、鑒真學院圖書館主辦的「2007中國揚州佛教教育論壇」，【33】共同關心佛教教育。

五、小結

綜上所述，早在1963年宜蘭時期尚未開創佛光山前，星雲即開始推動國際佛教交流，其人間佛教國際化的醞釀期間，所推動的國際佛教交流活動，蘊含了佛光山四大宗旨的內涵。四大宗旨的活動數量比例為15：4：2：3，其中「以文化弘揚佛法」為主，其次依序為「以教育培養人才」、「以共修淨化人心」，與「以慈善福利社會」，條例如下：

「以文化弘揚佛法」：星雲陸續參與1963年「東南亞弘法參訪團」致力南北傳佛教的融合；1976年「中國佛教會美國訪問團」促進東西文化的交流；1984年與達賴喇嘛在美國會談，推動顯密佛教的融合；1988年假美國佛光山西來寺舉行第十六屆「世界佛教徒友誼會」大會；繼於1998年假澳洲佛光山南天寺舉行第二十屆大會；1989年星雲組「國際佛教促進會中國大陸弘法探親團」；2004年佛光山梵唄讚頌團與中國佛教協會共同組成「中國佛教音樂展演團」，做國際間的巡迴演唱。2005年星雲參加中國海南省三亞市「海峽兩岸暨港澳佛教圓桌會議」；2007年星雲「覺有情—星雲大師墨跡巡迴展」應邀至揚州博物館展覽；2013年至2015年，連三年在佛陀紀念館舉辦的中國文物展，與這期間每年農曆年節的民俗表演等。

【33】 佛光山宗委會(2007)，《佛光山開山四十週年紀念特刊 7 國際交流》，頁77。

「以教育培養人才」：1952年星雲擔任新竹「台灣佛教講習會」教務主任；1967年星雲創建佛光山後，隔年即連續舉辦多次環島佈教、與佛學院學生的畢業參訪；亦邀請各界賢達至佛學院授課；或受邀至各佛學院、僧伽講習會講課。

「以慈善福利社會」：1962年星雲組「金門前線勞軍團」，赴金門宣慰三軍將士；2002年星雲率團至中南半島慈善弘法之旅，捐贈一千五百輛的輪椅給寮國、柬埔寨、緬甸與越南及新加坡各個慈善機構。

「以共修淨化人心」：星雲主持台灣各寺院落成開光剪綵，協助各道場舉辦傳戒和各種法會、活動等；1998年，星雲因恭迎佛牙舍利活動，凝聚了世界各地佛教徒的心；2002年星雲與中國佛教會會長共同促成中國大陸第一國寶法門寺「佛指舍利」，赴台供信眾瞻禮。

再者，上述醞釀期間星雲所推動的國際佛教交流相關活動，具有消除佛教不同傳承與宗派之間的對立，減少台灣佛教人派之爭，提升全球佛教界的團結與佛教徒的凝聚力，創造台海兩岸合作佛教梵唄音樂全球巡迴演唱的藍海方法。

第二節、參與世界宗教交流

隨著科技發達，地球村時代來臨，帶動世界宗教的交流。星雲認為不管信仰那種宗教，雖然有不同的信仰對象、教義、教典，但都是各種不同根基者的精神依靠。都有勸人為善、教化心靈的正面意涵。所以星雲提倡宗教間的互相尊重，平等看待彼此的修持方法與禮儀制度，互相融和輝映，讓宗教成為全球性的化導力

量。【34】基此理念，一直以來，星雲人間佛教「除了致力推動佛教禪淨、顯密、南北傳各宗派的融和，積極參與各種宗教舉行的座談、交流、聯誼，藉以凝聚共識，彼此合作，共同為促進世界和平與增進人類福祉作出具體的貢獻。」【35】

下列將分別探討佛光山與天主教、基督教、回教、一貫道、民間信仰等，宗教之間的交流情況，以瞭解這些宗教間的交流，對星雲人間佛教國際化的影響。

一、佛光山與天主教

星雲表示：「在所有的宗教中，佛教與天主教最為相似，諸如：兩宗教對其他宗教比較有包容性；專職人員持戒嚴謹，遵守教團清規，皆主張獨身，以便為教做更多奉獻；兩宗教舉行的儀式相似，且非常重視靈修生活。」【36】由於佛教與天主教有許多相似處，所以佛光山與天主教的交流，早於1970年佛光山草創時期，即有從世界各地來台傳教的天主教就道明會神父修女到佛光山參訪，帶動其他各地天主教人士、團體及學校前來參訪與交流。【37】

(一)佛光山與羅馬教廷的交流

自1993年起，梵蒂岡頻頻與佛光山互動交流，促成1995年，教廷宗教協談委員會假佛光山舉辦「第一屆天主教與佛教國際交談會議」，有美、日、泰、義、西、台等，近十國兩教代表與會對談。從此，佛光山與羅馬教廷的往來日趨密切，如1997年與1999

【34】 參閱佛光山宗委會(2007)，《佛光山開山四十週年紀念特刊 7 國際交流》，頁80。
【35】 同上註。
【36】 同上註，頁82。
【37】 同上註，頁84。

年，由教廷分別舉辦的「世界宗教和平會議」與「佛教與基督教對
名句與靜默的實踐」，都有邀請佛光山代表參加。【38】

　　(二)星雲與教宗及主教

　　由於佛光山與天主教廷和台灣主教團互動良好，1997年2月28
日，星雲應邀前往梵蒂岡與若望保祿二世會面，為世界和平進行世
紀性的宗教對談。2006年6月21日，星雲赴梵蒂岡與教宗本篤十六
晤面，希望透過世界宗教領袖的連結，共謀世界和平。【39】2015年
1月19日星雲派遣弟子覺培，赴菲律賓聖湯瑪斯大學與教宗方濟各
會面。【40】1980年為促進宗教聯誼，輔仁大學校長羅光總主教至佛
光山拜訪星雲。繼之於1989年二人應《聯合報》之邀，作了一場
「跨越宇宙的心靈」的精彩對話。之後，彼此互邀至輔仁大學與佛
光山台北道場講演。【41】星雲與天主教單國璽樞機主教，雖分屬不
同宗教，數十載的深厚友誼，為推動世界和平，曾合作開創許多天
主教與佛教的大事。【42】

　　上述自1970年佛光山草創時期，星雲即頻與天主教互動交
流，關係和諧，雙方的深度認識，與所結的善緣，對於未來佛光山
推廣星雲人間佛教到海外道場助益良多。

【38】　參閱佛光山宗委會(2007)，《佛光山開山四十週年紀念特刊 7 國際交
　　　　流》，頁84。

【39】　參閱上註，頁87。

【40】　記者金蜀卿馬尼拉報導，「薪火相傳 佛光山與教宗方濟會面」，《人間
　　　　佛福報電子版》2015.1.19

【41】　參閱佛光山宗委會(2007)，《佛光山開山四十週年紀念特刊 7 國際交
　　　　流》，頁89。

【42】　同上註，頁90。

二、佛光山與基督教

　　基督教在台灣的發展，主要傳教外，亦非常重視文化、教育、慈善、醫療等社會福利，以及宗教輔導、心靈淨化的工作。【43】星雲也非常積極地與之交流互動，1967年星雲接下原由基督教創辦的宜蘭蘭陽仁愛之家，近半世紀來院內的老人照護工作經營的可圈可點。1981年起，星雲應基督教東海大學邀請，擔任該校六年的哲學系客座教授。【44】1996年配合政府反毒政策，佛光山與基督教台灣更生保護會合作，在屏東輔導所設立「戒毒者中途之家」，協助出獄之吸毒者重返社會。【45】此外，經常有基督教團體或神學牧師至佛光山參訪互動，藉以加強對彼此宗教教義的認識。【46】

　　上述佛光山與基督教所做的交流互動、友誼增進等，已為未來佛光山在以基督教為主要信仰的西方國家，創建道場、與弘揚星雲人間佛教，先奠定了基礎，縮短海外各地基督教團體認識佛光山的時間，有助星雲人間佛教第二波海外國際化的藍海策略的發揮。

三、佛光山與回教

　　回教在上個世紀末的傳播神速，帶給全球一大震撼。星雲提倡人間佛教，積極促進宗教交流。因此，星雲與亞洲地區的回教國家的交流，早在1992年即突破回教國家的印尼政府禁止佛教不准在佛殿外弘法的禁令，應邀至印尼棉蘭緹亞拉飯店大會堂講演。【47】

【43】　同上註，頁100。

【44】　同上註。

【45】　同上註。

【46】　同上註。

【47】　同上註，頁104。

1996年星雲應邀於馬來西亞裟亞南露天體育館主持八萬人弘法大會。身為虔誠回教徒的首相馬哈迪，當場捐款馬幣五萬元做為贊助經費。【48】1998年星雲前往星馬弘法，與首相馬哈迪晤談，為其擔任首相十八年來，首次接見外國宗教人士。【49】2006年春節，馬國首相阿都拉巴達威親臨佛光山東禪寺，參觀平安燈會與花藝展。【50】星雲與歐洲地區的回教國家的交流，則始於1997年，星雲赴歐弘法時拜會義大利羅馬大清真寺，與當地回教領袖，共同為大陸回教徒祈福。【51】星雲與亞洲和歐洲回教的交流，為佛光山在這些國家地區建寺與推動人間佛教鋪了一條較平坦的道路。

四、佛光山與一貫道

　　一貫道雖於晚近才成立，佛光山卻一直與之保持良好關係。1999年佛光山編纂《佛光教科書》時，即在一貫道前人林肯德先生協助下，納入〈一貫道概說〉教材。1991年12月23日，星雲並親自參加一貫道全國領導人施慶星往生告別式。【52】2005年一貫道總會秘書長蕭家振親臨祝賀佛光山第七任住持晉山陞座典禮。並曾應邀參加「人間福報關懷傳遞」講演活動。【53】佛光山與一貫道雙方除了互動外，在倡導清貧生活，淨化心靈的工作上，也都懷有宗教團體對社會教化責任的使命感，共同為人民的福祉努力。【54】

【48】　同上註。

【49】　同上註。

【50】　同上註。

【51】　同上註。

【52】　同上註，頁106。

【53】　同上註。

【54】　同上註。

五、佛光山與民間信仰

　　星雲尊重民間信仰勸人為善的價值，他認為：「正信比迷信好，迷信比不信好，不信又比邪信好。」【55】因此，星雲主張佛教要肯定媽祖、土地、城隍等民間信仰端正人心的作用。將這些神祇比如佛教的伽藍、韋陀、天龍八部、四大天王等護法神。故星雲自中國初抵宜蘭弘法時期，即開始與台灣民間宗教保持良好的關係。早期即力爭讓雲林媽祖宮加入佛教會，並歡迎神道教團體神轎入山禮佛。應馬來西亞天后宮之邀，前往主持供佛齋天法會。【56】三十年前，星雲即允諾為媽祖填詞寫歌，終於2006年完成「媽祖紀念歌」歌詞，並公開徵曲。【57】2002年佛指舍利蒞台時，感召民間信仰的神明扛轎前往膜拜，並帶領大陸護送團成員參訪台灣民間宮廟。【58】2003年佛光山心定和尚應邀為澳門文化村天后宮媽祖聖像開光主持祈福法會，並在澳門旅遊觀光塔主持皈依三寶典禮。【59】2011年佛陀紀念館落成後，又組織神明朝山聯誼會，認為宗教只要「同中求異」，不必「異中求同」。【60】繼於2015年成立「中華傳統宗教總會」，希望藉著這總會組織，和正信宮廟及信徒往來，達到宗教融和與社會和諧的功能。【61】這些佛光山與民間信仰的交流活動，對佛光山在馬來西亞與澳門興建道場，分別扮有加乘與催生

【55】　同上註，頁107。
【56】　同上註。
【57】　同上註。
【58】　同上註。
【59】　同上註。
【60】　星雲(2015)，《貧僧有話要說》，台北市：福報文化有限公司，頁229。
【61】　同上註，頁237。

作用。

六、跨宗教聯合活動

佛光山一直秉持星雲「歡喜與融和」的信念，舉辦各種跨宗教會議、宗教對談、素齋談禪、祈福法會、文化交流等活動，乃至宗教立法，使宗教間達到更廣泛的合作，彼此共生共榮，發揮宗教濟世利民的功用。【62】

(一)多元宗教祈福

多元宗教祈福，在台灣始於2004年，星雲應聘擔任「中華文化復興運動總會」宗教委員會主委，與副主委單國璽樞機主教等宗教領袖共同號召，於次年起每年在台北國父紀念館舉行「愛與和平音樂祈福大會」。【63】星雲在台灣啟動的多元宗教祈福活動，成為未來佛光山在海外的道場追隨的模式。(見第六章第二節)

(二)宗教對談

星雲認為各宗教有共同的出發點，與一致服務大眾的信念，假以宗教對談來培養共識及相同的價值觀，必能使創造世界人類和平之路成為可能。因此，星雲早在1965年開辦宜蘭念佛會時，就舉辦過佛教、天主教、基督教的宗教對談，探討改善民生等社會問題。【64】1991年星雲應台灣省民政廳在世貿中心舉辦「台灣省宗教與社會發展研討會」邀請主題演說；1994年台北道場落成之際，邀請各宗教人士、學者，舉行四十九場「生命的活水」講座，星雲並與天主教、軒轅教、天帝教、一貫道、基督教等宗教界人士「素

【62】 佛光山宗委會(2007)，《佛光山開山四十週年紀念特刊 7 國際交流》，頁109。

【63】 同上註，頁110。

【64】 同上註，頁116。

齋談禪」。【65】佛光山開山後，與海內外各宗教領袖對談更時常有之。其他宗教對談相關內容見第二節參與世界宗教交流，恕不再此贅述。

(三)宗教立法

隨著時代的變遷，政府舊有的「監督寺廟條例」已無法符合所需。故有修訂一套符合宗教自由與政教分離原則的宗教法之必要。2000年，立法院召開「宗教立法」公聽會，對內政部擬定的「宗教團體法」提出討論。星雲支持設立宗教法，並於翌年起，舉辦數次「宗教團體法研討會」，【66】以提供立法院修宗教法的參考。

七、小結

上述說明佛光山秉持宗教無國界的理念，致力於各宗教的交流往來，不但彼此互動密切，更依循「尊重包容」的理念發展，大力推動宗教融合，對於促進世界和平，影響深遠。【67】星雲人間佛教在國際化的醞釀期間，所推動的世界宗教交流活動，具有佛光山四大宗旨的內涵：

「以文化弘揚佛法」：如1991年星雲參加台灣省民政廳舉辦的「台灣省宗教與社會發展研討會」；1995年教廷宗教協談委員會假佛光山舉辦「第一屆天主教與佛教國際交談會議」；1996年起西來寺與國際佛光會每年合辦「祈求世界和平法會」，除宗教儀式

【65】　同上註，頁110。
【66】　同上註，頁119。
【67】　同上註，頁7。

外，亦有宗教音樂、與舞蹈之表演；1997、1999年教廷分別舉辦「世界宗教和平會議」與「佛慈善教與基督教對名句與靜默的實踐」；1999年5月佛光山心定和尚為澳洲昆士蘭格里菲斯大學，主持「多元宗教中心」動土典禮，作為多元宗教文化交流的平台。2004年星雲擔任「中華文化復興運動總會」宗委會主委，每年在台北國父紀念館舉行「愛與和平音樂祈福大會」；2006年星雲完成「媽祖紀念歌」歌詞；2006年春節，馬國首相親臨佛光山東禪寺，參觀平安燈會與花藝展。

「以教育培養人才」：如1999年佛光山將〈一貫道概說〉教材納入《佛光教科書》。

「以慈善福利社會」：如1967年星雲接下基督教創辦的宜蘭蘭陽仁愛之家，提供優質的老人照護。關島佛光山舉行「世界祈禱和平法會」，召集六大宗教募資賑災。1996年佛光山與基督教台灣更生保護會合作，在屏東輔導所設立「戒毒者中途之家」，協助出獄之吸毒者重返社會。

「以共修淨化人心」：1996年星雲於馬來西亞裟亞南露天體育館主持八萬人弘法大會；2003年佛光山心定和尚為澳門文化村天后宮媽祖聖像開光，主持祈福法會與皈依三寶典禮等。

上列星雲人間佛教在國際化的醞釀期間，所推動的世界宗教交流活動，符合佛光山四大宗旨。文化、教育、慈善、共修活動項目的比例為9:1:3:2，亦是以文化活動居多，其次依序為慈善、共修、與教育。再者，在醞釀期間參與世界宗教交流所辦的活動，符應藍海策略「四項行動架構」的指標：可以消除各宗教間的誤會與仇恨；對於過時的宗教法積極爭取修改，以消除不合時宜的法律問

題、與發揚宗教教義時的障礙。減少宗教衝突引發的國際戰爭，提升宗教團體之間的合作與服務信眾的品質等，創造宗教間多元合作管道，如「戒毒者中途之家」，這些都是星雲人間佛教國際化播種期間所採用的藍海策略。

第三節、頻與國際人士往來

　　星雲認為，出家人要走出去，才能成為領眾的法師，所以鼓勵佛教的道場要走向國際化，接納四方學者，透過各種宗教、族裔交流，把佛教傳播出去。佛光山全球五大洲道場，積極在各地推動人間佛教的國際化與本土化。以點線面方式突破種族的藩籬，政治的隔閡、語言的屏障、國界的設限。五十年來的努力，舉凡國家的正副元首、官員政要、社會顯達、專家學者、藝文雅士都紛紛來寺取經。大幅提升台灣與佛教在國際間的形象。【68】茲分為國際政要、藝文人士、學者專家、與社會賢達四類分述如下：

一、國際政要

　　星雲曾說「『宗教是上游、政治是下游』，上游如果做好了，下游就沒問題了。政治是需要佛教輔助教化，佛教也需要政治護持弘傳。」【69】佛光山一向是「問政而不干治」。但是星雲提倡的人間佛教，是適應現世生活，是使社會和諧安寧，因此從台灣到世界，佛光人所到之處，莫不受到當地政府的尊敬與歡迎，從元首政要到

【68】　佛光山宗委會(2007)，《佛光山開山四十週年紀念特刊 7 國際交流》，頁120。
【69】　同上註。

地方首長常有互動請益。【70】泰國總理乃川頒贈星雲「佛教最佳貢獻獎」，1989年中國國家主席楊尚昆、政協主席李先念，以及大陸中央總理朱鎔基，都專程與星雲晤談，【71】以表彰星雲對世界佛教與兩岸和平的努力與貢獻。

佛光山已成為台灣佛教重鎮，接引來自世界各地的佛教徒，也接引著非佛教徒的台灣政要與歷屆總統。如蔣經國先生擔任行政院長時，曾於1970年、1973年、1976年三度上佛光山，1978甫就任總統即四度來山參訪，並於翌年在總統府接見星雲。【72】繼任的總統李登輝及陳水扁，也數度上佛光山向星雲請益。【73】

此外，歷任副元首謝東閔、連戰、呂秀蓮；院會首長、各部會首長、軍方將領，乃至地方官員，及各政黨主席等，亦數度前來佛光山，向星雲請益，有些甚至成了星雲的皈依弟子。【74】台灣外交部官員亦時常帶領外賓上山參訪，促進國際間的聯誼交流與認同，使佛光山成為國際佛教聖地、國際交流的重鎮。【75】對於佛光山持續在海外開闢道場，推動星雲人間佛教不無助益。因此，除了星雲持續與國際政要互動外，在海外陸續成立的佛光山分別院，亦仿傚之而配合星雲就近與當地政要互動結緣。分洲略述如下：

在亞洲地區，未創辦佛光山前的1963年，星雲即與白聖法師等人組成「中華民國佛教訪問團」，訪問東南亞各國，亦會

【70】　同上註。

【71】　同上註。

【72】　同上註，頁123。

【73】　同上註。

【74】　同上註，頁124。

【75】　同上註。

見泰皇浦美蓬、印度總理尼赫魯卜,及菲律賓總統馬嘉柏皋等人。[76] 1967年佛光山開山後,與亞洲各國往來愈形密切,如1989年會見大陸國家主席楊尚昆、政協主席李先念等,1990年星雲香港紅磡體育館講演之餘,會見特區政府律政司梁愛詩司長。[77] 其他如馬來西亞前任首相馬哈迪、越南文化部長梅壽傳、[78] 新加坡總理李光耀伉儷曾至佛光山會見大師;[79] 2005年,韓國駐台代表黃龍植參加心培和尚晉山典禮。2006年,佛光山都監院長慧傳法師亦應邀至韓國參加「世界宗教人領導大會」,並分別與首爾前市長李明博及釜山市長許南植交換意見。[80] 心定和尚2007年參加南北韓共同重建北韓金剛山神溪寺竣工典禮。[81]

1996年美國副總統高爾不僅數度造訪西來寺,更不遠千里專程到高雄佛光山向大師請益。[82] 在中南美洲地區,巴西如來寺於1992年創建後,即經常賑濟孤老貧苦,收養貧困兒童佛光之子等社會福利工作,造福當地居民,贏得無數國際友誼,使得中南美洲各國元首來台後,紛紛到佛光山取經。[83] 例如:1995年宏都拉斯第一位女性副總統荷瑞薩諾率該國政界蒞訪佛光山。1999年中美洲薩爾瓦多總統佛洛瑞斯、哥斯大黎加總統費雪、多明尼加副總統斐酒

---

[76] 佛光山宗委會(2007),《佛光山開山四十週年紀念特刊7 國際交流》,頁126。

[77] 同上註,頁127。

[78] 同上註,頁126。

[79] 同上註。

[80] 同上註。

[81] 同上註。

[82] 同上註,頁128。

[83] 同上註,頁129。

代司、貝里斯副總理布里仙諾等四國元首政要，由行政院長蕭萬長陪同參訪佛光山，其後，巴拉圭共和國總統鞏薩雷斯，以及關島總督顧提瑞，斯哥斯大黎加總統白契科造訪佛光山台北道場；南美洲的邦交國尼加拉瓜總統博拉紐、瓜地馬拉總統波狄優，也相繼到佛光山訪問。【84】2003年和2006年，星雲先後拜訪智利聖多瑪斯大學，獲頒榮譽博士學位外，並舉行佛學講演，拜訪聖地牙哥MR. Joaquin Lavin，與巴西國會參觀拜會議員等。【85】

　　在其他地區，如1990年澳洲臥龍崗市長奧得門‧亞開爾，專程至台北國父紀念館聆聽星雲講經，並捐地二十六畝建南天寺。【86】2003年南非布朗賀斯特市議員漢尼‧幸尼科博士飛抵台灣佛光山，捐獻三公頃土地建南華寺。【87】同年，馬拉威總統夫人莫魯士女士親臨佛光山，感謝南華寺在該國的人道關懷。【88】

二、藝文人士

　　「以文化弘揚佛法」是佛光山的四大宗旨之一，佛法藝文化更是星雲一生努力的方向。因此，星雲與藝文人士的交流極為頻繁，而文化也對完成星雲「法水長流五大洲」的願力，具有不可磨滅的影響與價值。【89】星雲與文化出版界、文人雅士、音樂演藝人士等都有很友好的交流。

【84】　佛光山宗委會(2007)，《佛光山開山四十週年紀念特刊 7 國際交流》，頁126。
【85】　同上註，頁129~130。
【86】　同上註，頁131。
【87】　同上註。
【88】　同上註。
【89】　同上註，頁132。

　　星雲未到台灣前，在大陸天寧寺即與同參道友創辦《怒濤》月刊、為《徐報》主編〈霞光副刊〉，為佛教走向通俗化、文藝化而催生。【90】來台後，星雲除了主編各種雜誌刊物，也從事寫作；其中《釋迦牟尼佛傳》與《玉琳國師》兩書印行高達數十版，流傳到香港、菲律賓、新加坡、馬來西亞等東南亞國家。【91】同時由於擔任雜誌編輯，星雲又結交許多活躍在文藝界的朋友，如余光中、陸震廷、郭嗣汾、尹雪曼、公孫嬿、司馬中原、白先勇等，【92】不勝枚舉的早期文化界的出版人士。

　　五十年來佛光山不但興辦五所大學、16所佛教學院、15所社區大學、10所中華學校、22座佛光緣美術館、30間滴水坊，更成立出版社、圖書館、電台、「人間衛視」、《人間福報》等，這些事業更擴大佛光山與各界人士的交流，包括1973年，名作家蘇雪林到佛光山訪問；中國文藝協會南部分會曾多次在佛光山舉行慶祝大會。1986年秋七七率領女作家組成的文友合唱團參訪佛光山，舉行抗戰歌曲演唱會。紐約世界日報社長馬克任、亞華作家協會會長吳統雄、大陸名編劇家楊捷伉儷，作家蔣勳、施叔青、施寄青、廖輝英、司馬中原等，都與佛光山時相往來。【93】促成星雲收了不少文化圈的皈依弟子，如圓神出版社發行人簡志忠、作家林清玄、鄭石岩、鄭羽書等。【94】

【90】　佛光山宗委會(2007)，《佛光山開山四十週年紀念特刊 7 國際交流》，頁132。
【91】　同上註。
【92】　同上註。
【93】　同上註，頁134。
【94】　同上註，頁136。

　　星雲並積極與文人雅士互動，如國畫大師張大千、國寶級攝影郎靜山、景觀雕塑大師楊英風、李奇茂、大陸知名畫家兼藝論家高爾泰、史國良、李自健、國際知名漫畫家蔡志忠、漫畫家梁又銘、梁中銘、鄭問等人，都有著深厚的因緣。【95】1994年，為籌募佛光大學建校經費，舉辦北中兩場「當代名家藝術精品」義賣會，高信譚、李艷秋、鄒美儀、郭志鴻等名嘴擔任拍賣會主持人，與李霖燦、黃光男等文藝人士參與，間接促成佛光緣美術館的成立。【96】

　　因為星雲以音樂結合佛教梵唄的創新理念，陸續發想出許多相關弘法活動，而結下不少音樂界人士的善緣，如1953年，星雲為接引青年學佛，與煮雲法師、台中李炳南居士、台北工專教授吳居徹、宜蘭通訊兵學校教授楊勇溥以及李中和、蕭滬音教授等人，為現代佛教聖歌寫下「西方」、「弘法者之歌」等詞曲，並組成佛教第一支歌詠隊，灌製佛教史上第一張唱片。【97】2003年起，佛光山文教基金會推廣「星雲大師佛教歌曲徵選活動」，每年收到世界各地二千多首作品，因此，認識了韓國國寶級梵唄演唱者法顯法師、日本New Fil Homany管弦樂團指揮吉岡弘行、倫敦大學音樂研究所主任大衛教授、音樂博士王正歪、知名二胡演奏家溫金龍、佛光大學林谷芳教授等不勝枚舉。【98】其他國家知名音樂人亦來共襄盛舉，如馬來西亞的知名音樂家劉曼弘、國際知名鋼琴家黃慧音、音

【95】　佛光山宗委會(2007)，《佛光山開山四十週年紀念特刊 7 國際交流》，頁132。
【96】　同上註，頁138。
【97】　同上註。
【98】　同上註。

樂製作人楊柳韻、美國名音樂教育家David Campbell、菲律賓作曲家施靄麟、新加坡廣聲法師等。【99】

　　至於與演藝人員結緣，始於1962年台灣電視公司開台，星雲即洞悉電視弘法的無遠弗屆，率先於1978年8月，在中華電視台錄製播出「甘露」節目，首開佛教電視弘法先例。隨後，信心門、星雲大師佛學講座、六祖壇經、星雲禪話等電視節目陸續播出，除了獲得社會大眾的歡迎，且獲得金鐘獎等榮譽。1997年佛光山成立「電視佛學院」(今佛光山電視中心)，1998年元月「佛光衛星電視台」(今人間衛視)也正式開播，積極打造華人首座國際NPO/NGO電視平台，更擴大電視弘法的影響。隨著星雲人間佛教弘化全球的腳步，佛光山與演藝圈的藝人也有了許多因緣，例如大陸的皇帝小生張鐵林是星雲的皈依弟子；奧斯卡金像獎導演李安、國際知名導演吳宇森、名製作人趙大深、名經紀人夏玉順、電視明星陳麗麗；明華園歌仔戲孫翠鳳；香港演藝圈的梁朝偉、郭富城、葉倩文、曾志偉等；台灣的金馬影后陸小芬，偶像歌星林志穎、金城武、張琪、謝雷、田文仲、王海波、楊懷民、星光幫林宥嘉等；其中鄺美雲更擔任香港協會副會長，武俠影后鄭佩佩及台灣名演員勾峰更是國際佛光會的檀講師。【100】透過電視影音與演藝人員的影響力，有助於推行七誡等公益活動，甚至影響全球，2001年韓國佛教電視台與人間衛視結盟，播出「星雲大師佛學講座」，深受好評。【101】再度展現星雲與時俱進的弘法策略。

【99】　同上註。

【100】　同上註，頁140。

【101】　同上註。

三、學者專家

　　星雲極度重視教育，為落實佛光山四大宗旨之一的「以教育培養人才」，開山以後即逐步發展出東方佛教學院、叢林學院、中國佛教研究院。廣邀當代國際重要學者來山授課，例如日本佛學泰斗水野弘元、惠谷隆戒，印度學者BHATTA CHARYYA，及台灣著名教授藍吉富，楊白衣、唐亦男、南懷瑾等。【102】同時，開山最艱困的時期，星雲仍派遣慈惠、慈容、慈嘉、慈怡等法師赴日就讀日本大谷、佛教等大學，為佛光山首批留學僧。【103】此後，為提升徒眾素質、儲備師資，不斷遴選弟子出國，至日本、美國、英國、巴西、印度、澳洲、中國與香港留學。這些留學僧一方面努力向學，兼在當地做宗教、文化、學術交流，進一步為佛光山引介資源與人才，例如日本佛教大學校長水谷幸正、平川彰、鐮田茂雄、大谷大學校長木村宣彰，耶魯大學教授外因斯坦、美國康乃爾大學副教授約翰麥克雷，韓國東國大學佛教學院院長法山法師，中國大陸國際西藏學專家王堯、陳兵、賴永海、樓宇烈等，香港佛教學院僧伽院副院長覺真法師、香港理工大學校長潘宗光、香港大學副校長李焯芬等專家學者參訪佛光山，進行學術交流、參加學術會議、或參與領域對談，使佛教學術能與時俱進。【104】

　　為了提升佛教學術水平，佛光山積極舉辦並參與學術會議，並陸續開辦美國西來大學、台灣佛光與南華大學、澳洲南天大學，【105】菲律賓光明大學，並附設佛學研究中心；籌辦《普門學

【102】　同上註，頁143。
【103】　同上註，頁144。
【104】　同上註。
【105】　同上註，頁145。

報》等學術刊物，以及蒐集編輯近代學術論文《法藏文庫》，編印
《佛學大辭典》、《佛教大藏經》等，網羅當代世界各國知名學者
參與，提供智慧。

四、社會賢達

　　星雲人間佛教的修持不離生活，加上佛光山推動文化、教
育、慈善與共修四大宗旨的多元活動，常與各領域的社會賢達有良
好頻繁的互動。例如：2000年，故宮博物院院長秦孝儀偕同夫人、
副院長張臨生，以及中央社社長黃天才、廣達電腦董事長林百里，
到佛光山看「佛教文物暨地宮珍寶特展」。【106】日月光集團創辦人
張姚宏影，不但在五十歲時成為佛光山的信徒，更協助創建洛杉磯
西來寺、關島佛光山、西來大學、佛光大學、南非佛學院、人間衛
視等，成為佛教的大護法。【107】其他如統一企業吳修齊、海基會董
事長辜振甫、台北麗晶飯店潘孝銳、塑膠業鉅子王永慶、威京集團
主席沈慶京等，也與佛光山時有往來。【108】

　　隨著佛光山在世界各地別分院的發展與國際佛光會的創立，
佛光山結的善緣更廣至全世界；如張老師的創辦人張迺彬、曾任泰
國瑪希隆大學院長的泰國一品夫人素茱莉、印尼三林集團董事長林
紹良、馬來西亞吉隆坡華總領袖曾振強、香港航空企業家揚棟、巴
西石化鉅子林訓明、國父孫中山先生之孫女孫穗芳、清朝末代皇帝
溥儀姪子愛新覺羅・毓嶂、烏克蘭國家文學協會副會長斯大涅闊博
士、巴西商業鉅子張勝凱、亞太文化學術交流基金會吳仁甫、宏國

【106】　同上註，頁147。
【107】　同上註。
【108】　同上註。

建設林謝罕見、橘園國際公司董事長侯王淑昭、「生命線」創始人
曹仲植、佛教文物專家吳文成等等。【109】

　　如上說明五十年來星雲人間佛教在弘法上的努力，佛光山與
傑出的國際人士交流往來，成功地將佛教推介給各國政要、藝文雅
士、學者專家、社會賢達等，不但從中吸收國際知識，亦讓佛教在
國際人士推介下，朝向全球化的目標邁進。【110】這些相關弘法活
動，相應於佛光山的四大宗旨，其活動數量比例為7：4：4：4，以
文化活動居多，其次為教育、共修與慈善活動。可見藝術文化是最
適合接引各國政要、藝文雅士、學者專家、社會賢達等，分別條例
如下：

　　「以文化弘揚佛法」：1953年李中和、蕭滬音教授等人，為
現代佛教聖歌寫下「西方」、「弘法者之歌」等詞曲，並組成佛教
第一支歌詠隊，灌製佛教史上第一張唱片；籌辦《普門學報》等學
術刊物，編輯《法藏文庫》，編印《佛學大辭典》、《佛教大藏
經》等，網羅當代世界各國知名學者參與，提供智慧；1963年星雲
組「中華民國佛教訪問團」，訪問東南亞各國，會見泰皇浦美蓬、
印度總理尼赫魯卜，及菲律賓總統馬嘉柏皋等人；星雲擔任雜誌編
輯，結交許多活躍在文藝界的朋友；設置佛光緣美術館、出版社、
圖書館、電台、「人間衛視」、《人間福報》等事業，擴大與各界
人士的交流；1986年秋七七率領女作家組成的文友合唱團來山，舉
行抗戰歌曲演唱會；1994年為佛光大學舉辦北中兩場「當代名家藝
術精品」義賣會；故宮博物院院長秦孝儀等社會賢達，上佛光山看

【109】　同上註，頁148。
【110】　同上註，頁7。

「佛教文物暨地宮珍寶特展」。

「以教育弘揚佛法」：開山以後即逐步發展出東方佛教學院、叢林學院、中國佛教研究院；廣邀當代國際重要學者來山授課；1997年成立「電視佛學院」(今佛光山電視中心)；為儲備師資，不斷遴選弟子出國留學。

「以慈善福利社會」：1994年南華寺在非洲馬拉威捐贈輪椅及設「阿彌陀佛關懷中心」等慈善救濟工作；1999年新加坡總統納丹出席新加坡佛光山舉辦的「松鶴迎千禧素宴輪椅捐贈活動」；2003年南美洲如來寺的「佛光之子」計畫，讓當地貧民窟的兒童有了新的生活與希望，教導生活知識及各項技能；如來寺並興建陸橋、醫院，捐贈輪椅、磨豆機、嬰兒保溫箱等，造福當地居民。

「以共修淨化人心」：1978年在中華電視台錄製播出「甘露」節目，首開佛教電視弘法先例；1990年星雲香港紅磡體育館講演，會見特區政府律政司梁愛詩司長；2003、2006年，星雲先後拜訪智利聖多瑪斯大學，獲頒榮譽博士學位外，並舉行佛學講演。

星雲藉助藝文與教育，開發許多不可能的對象，接引相當多的知名人士、台灣政要與歷屆總統，藉以消除種族的藩籬、政治的隔閡，減少語言的屏障與國界的設限，提升台灣在國際間的形象，創造邦交、甚至非邦交國的友誼。[111]這些都是星雲採用的超級藍海策略。

第四節、舉辦國際學術會議

---

[111] 佛光山宗委會(2007)，《佛光山開山四十週年紀念特刊 7 國際交流》，頁120。

佛光山為增進人類幸福，促進世界和平，與星雲人間佛教「國際化」、「現代化」的弘法原則，積極舉辦或參與各種國際性的佛教會議，或世界性的宗教會議，略述如下：

一、佛教會議交流

佛光山五十年來透過各種國際性的佛教相關會議，落實佛教的學術研究風氣，促進佛教的學術交流發展，具有積極意義與具體貢獻。這些會議包括：國際佛教學術會議、世界佛教青年學術會議、世界顯密融和學術會議、顯密佛學會議、世界佛教徒友誼會、國際佛教僧伽研習會、兩岸佛教音樂研討會、國際禪學會議、國際青年論壇會議等。

(一)國際佛教學術會議

自1983年起，在佛光山舉辦「國際佛教學術會議」，計有中、日、韓學者三十餘人與會，探討「亞洲佛教的源流」。[112] 1989年成立佛光山文教基金會後，即由該基金會承辦「國際禪學會議」，1990年佛光山再召開「佛教學術會議」與「國際佛教學術會議」，之後至2007年期間，除了1997年、1999年與2003年外，佛光山每年至少召開一次國際佛教學術會議，探討不同佛教有關主題，廣邀世界佛教各領域學者參與發表不同角度的論文。主題由早期的中國佛教插花藝術、東南亞佛教戒律、宗教文化、電子大藏經、中國佛教音樂、到近年來的禪與人間佛教。[113] 尤其在2012年佛光山成立人間佛教研究院，搭起兩岸學術研究合作

【112】 佛光山宗委會(2007)，《佛光山開山四十週年紀念特刊 7 國際交流》，頁152。

【113】 佛光山宗委會(2007)，《佛光山開山四十週年紀念特刊 4 文化藝術》，頁99。

計畫，舉辦「宗教實踐與星雲大師文學創作學術研討會」，之後每年固定舉辦「星雲大師人間佛教理論實踐研討會」、「人間佛教座談會」高峰論壇等。【114】2013年佛光大學成立佛教研究中心，舉辦「漢傳佛教研究的過去、現在與未來」國際學術研討會。2014、2015年南華大學與澳洲南天大學陸續設立佛教研究中心之後，每年亦分別舉辦國際學術會議，從此，佛教相關學術會議就更加頻繁。

(二)世界佛教青年會議

為培養青年研究佛學，1985年7月，佛光山在高雄市中正文化中心承辦「國際佛教青年學術會議」，來自各國的青年，打破語言藩籬，以中文發表論文，探討「佛教青年對世界和平與國家發展的使命」。其後，佛光山為使佛法國際化，讓各地佛教青年互相交流、聯誼，1990年元月，在佛光山叢林學院，召開純為學佛青年舉辦的「佛光山佛教學術會議」。【115】2001年由中佛青主辦，於佛光山舉行「第一屆世界佛教青年論壇」，引導佛教青年自覺，讓佛教更活性發展。【116】。星雲藉由「國際佛教青年學術會議」的召開，不但提供佛光青年拓展個人視野與國際觀的機會，更成功把青年團與人間佛教的理念帶上國際舞台。【117】

(三)世界顯密佛學會議

為促進漢藏文化交流，增進顯密佛教融和，1986年星雲被公推為新創「華漢藏文化協會」理事長，同年12月26日，以「顯密

【114】　佛光山人間佛教研究院網站，http://fgs.pkthink.com/，2015.9.20

【115】　佛光山宗委會(2007)，《佛光山開山四十週年紀念特刊 7 國際交流》，頁154。

【116】　同上註。

【117】　同上註。

融和與世界文化發展」為主題，在佛光山召開「世界顯密佛學會議」，有全球十九個國家地區，三百餘位佛教各宗派領袖、喇嘛、專家學者與會，蔣經國及加拿大、泰國等元首均致賀電。此次會議有密宗紅、黃、白、花「四大教派」之仁波切參加；顯教「四眾弟子」共襄盛舉，大會並結合「四種人士」—南傳、北傳、顯教、密教等人參與，對顯密佛教的融和及對世界佛教文化的發展，有著極重大的影響。【118】

(四)世界佛教徒友誼會

世界佛教徒友誼會簡稱為「世佛會(WFB)」，於1950年成立，總部永久設在泰國曼谷。1992年10月，第十八屆大會首次在台灣召開，不但在台北陽明山中山樓舉行開幕典禮，閉幕式更移至高雄佛光山舉行，首創南北兩地開會的創舉。會中，大眾推選星雲為世佛會永久榮譽會長，慈惠法師當選副會長。【119】

(五)國際佛教僧伽會議

1981年12月1日，星雲率團參加在台北陽明山中山樓舉辦的「世界佛教僧伽大會第三屆大會」，會後七百位來自世界25個國家代表暨觀察員，由白聖長老率領到佛光山參訪。1982年9月，星雲應美國波羅頓斯禪學院邀請，赴美參加世界僧伽大會。1993年10月為促進國際各佛教組織之間的交流與合作，佛光山與國際佛光會舉辦首屆「國際佛教僧伽研習會」，以推動佛教人間化、國際化、文教化、統一化的理念，使佛陀的教法遠播至世界每個角落。【120】

【118】　同上註，頁156。
【119】　同上註，頁158。
【120】　同上註，頁160。

二、宗教會議交流

　　為促進各宗教之間的宗教交流，發展佛教與各宗教之間的對話、交流與合作，佛光山主辦或受邀參與的國際性宗教學會議，如：國際自由宗教聯盟會議、天主教與佛教國際交談會議、宗教音樂學術研討會、宗教和平會談、各宗教對談會議、宗教領導人會議、世界宗教大會、世界宗教和平會議、多元文化宗教對談會議等，略說明如下：

　　(一)國際自由宗教聯盟會議

　　星雲一生大力提倡宗教融和，希望以宗教的力量實現世界和平。因此，1985年星雲退位後，即開始身體力行，將弘法觸角伸向海外，希望宗教攝化現代人，滌盪塵濾，淨化身心。【121】1992年佛光山加入國際自由宗教聯盟(IARF)，目前為執行委員，藉以向外拓展與世界各宗教間的聯誼。2006年3月，第三十二屆國際自由宗教聯盟大會暨國際自由宗教聯盟婦女會議、青年會議等三個會議，於台灣佛光山召開，有美、加、法、德、荷、日等19國、700人參加。2007年4月，佛光山青年代表，參與在荷蘭Schoorl展開自由宗教聯盟青年會議。

　　(二)國際宗教會議

　　為促進多元宗教的文化交流，推展世界和平理念。1992年2月，星雲拜會天主教教宗若望保祿二世，進行一場世紀性的宗教對話。同年10月，慧開法師(目前為南華大學使命副校長)代表出席「第十一屆世界宗教和平會議」。【122】1995年第一屆「天主教與佛

【121】　同上註，頁167。
【122】　同上註。

教國際交流會議」於佛光山揭幕，就「佛教與天主教之異同」進行討論。【123】1996年佛光大學、南華管理學院先後主辦過第一屆宗教文化國際學術會議、第三屆國際亞洲哲學與宗教學術會議、亞洲宗教與高等教育國際學術研討會。1998年依法法師代表參加聯合國教科文委員會(UNESCO)，於西班牙召開各宗教對談會議，並發表「宗教多元化」論文。【124】1999年心定和尚應澳洲昆士蘭格里菲斯大學之邀前往該校，研討宗教交流與澳洲多元文化的推動。【125】

　　2001年佛光山文教基金會首次於台北道場舉行「宗教音樂學術研討會」，邀請各地學者發表佛教、道教、天主教、基督教等四大宗教之音樂研究論文；南華大學舉辦「世界宗教：傳統與現代性」學術研討會。

　　2006年6月，佛光山都監院院長慧傳法師代表佛光山出席韓國「世界宗教領導人會議」；覺門法師代表參加日內瓦「世界基督教協會」總部舉行的「世界宗教會議」；8月，國際佛光會中華總會總會長心定和尚出席日本「第八屆世界宗教和平會議」。【126】2007年5月，佛光山巴布新幾內亞文殊精舍覺傳法師應邀代表佛教團體出席由紐西蘭政府主辦的「第三屆多元文化宗教對談會議」。【127】

　　上述多元主題的會議與世界宗教間的對話共有48場，都屬於佛光山四大宗旨的「以文化弘揚佛法」。佛光山成立文教基金會，以佛教力量發揮其救世功能，密切與國際社會取得各方面的聯繫，

【123】　同上註，頁167。

【124】　同上註，頁168。

【125】　同上註。

【126】　同上註，頁169。

【127】　同上註。

與締造了良善的因緣。【128】藉以消除佛教固步自封守舊的漏習，減少宗教間的鴻溝與本位主義，提升佛教的學術研究風氣、提高國際佛教地位和世界宗教的影響力，為台灣及佛教發展贏得了和平的國際環境、【129】為世界佛教與宗教，創造一個對話交流、團結合作的平台。以促進宗教間的團結與和諧，為世界和平而努力。這些都有達到籃海策略四項行動架構的高指標。

第五節、奔走洲際弘法利生

　　星雲認為「佛法要落實人間，必須走向城市，深入社會，關懷群眾，超越國界，弘化全球。」【130】近五十年來，佛光山除了積極培養各國語言弘法人才，1976年成立「英文佛學中心」，接引國際僧眾來山參學；1983年於中國佛教研究院創立「國際學部」，以加強佛學研究交流；1986年成立「國際學部英文佛學院」，以培訓儲備國際交流與大法西傳的人才。【131】星雲本著第一波在台灣本土化的經驗，同時積極建全上述各種弘法條件，以備推出第二波由台灣跨到五大洲的國際化，其本人則奔走洲際弘法利生，為佛光山創建海外道場播種因緣。依五大洲爬梳如下：

一、亞洲

　　佛光山立足台灣，放眼全球，相繼在亞洲的日本、韓國、馬來西亞、新加坡、菲律賓、泰國、印度等十餘個國家，建37所道場

【128】　同上註，頁169。
【129】　同上註。
【130】　同上註，頁170。
【131】　同上註，頁172。

外，更成功地將人間佛教的理念傳播到上述亞洲國家，促進亞洲地區世界宗教與南北傳佛教的融合。【132】

　　(一)東北亞

　　1991年佛光山在日本東京籌設道場前，星雲已為之播種如下的因緣，首先於1966年，日本孝道團蒞臨高雄壽山佛學院參訪；1969年星雲派慈惠、慈容、慈嘉、慈怡等法師赴日深造。繼之於1975年星雲以「中日佛教關係促進會常務理事」身分組團訪問日韓，開啟台、日、韓友誼的大門。【133】這些因緣促使東京佛光山寺落成後，佛光山在日本繼續開闢其他道場的助緣。至於地處東北亞的韓國，直到1975年星雲才赴韓訪問，之後陸續於1982年、1998年、2003年分別與韓國三寶寺締結兄弟院，這些都是星雲為1998年佛光山在韓國首爾購置漢城佛光山寺(現更名為首爾佛光山)預先舖路。【134】因此，逐漸建立起與韓國各界人士密切交流往來的關係。

　　(二)東南亞

　　佛光山就近地理位置的東南亞，擁有多元文化宗教色彩，1963年起，星雲多次組團前往東南亞各國訪問，結下往後佛光山在這些國家設立分別院道場的殊勝法緣。【135】佛光山在亞洲最早擁有的道場，是在馬來西亞的清蓮堂，原為復仁和尚於1980創立。繼之為1983年創建原為一座神廟的蕉賴六里村禪淨中心，直到1989年，佛光山才自己在馬來西亞興建馬來西亞佛光文教中心。促成1996年星雲在吉隆坡莎亞南露體育場主持「萬人皈依典禮及萬人獻燈祈福

【132】　同上註。
【133】　同上註，頁174。
【134】　同上註。
【135】　同上註，頁176。

弘法大會」，能有八萬人參加之創舉。【136】

　　佛光山直到1993年才設立新加坡佛光緣，幾經搬遷，1998年12月5日才遷入位於東南部的一棟工業大廈，並更名為「新加坡佛光山」，2004年再遷入於榜鵝地鐵與公車總站旁，佔地二萬平方尺土地的現址，發揚光大星雲人間佛教，利益新加坡社會大眾。這些弘法盛況，是星雲早在1963年隨「中華民國佛教訪問團」，至新加坡光明山普覺寺等地進行訪問時就種下的因緣。【137】菲律賓為天主教國家，但星雲早在1963年即隨「中華民國佛教訪問團」，至菲律賓，駐菲大使段茂瀾陪同大師會見菲律賓總統馬嘉柏皋，並贈送六百卷《大般若經》，開啟1989年佛光山在菲律賓的首座道場宿務慈恩寺的成立，以及佛光山與菲律賓交流往來的門戶。【138】

　　原為佛教國家的泰國，屬南傳佛教體系，因此，星雲一直希望能在泰國有座佛光山的道場，以利南北傳佛教的融合。直到1996年，星雲終於在泰國曼谷設立佛光山曼谷文教中心，且有妙慎等七位比丘尼坐鎮弘揚星雲人間佛教。這些都歸功於星雲之前所做的努力與所結的善緣，例如：1963年星雲即隨「中華民國佛教訪問團」，至東南亞訪問期間，受泰皇蒲美蓬之邀宴，到皇宮應供。【139】

　　1967年佛光山開山後，常接待來自泰國的貴賓及「世界佛教徒友誼會」來訪會員。1988年率領「佛光山泰北弘法義診團」，深入泰北美思樂、金三角、熱水塘等偏遠地區義診弘法，並成立佛光

【136】　同上註，頁178。
【137】　同上註。
【138】　同上註，頁179。
【139】　同上註，頁180。

山信徒援助泰北難民村建設功德會，多次組團赴泰國參訪。【140】

弘法五十多年來，星雲一直希望能將佛教回傳至印度，曾於1992年至海拔四千公尺的印度拉達克為民眾皈依；1998年2月，佛光山聯合南傳、北傳、藏傳佛教，共同在印度菩提伽耶傳授國際三壇大戒，為印度佛教的復興開創新紀元。【141】上述星雲為恢復印度佛教所播種的因緣，終於成就了佛光山在印度菩提伽耶的印度佛學院。透過培育人才，提升印度僧侶的素質。【142】佛光山在香港佛香精舍成立後，於1987年在香港沙田大會堂佛學講座，兩年後移師至紅磡香港體育館開大座講經，盛況空前，逐漸成為每年定期的盛會。促成1991年佛香講堂的設立。【143】

二、美洲

佛光山在美洲設立的分別院，分佈在北美洲的美國、加拿大，與中南美洲的哥斯大黎加、巴西、巴拉圭、阿根廷、與智利等國。這些道場的設立泰半起源於星雲所播種的因緣。略述如下：

(一)北美洲

佛光山在美國展開弘法活動，溯源於1967年，星雲代表中華民國佛教界組團參加美國開國兩百週年紀念大會，發現美國多元豐富的文化、和平包容的民族性，及許多旅居海外的華裔，亟需心靈的寄託，頻邀佛光山前往建寺弘法。於是，1978年佛光山派遣慈莊、依航法師至洛杉磯籌備建寺事宜，並以「國際佛教促進會」(International Buddhist Progress Society，簡稱I.B.P.S)名義申請

【140】　同上註。
【141】　同上註，頁181。
【142】　同上註。
【143】　同上註，頁182。

建寺。【144】後來佛光山陸續在中南美洲成立的37所分別院都以此命名，僅在後面加列城市名稱供辨識。在開創佛光山海外總本山的西來寺期間，經歷1971年中華民國退出聯合國、1978年中美斷交等的艱困時局，西來寺歷經6次公聽會及135次協調會，終於在1985年獲准興建，1988年11月26日落成，是星雲人間佛教邁向國際化的新里程碑。【145】

至於佛光山在加拿大設立的道場，最早為1994年落成的溫哥華佛光山，溯源於1991年，星雲法駕加拿大溫哥華弘法，有感於當地居民的真誠和善，若能有佛法滋潤，必將更為相得益彰，【146】因此而設立。而之後於1997年落成的多倫多佛光山，也是星雲於1991年在多倫多旅行勘察的路上，留下同行的弟子依宏法師而成就的。【147】因星雲1991年親訪加拿大的因緣，目前佛光山在加拿大共有五所分別院道場(見表5.2)，積極在推動星雲人間佛教。

(二)中南美洲

目前，佛光山在中南美洲巴西、巴拉圭、阿根廷、智利、哥斯大黎加五國設有八座道場。而這些道場的建置，起源於星雲首訪巴西為友寺主持開光典禮。如《佛光道場》書中的記載：「源自1992年4月星雲應邀赴巴西，主持聖保羅市觀音寺開光典禮，時有信眾張勝凱、張陳淑麗伉儷聞法歡喜，捨宅為寺，星雲命名「如來寺」，同時成立佛光會巴西協會，由斯子林居士擔任首任會長，並派

【144】 同上註，頁184。

【145】 同上註。

【146】 同上註，頁187。

【147】 星雲(2015)，《貧僧有話要說》，台北市：福報文化有限公司，頁124。

覺誠法師等駐錫弘法。」【148】之後，由於原為私人住屋的如來寺不敷使用，才由信眾發心增購週邊土地做為如來寺的建地，2003年如來寺終於落成啟用。由於中南美洲是世界上種族與語言最多的地區，【149】星雲人間佛教在此區域的推動，將面臨一項很大的考驗。

三、歐洲

　　根據星雲《往事百語》(五)《永不退票》一書的記載，佛光山最早在歐洲設立的道場是1990年購置的巴黎古堡，而非佛光山自己發行的《佛光山開山四十週年紀念特刊 7 國際交流》，與《佛光山開山四十週年紀念特刊 8 佛光道場》兩書分別所說的1991年9月，與1993年4月，在巴黎創設的巴黎道場。前者是因為巴黎古堡離市區遙遠，為方便大眾禮佛，才於1991年9月在巴黎市區租場地共修。【150】後者是在1993年4月重新覓得的巴黎佛光山的現址。【151】而1990年巴黎佛光山的因緣，則是星雲永不退票的個性所促成。摘錄《永不退票》相關內容如下：

> 一九九〇年，巴黎明禮法師邀我前往法國弘法，當時一位黃老太太皈依之後，要求我到巴黎建寺，當時我隨口說：「好。」回到臺灣後，黃老太太與其女婿鍾勝利前來再度懇請。為了對

【148】　佛光山宗委會(2007)，《佛光山開山四十週年紀念特刊 8 佛光道場》，頁158。

【149】　佛光山宗委會(2007)，《佛光山開山四十週年紀念特刊 7 國際交流》，頁188。

【150】　同上註，頁190。

【151】　佛光山宗委會(2007)，《佛光山開山四十週年紀念特刊 8 佛光道場》，頁172。

> 承諾「不退票」，佛光山在經濟萬分拮据之際，由其介紹，在巴黎買下一座古堡，成為佛光山在歐洲的第一座道場。[152]

佛光山有了巴黎道場後，才有翌年倫敦佛光山的設立，以及之後陸續在歐洲德國、瑞典、瑞士等國家，設立的14所道場。這些佛光山散佈歐洲的弘法據點，都源於星雲在1990年堅持購置巴黎古堡所播下的種子。

四、大洋洲

1989年星雲派慈容法師至澳洲，與臥龍崗市長歐凱爾(Frank Arkell)洽談建寺事宜。[153]同年11月，筆者隨星雲赴澳洲，勘察雪梨南天寺、布里斯本中天寺的籌建事宜，開啟澳洲佛教弘法史的肇端。1993年10月中天寺開光，及1995年南天寺落成，成為南半球第一大佛寺，也帶動澳洲國際觀光旅遊業務，更開啟星雲人間佛教傳佈澳洲之門。[154]1992年11月，星雲蒞臨墨爾本講演與建寺弘法方向的指導，預先為道場命名為「墨爾本佛光山」。加速「墨爾本佛光山」於1994年竣工落成，並催生柏斯佛光山西澳道場，與黃金海岸禪淨中心等現代化弘法據點的設立，做為在澳洲推動星雲人間佛教的據點，這些善緣都星雲播種創造的。

五、非洲

---

[152] 星雲(1999)，《往事百語》(五)《永不退票》，高雄：佛光出版社，頁131-132。

[153] 佛光山宗委會(2007)，《佛光山開山四十週年紀念特刊 7 國際交流》，頁194。

[154] 佛光山宗委會(2007)，《佛光山開山四十週年紀念特刊 8 佛光道場》，頁184。

非洲南華寺的興建，溯源於1991年，星雲與南非布朗賀斯特市議長漢尼‧幸尼科爾博士(Dr. Hennie Senekal)，為尋求該市發展而到台灣考察，首次會面洽談。翌年3月2日雙方在台灣簽署合約書，布羽賀斯特市贈地6.6公頃(後來增至12.4公頃)予佛光山建寺。南華寺1992年3月開始動工，2005年10月，大雄寶殿舉行落成開光法會，約有1000人參加。【155】1992年，為使非洲佛教「本土化」，星雲為首批南非原住民郭拉、福度、畢甘剃度出家，為佛教弘傳非洲跨出一大步，體現種族平等的精神。之後成立「非洲佛學院」以培養當地弘法人才，為非洲人間佛教的傳播奠定基礎。【156】星雲同時也為非洲其他七個弘法據點的設立投入了助緣。(見第五章表5.5)

六、小結

佛光山秉持星雲提倡人間佛教的理念，配合「以共修淨化人心」的宗旨，推動跨洲際弘法，積極舉辦禪修法會、戒會、短期出家等修持，增上信仰；配合「以文化弘揚佛法」的宗旨，開設符合當地居民所需之文化、藝術、技藝課程；落實「以文化弘揚佛法」的宗旨，將佛法融入其中，運用於生活，結合各地節日慶典，進行敦親睦鄰、文化交流、跨宗教活動，達到各宗教、族裔間的共尊共榮。【157】開放道場，提供友教聯誼、活動，接待十方嘉賓，讓更多海外人士，透過觀摩學習，親近佛法。在國際弘化上，從初期的紮

【155】　手魯皮提耶.巴那西卡羅法師(2006)，〈非洲的淨土：佛光山南華寺〉，《普門學報》，第31期，頁(2)~(3)。

【156】　佛光山宗委會(2007)，《佛光山開山四十週年紀念特刊 7 國際交流》，頁198。

【157】　同上註，頁7。

根華人社會到逐步朝向本土化邁進，讓佛教與各地的文化思想、地理環境、風俗民情水乳交融，發展出各自的特色。【158】

　　星雲人間佛教國際化播種期間所做的洲際弘法，共有20項，都是在落實佛光山四大宗旨，比例為4：4：2：10，以共修淨化人心的活動居多，其他依序為文化、教育與慈善。條例如下：

　　「以文化弘揚佛法」：1966年日本孝道團蒞臨高雄壽山佛學院參訪；1967年佛光山開山後，常接待來自泰國的貴賓及「世界佛教徒友誼會」來訪會員；1975年星雲以「中日佛教關係促進會常務理事」身分組團訪問日韓，開啟台、日、韓友誼的大門；1989年星雲派慈容法師至澳洲，與臥龍崗市長歐凱爾(Frank Arkell)洽談建寺事宜。

　　「以教育培養人才」：1969年星雲派慈惠、慈容、慈嘉、慈怡等法師赴日深造；1983年於中國佛教研究院創立「國際學部」，以加強佛學研究交流；1986年成立「國際學部英文佛學院」；1992年成立「非洲佛學院」以培養當地弘法人才。

　　「以慈善福利社會」：1988年星雲率領「佛光山泰北弘法義診團」，深入泰北美思樂、金三角、熱水塘等偏遠地區義診弘法，並成立佛光山信徒援助泰北難民村建設功德會。

　　「以共修淨化人心」：1982、1998、2003年佛光山分別與韓國三寶寺締結兄弟院；1987年在香港沙田大會堂佛學講座，兩年後移師至紅磡香港體育館開大座講經；1991年星雲加拿大溫哥華弘法；1991年在多倫多旅行勘察，留下同行的弟子依弘法師而成就的；1992年為使非洲佛教「本土化」，星雲為首批南非原住民郭

【158】　同上註，頁170。

拉、福度、畢甘剃度出家；1992年至星雲印度拉達克為民眾皈依；1996年星雲在吉隆坡主持「萬人皈依典禮及萬人獻燈祈福弘法大會」；1998年2月，佛光山聯合南傳、北傳、藏傳佛教，在印度菩提伽耶傳授國際三壇大戒，為印度佛教的復興開創新紀元。

星雲人間佛教國際化播種期間所推動的洲際弘法，可以消除非佛教徒對佛教的誤解，減少種族與地域的隔閡，將佛法運用於生活增上信仰，達到各宗教、族裔間的共尊共榮，創造出各自的特色。

第六節、結論

本章〈星雲人間佛教國際化的播種期〉，主要探討星雲欲移植其第一波到台灣後的國際化與本土化模式，到第二波全球國際化之過度期間，星雲透過推動國際佛教交流、參與世界宗教交流、與國際人士往來、舉辦國際學術會議、與奔走洲際弘法等五項相關活動，為未來弘化全球播種善因好緣。而這些活動內涵不離佛光山四大宗旨，其成效亦可經由藍海策略的「四項行動架構」來檢核。分別總結如下：

一、五項活動依據四大宗旨

上述五項活動，除了「舉辦國際學術會議」項目，雖多達38場，但仍僅符合第一大宗旨「以文化弘揚佛法」。其他「推動國際佛教交流」、「參與世界宗教交流」、「與國際人士往來」、與「奔走洲際弘法」四個項目，不離開佛光山四大宗旨，其中又「以文化弘揚佛法」屬性的活動超過六成66.36%，其次為「以共修淨化人心」相關活動佔17.27%，「以教育培養人才」性質的活動

佔11.81%，「以慈善福利社會」內容的活動僅佔10%，如表4-1所示。可見文化範圍廣泛多元，並與民生息息相關，是佛教經濟來源三大產業(宗教性產業、文化性產業與娛樂性產業)之一。尤其是星雲人間佛教第二波全球國際化，涉及種族、語言、信仰、風俗民情等差異問題，這些都是文化的主要原素，卻也是國際化首要消除的障礙與減少的困境。

表4-1.星雲人間佛教播種期活動與佛光山四大宗旨對照表

#	活動名稱	以文化弘揚佛法	以教育培養人才	以慈善福利社會	以共修淨化人心	總數
1	推動國際佛教交流	15	4	2	3	24
2	參與世界宗教交流	9	1	3	2	15
3	頻與國際人士往來	7	4	4	4	19
4	舉辦國際學術會議	38	0	0	0	38
5	奔走洲際弘法	4	4	2	10	20
	小計	73	13	11	19	116
	比率(%)	62.93%	11.20%	9.48%	16.37%	116

二、五項活動之藍海策略

星雲人間佛教為能順利推動第二波的國際化，故在這之前的播種期，星雲推動國際佛教交流、參與世界宗教交流、與國際人士往來、舉辦國際學術會議、與奔走洲際弘法等，五項相關活動來做

準備。星雲採用藍海策略來推出這五項活動，依藍海策略「四項行動架構」的指標，這五項活動分別消除佛教不同傳承與宗派之間的對立、消除宗教間的誤會與仇恨、消除過時宗教法引發的法律問題、消除種族的藩離與政治的隔閡、消除佛教固步自封守舊不前的漏習、消除非佛教徒對佛教的誤解。減少台灣佛教人派之爭、減少宗教衝突引發的國際戰爭、減少語言的屏障與國界的設限、減少宗教間的鴻溝與本位主義、減少種族與地域的隔閡。提升全球佛教界的團結與佛教徒的凝聚力、提升宗教團體之間的合作與服務信眾的品質、提升台灣在國際間的形象、提升佛教的學術研究風氣、國際佛教地位和世界宗教的影響力、提升佛法的生活運用使信仰增上。創造台海兩岸合作佛教梵唄音樂全球巡迴演唱的契機、創造宗教間多元合作管道、創造邦交非邦交國的友誼、創造世界宗教一個對話合作的平台，創造各宗教、族裔各自的特色。

　　可見本章所述的推動國際佛教交流、參與世界宗教交流、與國際人士往來、舉辦國際學術會議、與奔走洲際弘法等五項活動，每項活動或多或少都有達到「四項行動架構」的指標(見表4-2)，可見星雲在其人間佛教國際化的播種期，所辦的所有活動，採用的藍海策略成效高達百分之百。

表4-2.星雲人間佛教播種期活動與藍海策略「四項行動架構」
對照表

#	活動名稱	消除	減少	提升	創造	總數
1	推動國際佛教交流	v	v	v	v	4v
2	參與世界宗教交流	v	v	v	v	4v
3	頻與國際人士往來	v	v	v	v	4v
4	舉辦國際學術會議	v	v	v	v	4v
5	奔走洲際弘法	v	v	v	v	4v
	小計	5v	5v	5v	5v	20v

三、星雲人間佛教國際化播種期時間之釐清

　　上兩段已分別將星雲人間佛教國際化的播種期間，星雲透過推動國際佛教交流、參與世界宗教交流、與國際人士往來、舉辦國際學術會議、與奔走洲際弘法等五項活動，已製表4-1與佛光山四大宗旨做比對，製表4-2則與藍海策略「四項行動架構」對照。本段將進一步綜合上述兩者，配合第三章星雲人間佛教國際化醞釀期，在台灣所創建分別院道場的成立時間表，彙整成表4-3，比對星雲人間佛教國際化播種期間，依據佛光山四大宗旨所推出的活動年表。海外道場的部分僅列1980年至1990年之間陸續成立的13所分別院，以利釐清播種期的起迄時間點，其他佛光山海外道場的興建將在下一章探討。從表4-3，可見星雲早在1952年就開始落實以教育培養人才的宗旨，擔任大醒法師在新竹舉行的「台灣佛教講習會」教務主任，藉教育來支援友寺並與之交流，是星雲人間佛教為第二波全球國際化播種期的開始。1953年李中和、蕭滬音教授等，繼之為現代佛教聖歌寫下「西方」、「弘法者之歌」等詞曲，並組

成佛教第一支歌詠隊，灌製佛教史上第一張唱片，則是以文化方式弘揚佛法。1962~1970年間，佛光山每年都或多或少持續在開發四大宗旨的活動，尤其1963年有了壽山寺、與1967年開創佛光山寺兩處據點後，有利於大力推動四大宗旨相關活動，所以這兩年的活動數有逐漸成長。1981年同時在台灣東部與北、中、南區設立極樂寺、慧慈寺、普賢寺、與靈山寺四座佛光山的分別院道場之後，配合宗旨推出的活動，就逐年在穩定的成長，尤其在1992年、1999年與2006年，為開發海外道場，佛光山推出國際弘化的活動，達到三次的高峰。

　　而佛光山開始有海外道場，始於1980年的馬來西亞清蓮堂，原為復仁法師所興建，老和尚圓寂後，直至1980年12月底，由佛光山馬來西亞籍依修法師接管。接著為1982年在美國拉斯維加斯的蓮華寺應緣而建，1988年覓得現址。1983年的馬來西亞蕉賴六里村禪淨中心，原為一神廟，1983年由佛光山的法師接管，才改為佛教道場。【159】1986年設立的關島佛光山，亦是日月光集團張姚弘影所贈，這些道場都是接受轉贈，而非由佛光山自己創建。直到1987年佛光山才自置夏威夷禪淨中心(見表5-2)。所以，從狹義角度而言，筆者將星雲人間佛教國際化播種期時間訂為1952年迄1987年；從廣義角度而言，只要星雲人間佛教繼續在海外開山闢土創建寺廟，星雲人間佛教國際化播種期時間則自1952年迄今，一直會延續到未來。

【159】　佛光山宗委會(2007)，《佛光山開山四十週年紀念特刊 8 佛光道場》，頁122。

表4-3星雲人間佛教國際化播種期四大宗旨活動時間表

成立時間	道場名稱	以文化弘揚佛法		以教育培養人才		以慈善福利社會		以共修淨化人心		合計		海外道場
1952				a	1					a	1	
1953	蘭陽別院	c	1							c	1	
1962						a	1			a	1	
1963	壽山寺	ac	2							ac	2	
1966		e	1							e	1	
1967	佛光山寺	e	1	a	1	b	1			abe	3	
1968				c	1					c	1	
1969				e	1					e	1	
1970				c	1					c	1	
1971	明見寺											
1973	信願寺											
1975	福山寺	e	1							e	1	
1976		a	1							a	1	
1978								c	1	c	1	
1980	普門寺 永和學社 圓福寺 福國寺											清蓮堂
1981	靈山寺 極樂寺 慧慈寺 普賢寺	d	1							d	1	

成立時間	道場名稱	以文化弘揚佛法		以教育培養人才		以慈善福利社會		以共修淨化人心		合計		海外道場
1982	圓明寺	d	1					e	1	de	2	美國賭城蓮華寺
1983	法寶寺	d	1	e	1					de	2	六里村禪淨中心
1984		a	1							a	1	
1985		2d	2							2d	1	
1986	北海道場	cd	2	e	1					cde	3	關島佛光山
1987	明崇寺海天佛剎							e	1	E	1	夏威夷禪淨中心
1988	員林講堂大明寺	ad	2			e	1			abe	3	西來寺西方寺
1989		ae	2							ae	2	馬來西亞佛光文教中心南方寺宿務慈恩寺舊金山三寶寺
1990	桃園講堂彰化講堂台南講堂屏東講堂	2d	2					c	1	c2d	3	大智圖書館佛光山鹿野苑

成立時間	道場名稱	以文化弘揚佛法		以教育培養人才		以慈善福利社會		以共修淨化人心		合計		海外道場
1991	岡山禪淨中心 安國寺 板橋講堂 南華學館	b	1					2e	2	b2e	3	
1992	擇善寺 月光寺 泰山禪淨中心 內湖禪淨中心 新營講堂 小港講堂 豐原禪淨中心	4d	4	e	1			2e	2	4d 3e	7	
1993	北港禪淨中心 佛光學社 寶華寺	d	1							d	1	
1994	台北道場 士林禪淨中心 新店禪淨中心 三重禪淨中心 淡水禪淨中心	c	1			c	1			2c	2	東禪寺
1995	旗山禪淨中心 鳳山禪淨中心 日光寺 金蓮淨苑	bd	2							bd	2	
1996	光明學苑 斗六禪淨中心 南華學舍	b	1			b	1	be	2	3b de	5	

成立時間	道場名稱	以文化弘揚佛法		以教育培養人才		以慈善福利社會		以共修淨化人心		合計		海外道場
1997	金光明寺 大慈佛社 寶塔寺 竹東大覺寺 南台別院	b	1							b	1	
1998	松山寺 鶯歌禪淨中心 草屯禪淨中心 魚池佛光山	ad	2					a2e	3	ad 2e	4	
1999	大林講堂	2b 2d	4	d	1	c	1			3bc 2d	6	
2001	妙法寺 潮州講堂	3d	3									
2002	清德寺 頭份宏法寺					a	1	a	1	2a	2	
2003	中壢禪淨中心 南屏別院	d	1			c	1	bde	3	b2c de	5	
2004	惠中寺 千佛禪寺 大慈寺 高雄佛教堂	ab 2d	4							ab 2d	4	
2005		ab 2d	4							ab 2d	4	
2006	劍潭古寺	a5d	6					c	1	ac 5d	7	
2007	鳳山講堂 礁溪會館	a2d	3							a2d	3	

年	寺院								
2008	南屏別院安樂精舍								
2010		b	1				b	1	
2012	紫雲寺	d	1				d	1	
2013		d	1				d	1	
2014	金剛寺	d	1				d	1	
2015		d	1				d	1	新馬寺
	73		65	9	8	18		95	

註：表內五項活動分別以 a b c d e 做代號。a 為推動國際佛教交流、b 為參與世界宗教交流、c 為與國際人士往來、d 為舉辦國際學術會議、e 為與奔走洲際弘法

第五章、星雲人間佛教國際化的開發期

　　本章將分為五個部分，分別探討星雲人間佛教國際化開發期的道場創建、產品製造、行銷弘化、財務管理與文化適應等，以便與星雲由中國抵台第一波國際化與在台本土化做比較，以找出兩波國際化的共同點與差異性，藉以釐清星雲人間佛教國際化的模式。

第一節、佛光山寺海外道場創建因緣

　　佛光山創辦人星雲為能弘法利生、廣度有緣，積極在全球各地建寺安僧度眾。自1980年接受馬來西亞清蓮堂，1982年在美國拉斯維加斯設立蓮華寺迄2016年，於台灣之外全球五大洲共創建了124個道場。其中在亞洲設有48個道場、在美洲創建38個道場、

在歐洲共有14個道場、在大洋洲共有14個道場、在非洲則有8個道場。佛光山的這些海外道場應不同的因緣而設立，大致可分為星雲首訪的因緣所促成、佛光會成立後法師的輔導需求、當地信徒邀請建寺或捐贈房地產供做佛堂，以及佛光山本身弘法發展的需求等四種因緣。下面將逐洲輔以表格說明之。

一、亞洲海外道場創建因緣

佛光山的48個亞洲海外道場，散佈在日本(6)、韓國(1)、馬來西亞(20)、新加坡(1)、菲律賓(5)、泰國(2)、香港(2)、澳門(1)、印度(2)、中國(8)等八國兩地，上列括弧內的數字指佛光山在該國已創建的道場數，如表5-1所示。在這些道場中，馬來西亞的清蓮堂最早受贈於1980年，之後在馬來西亞先後創立了20座佛光山的分別院道場，並附設一所東禪佛學院，道場數居亞洲各國之冠。其他菲律賓、印度亦各設有一所佛學院，以落實佛光山四大宗旨之一「以教育培養人才」，來培育當地的青年學僧。

佛光山在亞洲48個海外道場中，有12個道場是因星雲大師首訪的因緣而促成，分別為1995年成立的澳門禪淨中心、陸續於1995年、1999年、2001年成立的馬來西亞檳城佛光學舍、沙巴禪淨中心與馬口禪淨中心、1998年成立的韓國首爾佛光山寺、與印度佛光山加爾各答禪淨中心，以及2002年成立的日本本栖寺，2007年在中國成立的宜興大覺寺、2008年設立的揚州鑑真圖書館、2012年開幕的無錫滴水坊、2014年重新啟建的南京天隆寺、2015年落成的上海星云文教館等五國兩地，佔兩成半的比例。2007年之後才成立的揚州鑑真圖書館、無錫滴水坊、南京天隆寺、與上海星云文教館的啟建時間與因緣，是筆者於2015年9月5日參加佛光山全球徒眾在佛光山

舉辦的講習會時，藉機訪問派駐中國的當家妙士法師取得的資料。

佛光山在台灣以外亞洲八國兩地的道場，唯獨新加波與菲律賓道場的成立，非因星雲首訪的因緣所促成。先成立佛光會再設立的道場，只有日本東京佛光山寺、大阪佛光山寺、與馬來西亞芙蓉佛光緣、新山禪淨中心與新馬寺等六座道場，僅佔12.5%比例。

由信徒請法而設立的道場有五家，包括馬來西亞東禪寺與關丹禪淨中心、菲律賓宿務慈恩寺、馬尼拉佛光山、描戈律圓通寺，另有五間道場則是由當地人士贈予而促成，包含東京佛光山寺與福岡佛光山寺，都是由當地華僑西原佑一所捐贈，馬來西亞清蓮堂由復仁和尚捐贈、蕉賴六里村禪淨中心原由一神廟捐贈改教、怡保巴禪淨中心由當地華人殷國源捐贈，上述因緣設立的道場數佔22.91%。

因佛光山寺發展需求而設立的道場，則有日本裙馬佛光山法水寺、馬來西亞佛光文教中心、新加坡佛光山、菲律賓玉彬佛光緣、泰國曼谷文教中心與泰華寺、香港佛香講堂與香港佛光道場等五國一地18個道場，佔37.5%比例。泰國與香港各設有兩間道場，全是佛光山為發展需求而設立，是佛光山海外亞洲道場四種設立因緣中佔最高比例的項目。

2007年之後成立的馬來西亞斗湖佛光寺、新馬寺，與泰國泰華寺，亦是筆者於2015年9月5日參加佛光山全球徒眾在佛光山舉辦的講習會時，分別訪問服務馬來西亞佛光山道場的馬來西亞籍的滿道法師，與泰國泰華寺住持心定法師獲取的資料。

表5-1.佛光山亞洲48所道場成立時間與因緣表

國家	#	時間	道場名稱	星雲首訪	成立佛光會	信徒邀請或提供場所	發展需求
日本	1	1991-1993	東京佛光山寺		1991	1991西原佑一	
	2	1994	名古屋禪淨中心		支援華航空難		
	3	1998	大阪佛光山寺		1992	1991西原佑一	
	4	1999	福岡佛光山寺				
	5	2002	佛光山本栖寺	2001			
	6	2007	佛光山法水寺				2001
韓國	1	1998	首爾佛光山	1975			
馬來西亞	1	1980	清蓮堂			1980復仁和尚	
	2	1983	六里村禪淨中心			1983原一神廟	
	3	1989	馬來西亞佛光文教中心				1989
	4	1989	南方寺				1989
	5	1987-1990	大智圖書館				1987
	6	1994	東禪寺(另設佛學院)			1994	
	7	1995	適耕庄禪淨中心				1995
	8	1995	檳城佛光學舍	1963			

國家	#	時間	道場名稱	星雲首訪	成立佛光會	信徒邀請或提供場所	發展需求
馬來西亞	9	1996	峇株巴轄佛光緣				1999
	10	1996	芙蓉佛光緣		1994		
	11	1998	新山禪淨中心		1994		
	12	1998	關丹禪淨中心			1992	
	13	1999	沙巴禪淨中心	1998			
	14	1999	巴生佛光緣				1999
	15	1999	洗都禪淨中心				1999
	16	2001	馬口禪淨中心	1996			
	17	2001	怡保禪淨中心			2001殷國源	
	18	2002	直落七寶禪淨中心				1995
	19	2012	斗湖佛光寺			1987原為氣功療病所	
	20	2015	新馬寺		1994		
新加坡	1	1993	新加坡佛光山				1993
菲律賓	1	1989	宿務慈恩寺			1988	
	2	1993	馬尼拉佛光山(萬年寺)(另設佛學院)			1992	
	3	1995	玉彬佛光緣				1995

國家	#	時間	道場名稱	星雲首訪	成立佛光會	信徒邀請或提供場所	發展需求
	4	1999	怡朗佛光緣				1999
	5	2000	描戈律圓通寺			1991	
泰國	1	1996	泰國曼谷文教中心				1992
	2	2016	泰華寺				2012
印度	1	1992-1998	加爾各答禪淨中心	1998			
	2	2008	德里文教中心				2008
港澳	1	1991	香港佛香講堂				1991
	2	2000	香港佛光道場				2000
	3	1995	澳門禪淨中心	1989			
中國	1	2007	宜興大覺寺	1989			
	2	2007	蘇州嘉應會館				
	3	2008	揚州鑒真圖書館	2003			
	4	2008	上海大覺文化				v
	5	2012	無錫滴水坊	v			
	6	2014	南京天隆寺	1989			
	7	2015	北京光中文教館				v

國家	#	時間	道場名稱	星雲首訪	成立佛光會	信徒邀請或提供場所	發展需求
	8	2015	上海星云文教館	1989			星雲文化教育公益基金會"上海辦事處
8	48		8國+2地	12	6	11	18

上表乃筆者綜合《佛光山開山四十週年紀念特刊 8佛光道場》頁90-123與《佛光山2015我們的報告》頁97整理製表

二、美洲海外道場創建因緣

　　佛光山在美洲設立的40所海外道場，31所分佈在北美的美國與加拿大，一所道場在中美洲，以及八所道場在南美洲，如表5-2所示。其中以美國設立的25所佔62.50%最高比例。40所美洲海外道場以拉斯維加斯蓮華寺最早於1982年設立，加拿大溫哥華佛光山與巴西如來寺，雖然都是於1992年分別在加拿大與南美最早設立的佛光山道場，但都已晚於蓮華寺的設立十年。迄2009年位於加州首府沙加緬都，以越南信徒為主的菩提寺轉贈佛光山為止，[1]三十多年間促成佛光山能在美國設立多達25所的道場。

　　佛光山25所美國海外道場的創建因緣，五所因星雲首訪與兩

---

[1]　佛光山北加州道場www.ibpsfremont.org/tc/nc_temples_tc.html 2015.9.6

所為其弟子首訪的因緣而促成，四所則為先成立佛光會再設立道場的因緣而設，四所是由信徒請法而設立的道場，另外12所道場配合佛光山寺發展需求而設立。可見星雲視美國為其推動人間佛教於全球的海外重要據點。

佛光山六所加拿大海外道場的創建因緣，以溫哥華佛光山與渥太華佛光山兩座道場因星雲首訪而創建，其餘三項因緣促成多倫多佛光山、愛明頓講堂與滿地可華嚴寺各一間道場的成立。較晚於2002年成立的多倫多滑鐵盧佛光緣，則是由多倫多佛光山應當地華裔信徒的邀請所設置，兼顧附近滑鐵盧大學的校園弘法。

佛光山中美洲唯一道場哥斯大黎加福慧精舍，1994年受贈於當地華僑；往南的佛光山南美洲八個道場中，從1992年至1997年先後成立的巴西如來寺、巴拉圭禪淨中心、巴西里約禪淨中心、巴西海習飛佛光緣、巴拉圭亞松森禪淨中心、與阿根廷佛光山等六所道場，都源於星雲於1992年的首訪，同時主持或促成當地佛光會的成立，故在下列表5-2將這六所道場的成立因緣，同時歸為星雲首訪與成立佛光會。佛光山南美道場中有四所在巴西，之後陸續加上信徒捐贈土地房舍的因緣，加速星雲人間佛教在南美洲的推動，尤其是巴西如來寺日後發展成佛光山南美洲的總本山。之後於2002年因佛光山在巴西的發展需求，才增設了巴西聖保羅佛光緣。可見南美洲早期華裔移民大多事業有成，渴望佛法滋潤的程度。佛光山在南美洲巴西、巴拉圭、智利與阿根廷四個國家共設有八個道場，其中一半道場座落在巴西，是否促進星雲人間佛教在巴西本土化能成功的助力，將在下一章探討。

佛光山在美洲七個國家設立的40所海外道場的四種設立

因緣，因星雲首訪或其弟子首訪的因緣而促成有15所(13+2)佔39.47%，星雲1976年先拜訪美國，1992年才赴加拿大與南美洲，導致這兩個地區的道場開發足足晚了美國16年。先成立佛光會再設立道場的因緣有12所佔37.5%，由信徒請法或捐房贈地而設立的道場有13所佔32.5%，另外14所道場配合佛光山寺發展需求而設立佔36.84%。在這四種道場設置的因緣中，雖然以星雲首訪的因緣居高，但與其他三種因緣差距不大，較為平均，如表5-2所示。

表5-2.佛光山美洲40所道場成立時間與因緣表

國家	#	時間	道場名稱	星雲首訪	成立佛光會	信徒邀請或提供場所	發展需求
美國	1	1982	拉斯維加斯蓮華寺				1982
	2	1986	關島佛光山	1986		1986張姚宏影	
	3	1987	夏威夷佛光山				1987
	4	1988	西來寺	1976			
	5	1988	西方寺				1988
	6	1989	舊金山三寶寺				1989
	7	1990	紐約鹿野苑				1990
	8	1991	紐約道場				1991
	9	1993	鳳凰城禪淨中心				1993
	10	1993	丹佛講堂	1991心定	1992		
	11	1993	達拉斯講堂	1992			
	12	1994	休士頓中美寺		1995		
	13	1994	奧斯汀香雲寺	1994			

國家	#	時間	道場名稱	星雲首訪	成立佛光會	信徒邀請或提供場所	發展需求
	14	1995	新州佛光山	1994			
	15	1998	波士頓三佛中心	1990 慧開			
	16	1998	邁阿密佛光山				1996
	17	1999	玫瑰陵				1995
	18	2001	聖路易禪淨中心			1998	
	19	2001	奧克蘭佛光山			2001	
	20	2003	佛立門文教中心				2001
	21	2003	芝加哥禪淨中心		2002		
	22	2004	南灣佛光山				2004
	23	2004	佛州光明寺			2002蔡依仁	1992
	24	2005	北卡佛光山		1992		
	25	2009	菩提寺			2009	
	25		1國	5+2	4	4	12
加拿大	1	1992	溫哥華佛光山	1992			
	2	1992	多倫多佛光山				1990
	3	1994	愛明頓講堂		1994		
	4	1996	滿地可華嚴寺			1991	
	5	1999	渥太華佛光山	1998			
	6	2002	多倫多滑鐵盧佛光緣			2001	
	6		1國	2	1	1	1

國家	#	時間	道場名稱	星雲首訪	成立佛光會	信徒邀請或提供場所	發展需求
中美洲	1	1994	哥斯大黎加福慧精舍			1994	
南美洲	1	1992	巴西如來寺	1992	1992	1992	
	2	1993	巴拉圭禪淨中心	1992	1992		
	3	1995	巴西里約禪淨中心	1992	1993	1995斯子林	
	4	1997	巴西海習飛佛光緣	1992	1993		
	5	1997	巴拉圭亞松森禪淨中心	1992	1992	1997	
	6	1997	阿根廷佛光山	1992	1993	1997	
	7	2002	智利佛光山		2000	2001	
	8	2002	巴西聖保羅佛光緣				2002
計	9		5國	6	7	6	1
美加中南美合計			7國/40道場	13+2星雲弟子	12	13	14

上表乃筆者綜合《佛光山開山四十週年紀念特刊 8佛光道場》頁126-165與《佛光山2015我們的報告》頁97整理製表

三、歐洲海外道場創建因緣

　　佛光山自1990年購置巴黎古堡後，為了方便在巴黎市區弘法，1991年中，在巴黎市區租屋設立巴黎道場、1992年初在歐洲創立英國倫敦佛光山之後，迄2013年期間，陸續在德國、瑞典、瑞

士、荷蘭、比利時、奧地利、西班牙、葡萄牙等十個國家，共設立了14所道場。2013年落成啟用的佛光山法華禪寺(Fo Guang Shan France)，位於大巴黎地區塞納-馬恩省77區的布西聖喬治(Bussy Saint Georges)宗教區，是目前全歐洲最大的佛教寺院，也是佛光山在歐洲的總部。【2】佛光山在歐洲十個國家所設置的14所道場中，在法國、英國、德國與瑞士等四個國家各設立了兩所道場。其中除了巴黎佛光山、柏林佛光山與佛光山法華禪寺，因佛光山在歐洲發展的需求而設立、荷蘭荷華寺與維也納佛光山為應信徒邀請/提供場所而成立外，其他九個道場，都是先成立佛光會的因緣再設立道場幾乎佔約65%高比例，如表5-3所示。

表5-3.佛光山歐洲14所道場成立時間與因緣表

#	時間	道場名稱	星雲首訪	成立佛光會	信徒邀請或提供場所	發展需求
1	1991	巴黎佛光山	1990			1990巴黎古堡
2	1992初	倫敦佛光山		1992		
3	1992	柏林佛光山	1994			
4	1996	曼城佛光山		1993		
5	1996	瑞典佛光山		1994		
6	1996	瑞士佛光山		1992		
7	1996-2000	荷蘭荷華寺			1992	

【2】 法華禪寺 維基百科https://zh.wikipedia.org/zh-tw/法華禪寺http://www.foguangshan.fr/ 2015.9.27

#	時間	道場名稱	星雲首訪	成立佛光會	信徒邀請或提供場所	發展需求
8	1998	比利時佛光山		1997大師主持		
9	1998	奧地利維也納佛光山			1995	
10	2003	法蘭克福佛光山		1996		
11	2004	西班牙佛光山		1994		
12	2004	葡萄牙佛光山		1995		
13	2005	佛光日內瓦會議中心		UN member		
14	2013	佛光山法華禪寺				2006
14		10國	2	9	2	1

上表乃筆者綜合《佛光山開山四十週年紀念特刊 8佛光道場》頁168-185與《佛光山2015我們的報告》頁97整理製表

四、大洋洲海外道場創建因緣

　　自1989年迄2011年，佛光山在大洋洲共設立了14所海外道場，分佈在澳洲、紐西蘭和巴布新幾內亞三個國家，其中11所道場在澳洲，兩所道場在紐西蘭，一所道場在巴布新幾內亞，如表5-4所示。這些道場當中，澳洲布里斯本中天寺最早於1989年設立，前身為中天精舍，是星雲在1989年首訪澳洲後即刻成立的道場。雪梨近郊臥龍崗南天寺亦是星雲在1989年首訪澳洲三年後即成立的道場。墨爾本佛光山則是1992年星雲首訪墨爾本後設立的道場。可見

座落澳洲東海岸三大主要城市的佛光山道場，都是星雲首訪考察後決定設置的道場，其在澳洲的地理位置上，佔有相當的方便性與重要性。2012年最晚成立的佛光山爾有寺，座落澳洲墨爾本白馬市中心，是佛光山考量在當地更進一步的發展需求，於2009年即開始籌劃募建。【3】

紐西蘭北島與南島佛光山以及佛光山西澳道場三所道場，都是在佛光會成立後法師為輔導方便而設立。1997年紐西蘭奧克蘭信徒黃明泰，捐給紐西蘭北島佛光山現址，才得以新建成現的紐西蘭北島佛光山。另外巴布新幾內亞文殊精舍亦是鍾志強居士在1996年捐贈予佛光山，當時是筆者親至現場講演兼考察後接收下來。隨後在北雪梨成立的佛光緣，亦是信徒捐贈房舍而成立。其餘南天講堂、黃金海岸禪淨中心、雪梨佛光緣、南雪梨佛光緣、墨爾本佛光緣與佛光山爾有寺六處，則都是應佛光山在澳洲發展的需求而設，如表5-4所示。佛光山在大洋洲道場的發展，在美國西來寺之後，故有西來寺的範本可參考，且有友善便民的澳洲當地政府協助解決居留問題，在發展方向上較明確有效。

表5-4.佛光山大洋洲14所道場成立時間與因緣表

#	時間	道場名稱	星雲首訪	成立佛光會	信徒邀請或提供場所	發展需求
1	1989	中天寺	1989			
2	1991	南天講堂				1991
3	1991	紐西蘭北島佛光山		1991	1997黃明泰	

【3】 筆者於2015年9月5日參加佛光山全球徒眾在佛光山舉辦的講習會時，訪談服務澳洲墨爾本佛光山道場的永威法師，獲得的資料。

#	時間	道場名稱	星雲首訪	成立佛光會	信徒邀請或提供場所	發展需求
4	1992	南天寺	1989			
5	1993	黃金海岸佛光緣				1993
6	1993	紐西蘭南島佛光山		1991		
7	1994	墨爾本佛光山	1992			
8	1994	西澳道場		1993		
9	1995	雪梨佛光緣				1995
10	1996	巴布新幾內亞文殊精舍			1996鍾志強	
11	1997	北雪梨佛光緣			1996	
12	2000	南雪梨佛光緣				2000
13	2002	墨爾本佛光緣				2002
14	2012	佛光山爾有寺				2009
14		3國	3	3	3	5

上表乃筆者綜合《佛光山開山四十週年紀念特刊 8佛光道場》頁186-199與《佛光山2015我們的報告》頁97整理製表

五、非洲海外道場創建因緣

　　佛光山自1993年迄2004年，在非洲共設立了八所海外道場，六所的成立集中在1993~1996年間，南華寺附設一所佛學院，招生對象全為當地的青年。開普敦禪淨中心與2004年才成立的賴索托妙覺佛堂，都源於星雲在1994年首訪後所成立。1996年成立的德本禪淨中心，則是在1992年佛光會成立之後應運而生。在這八所道場中除了普覺佛堂是度眾需求所設立，與開普敦禪淨中心是因佛光會的

輔導需求而成立外，其餘六所均為應信徒邀請或信徒提供場所而成立，佔75%高比例，非洲的此項成立因緣，居佛光山五大洲海外道場之首，極具特色，如下表5-5所示。

表5-5.佛光山非洲8所道場成立時間與因緣表

#	時間	道場名稱	星雲首訪	成立佛光會	信徒邀請或提供場所	發展需求
1	1993	布魯芳登禪淨中心			1992	
2	1993	新堡禪淨中心			1992	
3	1994	南華寺			1992	
4	1994	普覺佛堂				1994
5	1994	開普敦禪淨中心	1994	1994		
6	1996	德本禪淨中心		1992	1996	
7	2001	剛果黑角佛光緣			1993	
8	2004	賴索托妙覺佛堂	1994		1995?	
8		3國	2	2	6	1

上表乃筆者綜合《佛光山開山四十週年紀念特刊 8佛光道場》頁200-207與《佛光山2015我們的報告》頁97整理製表

六、小結

截至2015年12月，台灣佛光山分別在五大洲設立的海外道場總數為124個，分佈在31個國家。以歐洲的十個國家數最多，其次為亞洲八國、美洲七國、大洋洲三國、非洲三國。道場數則以亞洲48所道場居冠，其次為美洲40所道場，歐洲14所道場、大洋洲為14所道場、非洲8所道場。124個道場的四種創立因緣中，以佛光山本身發展需求而設的道場39所居高，為信徒邀請或信徒提供場所而設

立的道場35所居次，隨後為星雲首訪後設立的34處道場，成立佛光
會後有法師輔導需求所設的道場32所殿後。由於部分道場兼具兩種
設立因緣，故四種道場成立因緣總數不等於道場總數。如表5-6所
示。

表5-6.佛光山五大洲海外道場成立因緣統計表

洲名	設立年代	國數/道場數	星雲首訪	成立佛光會	信徒邀請或提供場所	發展需求
亞洲道場	1980-2007	8國/48道場	12	6	11	18
美洲道場	1982-2005	7國/40道場	15	12	13	14
歐洲道場	1992-2005	10國/14道場	2	9	2	1
大洋洲道場	1989-2002	3國/14道場	3	3	3	5
非洲道場	1993-2004	3國/8道場	2	2	6	1
五大洲	1980-2007	31國/124道場	34	32	35	39

佛光山在五大洲的124個海外道場，設立時間始於1980年亞洲
馬來西亞的清蓮堂，原為復仁法師創辦送予佛光山經營。之後在這
35年期間，佛光山陸續在美洲、大洋洲、歐洲及非洲設立海外道
場，終於2016年始竣工的泰國泰華寺。派駐這些海外道場擔任住持
的人選，不乏星雲的馬來西亞華裔弟子，其次為國際學部英文組與
日文組的畢業僧，或者完成佛光山佛學院養成教育來自各國的華裔

弟子。比較星雲第二波全球國際化的道場，與星雲人間佛教第一波由中國到台灣的國際化後的本土化道場設立，其同異如下：

(一)星雲人間佛教兩波國際化道場設立相同點：

1.第一波星雲人間佛教在台灣本土化道場分北、中、南、東四區設立與管理，第二波海外道場則依五大洲來設立與管理，兩者都是依區域來劃分。

2.兩波國際化設立道場的命名，都依所在地的地理位置、行政層級與人口總數來命名。晚期為了方便分辨海外散佈五大洲的道場，較多在所在城市名後冠上佛光山。

3.兩波國際化道場成立因緣的「因信眾捐贈而設」，同樣有偏重台灣北區與南美巴西等地現象，都是信徒較早移民落腳、經濟能力較佳、佛教發展較早的地區。

4.在25年的海外道場開創期間，九〇年代達到興建道場的高峰期，尤其是九三年同時在五大洲都設有新道場，九四年新設道場數高達11所的顛峰。之後逐漸減少新道場的設立，2000年後保持較平穩的發展，到了2006年突然完全停止新設道場，且有關閉某些海外道場的意圖。晚近幾年來除了中國大陸祖庭相關寺廟的復興建設，與歐洲法華禪寺以及澳洲爾有寺外，就少有再成立海外道場了，如表5-7與圖2所示。與星雲人間佛教第一波在台灣的國際化後的本土化道場設立發展圖極為相似，都是呈現山形發展，2006年亦停止新設道場。筆者認為佛光山在海外如雨後春筍般開闢道場到一定數量後，需要進一步強化弘法相關軟體，並做弘法成效的自我評估與適度的發展調整。

(二)星雲人間佛教兩波國際化道場設立相異點：

　　1.第一波星雲人間佛教由中國到台灣後的本土化所設立的道場只在台灣,而第二波國際化海外道場分佈在全球五大洲31個國家。

　　2.佛光山在海外創立道場迄今已歷30年,創設道場總數124個,高於台灣本島30年間設立的75座道場。筆者認為台灣雖腹地小,無法與五大洲抗衡,但依比例來看,台灣本土化的75座道場分佈全台的密度,是極度高於分佈五大洲的124個海外道場。

　　3.第一波星雲人間佛教在台灣本土化的建寺終於2014年,不再像第二波國際化海外道場在2015-2016年間有再陸續設置四所道場。

　　4.第一波星雲人間佛教在台灣本土化時間始於1953年,早於第二波全球海外道場本土化1980年的時間27年,是星雲帶著僧、信二眾弟子,一步一腳印邊做邊學開創出來的,並無移植樣板可供參考。

　　5.星雲人間佛教第二波國際化海外道場設立的因緣之一「因星雲首訪的因緣而設立的道場」有27處,第一波在台灣本土化過程中設立的道場則無此類因緣。

　　6.星雲人間佛教兩波國際化的道場設立因緣,因國際佛光會的成立界於兩波之間的1991年後,形成第二波國際化海外道場設立的因緣之一「先成立佛光會有法師輔導需求再設立道場」的因緣有30座道場,高出第一波在台灣同因緣成立的五所本土化道場許多。(見表5-7)

　　7.星雲人間佛教第二波國際化海外道場派任住持人選,偏重在當地語言與國際因緣的考量,以星雲的馬來西亞華裔弟子佔多數,其次為國際學部英文組與日文組的畢業僧,或者完成佛光山佛學院

養成教育來自各國的華裔弟子。與第一波台灣本土化道場以台灣人為主的住持比較，佛光山海外道場的住持選項顯然比較多元化。

表5-7.佛光山五大洲海外道場成立時間與台灣本土化道場成立數對照表

時間	亞洲	美洲	歐洲	大洋洲	非洲	海外道場成立數	台灣道場成立數
1953							1
1963							1
1971							1
1973							1
1975							1
1980	1					1	4
1981							4
1982		1				1	1
1983	1					1	1
1986		1				1	1
1987	1	1				2	2
1988		2				2	2
1989	3	1		1		5	
1990			1			1	4
1991	2	1	1	2		6	4
1992	1	3	2	1		7	7
1993	2	4		2	2	10	3
1994	2	4		2	3	11	5
1995	4	2		1		7	4

時間	亞洲	美洲	歐洲	大洋洲	非洲	海外道場成立數	台灣道場成立數
1996	3	1	4	1	1	10	3
1997		3		1		4	5
1998	4	2	2			8	4
1999	5	2				7	1
2000	2			1		3	
2001	2	2			1	5	2
2002	2	3		1		6	2
2003		2	1			3	1
2004		2	2		1	5	4
2005		1	1			2	
2007	3					3	2
2008	3					3	1
2009		1				1	
2012	2		1	1		4	1
2014	1					1	1
2015	3					3	
2016	1					1	
Total	48	40	14	14	8	124	74

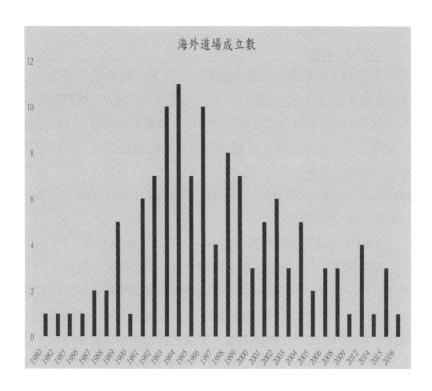

圖2.佛光山五大洲海外道場成立時間與數量圖

第二節、星雲人間佛教第二波海外國際化產品製造

　　星雲人間佛教第一波國際化後在台灣本土化的產品,已在第三章分為文字出版、傳媒影音與佛曲音聲等三類介紹過。如今星雲人間佛教第二波的海外國際化,是否如道場的設立般,將在台灣製造的這些產品,照單移植到全球各地,是本節主要探討的議題,亦

分為如上三類檢視說明如下：

一、文字出版

　　星雲為了推動其人間佛教國際弘化，有生產製造各種語文的佛教書籍產品的急迫性，於1996年在美國西來寺設立「國際翻譯中心」總部，並在全球各別分院設立分部，延攬各種語言人才從事佛教翻譯工作。成立迄今，將佛經典籍有系統地翻譯成二十幾種語言，目前則以翻譯星雲《人間佛教系列》為主。其實在成立「國際翻譯中心」總部之前的1993年，《星雲禪話》(Hsing Yun's Chan Talk)早已被英譯發行。

　　2001年另設「美國佛光出版社」，專司出版與發行。【4】由原來「國際翻譯中心」的產品加工製造，到「美國佛光出版社」的出版行銷，一氣喝成。然而這種企業式的管理經營模式亦移植自星雲第一波台灣本土化的「佛光出版社」經營模式。下列「美國佛光出版社」各類出版品已出版的數量，緊接在種類後面以括弧陳現。可分為當代文學類(40)、經典文選(10)、圖書類(4)、藝文類(5)、中英文系列(6)、1997年人間佛教英文小叢書類(47)、佛學入門(3)、短篇故事(5)等，其中以目前積極翻譯的星雲《人間佛教系列》譯本最多。根據筆者2015年7月6日蒐集到由該出版社提供的出版目錄，統計其使用語文則有英文(145)、西班牙文(55)、葡萄牙文(37)、法文(30)、德文(20)、瑞典文(5)、荷蘭文(2)、俄文(6)、烏克蘭文(2)、越南文(26)、日文(21)、韓文(21)、錫蘭文(15)、印尼文(13)、尼泊爾文(7)、泰文(4)、孟加拉文(3)、印度文(3)、特魯古文(5)、淡米爾文

【4】　參閱佛光山宗委會(2007)，《佛光山開山四十週年紀念特刊 4 文化藝術》，頁26。

(3)等。【5】(見附錄一)在這二十種語文譯本中，以英文居冠，其次為西班牙文譯本。

上述英譯經典文選包括2001年譯出《八大人覺經講話》(The Great Realization)、2002年譯出《藥師經及其修持法門》(Sutra of the Medicine Buddha With an Introduction Comments and Prayers)與《從四聖諦到四弘誓願》(From the Noble Truths to the Four Universal Vows)、2010年譯出《六祖壇經講話》(The Rabbit's Horn) 與《菩薩行證》(Infinite Compassion, Endless Wisdom)、2011年譯出《觀世音菩薩普門品講話》(The Universal Gate)、2012年譯出《成就的秘訣─金剛經》(Four Insights for Finding Fulfillment-A Practical Guide to the Buddha's Diamond Sutra)等。【6】

佛陀故事則包括2008年《釋迦牟尼佛傳》(The Biography of Sakyamuni Buddha)、2008年《六波羅密的啟示》(Traveling to the Other Shore)，與2009年《修行與慈悲的啟示》(Footprints in the Ganges)。其他如1998年譯出《人間佛教的經證》(Being Good)，1999年譯出《中國禪修入門》(Only A Great Rain – A Guide to Chinese Buddhist Meditation)，2000年譯出《佛法入門》Lotus in A Stream與《佛光菜根譚》(Humble Table Wise Fare)、2001年譯出《金剛經講話》(Describing the Indescribable) 與《八大人覺經》(Buddhism Pure and Simple)，2002年譯出《星雲說偈》1,2錫蘭文、(Buddhism – Core Idea)與《佛光學》(Understanding the Buddha's

---

【5】 Buddha Light Publishing http://blpusa.com/catalog
【6】 參閱佛光山宗委會(2007)，《佛光山開山四十週年紀念特刊 4 文化藝術》，頁26。

Light Philosophy)，2003年譯出葡文《佛法概論》(Living Affinity)
與《人間佛教的藍圖》(Humanistic Buddhism-A Blueprint for life)，
2004年譯出《傳燈─星雲大師傳》(Handing Down the Light-The
Biography of Venerable Master Hsing Yun)、《星雲說偈》(Cloud
and Water)、《自在的人生》(The Carefree Life)與《佛教與生活》
(Living Affinity)，2005年譯出《佛法》(Keys to Living Well)，2006
年譯出《佛法要義》(The Core Teaching)、《迷悟之間》(Between
Ignorance and Enlightenment)、與《人間佛教的基本思想》(Essence
of Buddhism)、2007年《星雲法語》(The Mind of A Practitioner
Dharma Words)與《禪話禪畫》(Chan Heart Chan Art)、2009年《人
間佛教的經證》(Being Good)、2010年《人間佛教的戒定慧》(For
All Living Beings)、2013年《人間佛國》(Buddha Land in the Human
World)與《人生百事》(Hundred Tasks of Life)，(附錄一)與佛教教科
書等近百種產品，做為佛光山僧俗二眾弟子在全球各地推動星雲人
間佛教的利器。

　　佛光山首波國際化在台灣本土化過程中，於1959年成立「佛
教文化服務處」，之後擴大為「佛光出版社」，從1957年編輯
《覺世旬刊》到1979年創辦《普門雜誌》，2001年轉型為《普門
學報》、《法藏文庫》，1977年編纂《佛光大藏經》、1978年印行
《佛光大辭典》到1987年出版《佛教史年表》。這些早期創辦的雜
誌、學報、大藏經、與大辭典等工具書，未見佛光山所屬的海外翻
譯中心，有做任何外文翻譯，反而可見《佛光大藏經》與《佛光大
辭典》在越南有當地佛寺自行越文翻譯發行。佛光山1979年出版的
四冊《星雲大師講演集》，與1999年出版的《中國佛教百科叢書》

與《佛光教科書》，亦未見在1996年才於美國西來寺成立的「佛教
文化服務處」有任何語文完整的翻譯本，(見表5-6星雲文字出版及
其外文譯本對照表)唯見少數幾篇《星雲大師講演集》選擇性的英
譯，如佛教的〈佛教與生活〉等。顯然星雲人間佛教第二波國際化
後的本土化的文字出版，起步時間本來就比較晚，加上作品翻譯耗
時費力需要經費，無法媲美於首波國際化在台灣本土化的文字出
版。但佛光山為因應第二波國際化的弘法需求，特別選譯適合本土
化根基需求的佛法產品，如表5-6。

表5-6星雲文字出版及其外文譯本對照表

#	中文書名	出版年代	英文譯本	西文	葡文	德文	瑞典	日文	韓文	法文	錫蘭	印尼文	尼泊爾	印度文	越南文	特魯古	孟加拉	俄文	荷蘭文	烏克蘭	淡米爾	備註
1	觀世音菩薩普門品講話	1953	2001																			
2	無聲息歌唱	1953	V																			
3	玉琳國師傳	1954													V							
4	釋迦牟尼佛傳	1955	2008																			
5	十大弟子傳	1959													V							
6	八大人覺經講話	1960	2001		V										V							
7	佛教故事大全	1961																				
8	中英佛學辭典	1962																				
9	中英對照佛學叢書	1962																				

#	中文書名	出版年代	英文譯本	西文	葡文	德文	瑞典	日文	韓文	法文	錫蘭	印尼文	尼泊爾	印度文	越南文	特魯古	孟加拉	俄文	荷蘭文	烏克蘭	淡米爾	備註
10	覺世論叢	1965																				
11	佛教童話集	1965																				
12	海天遊踪	1979																				
13	星雲大師講演集	1979																				
14	星雲禪話	1987	1993	V	V	V		V												V		
15	星雲日記	1989			V	V																
16	星雲說偈	1992	V				V	V	V		V								2002		V	
17	星雲法語	1993	2007	V				V	V			V										泰
18	佛教叢書	1995																				
19	中國佛教高僧全集	1995																				
20	中國佛教經典寶藏	1996																				

#	中文書名	出版年代	英文譯本	西文	葡文	德文	瑞典	日文	韓文	法文	錫蘭	印尼文	尼泊爾	印度文	越南文	特魯古	孟加拉	俄文	荷蘭文	烏克蘭	淡米爾	備註
21	百喻經圖畫書	1996		V																		
22	金剛經講話	1997	2012							V												
23	中國佛教百科叢書	1999																				
24	佛光教科書	1999																				
25	往事百語	1999						V														
26	六祖壇經講話	2000	2010	V		V				V		V										
27	佛光祈願文	2000	V	V																		
28	佛教高僧漫畫全集	2004																				
29	迷悟之間	2004	2006	V	V	V	V	2008	V		V	V									V	泰
30	禪門語錄	2004																				

#	中文書名	出版年代	英文譯本	西文	葡文	德文	瑞典	日文	韓文	法文	錫蘭	印尼文	尼泊爾	印度文	越南文	特魯古	孟加拉	俄文	荷蘭文	烏克蘭	淡米爾	備註
31	佛光菜根譚	2007	2000			V	V	2008				V	V	V	V			V	V	V		泰
32	人間佛教語錄	2008																				
33	人間佛教論文集	2008																				
34	人間佛教當代問題座談會	2008	V																			
35	人間佛教書信選	2008																				
36	人間萬事	2009																				
37	百年佛緣	2013																				
38	Lotus in a Stream		2000																			

#	中文書名	出版年代	英文譯本	西文	葡文	德文	瑞典	日文	韓文	法文	錫蘭	印尼文	尼泊爾	印度文	越南文	特魯古	孟加拉	俄文	荷蘭文	烏克蘭	淡米爾	備註
39	Describing The Indescribable Buddhism		2001																			
40	Pure and Simple Buddhism		2001																			
41	Buddhism—Core Idea																		2002			
42	佛光學		2002																			
43	藥師經及其修持法門		2002		V																	
44	從四聖諦到四弘誓願		2002																			
45	佛法概論				V	2003																

#	中文書名	出版年代 英文譯本	西文	葡文	德文	瑞典	日文	韓文	法文	錫蘭	印尼文	印尼 泊爾文	印度文	越南文	特魯古	孟加拉	俄文	荷蘭文	烏克蘭文	淡米爾	備註
46	人間佛教的藍圖	2003										V									
47	傳燈—星雲大師傳	2004		V			V				V										泰
48	自在的人生	2004																			
49	佛教與生活	2004																			泰
50	佛法	2005																			
51	佛法要義	2006																			
52	人間佛教的基本思想	2006	V	V	V				V												泰
53	禪話禪畫	2007																			
54	六波羅密的啟示	2008																			
55	修行與慈悲的啟示	2009																			

#	中文書名	出版年代	英文譯本	西文	葡文	德文	瑞典	日文	韓文	法文	錫蘭	印尼文	尼泊爾文	印度文	越南文	特魯古	孟加拉	俄文	荷蘭文	烏克蘭	淡米爾	備註
56	人間佛教的經證		2009	V	V	V	2008															
57	人間佛教的戒定慧		2010	V					V					V			V		V			
58	菩薩行證		2010																			
59	人間佛國		2013	V					V					V								
60	人間佛國		2013																			
			37	6	36	11	7	5	2	7					4	3	1	1				

上表乃筆者參閱佛光山宗委會(2007)，《佛光山開山四十週年紀念特刊 4 文化藝術》，頁38-60。整理製表

　　在美國西來寺翻譯中心出版的作品中，亦包含星雲僧俗二眾弟子的英文著作或翻譯出版，主要以學術著作居多，異於台灣佛光出版社為星雲弟子出版的散文類作品。這些學術著作包括：釋依法2002年《守護心》(Safeguarding the Heart- A Buddhist Response to Suffering and September 11)與2007年《真實性—去蕪存菁》(Authenticity- Clearing the Junk: A Buddhist Perspective)，釋永東2002年《趣向智慧的捷徑》(The Short March to Wisdom)、釋慈莊2010年的《法相》(Fa Xiang – A Buddhist Practitioner's Encyclopedia)、釋心定《禪定與智慧》(Meditation and Wisdom)、釋永有2010年的博士論文《金剛經與中國文化》(Diamond Sutra and Chinese Culture)、釋覺瑋2013年的博士論文《佛誕節的本土化與演變》(Parading the Buddha- Localizing Buddha's Birthday Celebrations)，與西來大學前教務長Ananda W.P. Guruge 2004年《佛法大意》(What in Brief is Buddhism?)、與2006年《人間佛教社會福利觀》(Humanistic Buddhism for Social Wellbeing)，以及符芝瑛《雲水日月》(Bright Star Luminous Cloud)等。(見附錄一)上述星雲與其弟子的外文出版品成了海外道場弘法的有利產品，這些書籍又透過全球最大網路銷售書店亞馬遜網站(Amazon.com)上市，並與美國著名連鎖書店博得書店(Borders.com)及邦諾書店(Barnes & Nobles)協議合作，透過網路銷售。[7] 佛光山美國「國際翻譯中心」結合現代科技的網路聯盟行銷其出版書籍確是當前必取的捷徑，也是第二波國際化不同於第一波在台灣的本土化產品行銷借力使力的策略。然而，第二波

---

[7] 佛光山宗委會(2007)，《佛光山開山四十週年紀念特刊 4 文化藝術》，頁26。

國際化產品侷限在紙版書籍，乏影音製品，不似第一波在台灣的本土化產品的多元化。但佛光山在海外的華人信徒，還是可藉由台灣「佛光出版社」或「香海文化公司」所出版發行的影音產品來薰習佛法。

除了美國西來寺翻譯中心總部之外，在澳洲南天寺、巴西如來寺、與歐洲法國巴黎佛光山，亦陸續投入當地語文的翻譯出版。繼於1999年在馬來西亞成立馬佛光文化公司，肩負馬新兩地中文簡體字文化區。馬佛光文化除了發行《普門》雜誌與簡體字版出版品外，也負責佛光山海外出版品、「人間音緣」等影音產品的發行與代理，並經常舉辦講座、茶話會、電影分享會、圖片欣賞會、佛教音樂賞析會，以及推動人間音緣佛曲的傳唱等各種活動。【8】這也是第二波國際化在五大洲同時設立翻譯中心，藉助當地語文人力資源共同進行不同語文的產品製造，再由美國西來寺翻譯中心總部統籌彙整，不同於第一波在台灣的本土化產品無需翻譯加工。所譯出的作品中，經典類產品比台灣本土化弘法多元，星雲人間佛教類比例相當高，可看出是經過篩選過，選出適合海外本土當代社會及文化的現代思想的產品。

在此可用一般產品的三個層次來說明比對，首先核心產品是指上述翻譯印製出的人間佛教產品，提供給購買者的直接法喜受用的利益和解決問題、去除煩惱的效用；形式產品則是指這些出版品在市場上出現的物質實體外形，包括產品的品質、特徵、造型、商標和包裝等；延伸產品是指整體產品提供給顧客的一系列附加利

【8】　佛光山宗委會(2007)，《佛光山開山四十週年紀念特刊 4 文化藝術》，頁28。

益，包括可在Amazon.com等網上訂購，不用親自現身書局購買，既省時又省事，給予消費者的好處。這是有異於佛光山在台灣島內行銷手法。

二、傳媒影音

　　在星雲人間佛教第二波五大洲國際化的傳媒影音產品上，不似上述西來寺翻譯中心總部文字翻譯出版上的積極，未見佛光山海外道場做任何統籌規劃與開發，幾乎完全延用第一波國際化在台灣本土化所製造的傳媒影音產品，連線人間衛視、訂閱《人間福報》與採用香海文化事業有限公司發行的現代及傳統的佛教梵唄、心靈音樂、演奏音樂、有聲書等。筆者推測有三種情況所致，其一星雲人間佛教第二波國際化的進程仍停留在接引華人的階段，台灣製造的華語傳媒影音產品足敷使用；其二第二波國際化接引的當地人習慣紙本閱讀；其三在為海外本地人說法時，星雲需透過其弟子以英語等外語口譯，無法直接傳達理念易產生隔閡。故有些佛光山海外道場，會依實際需要另行開發製作影音產品，如加拿大多倫多佛光山與當地電台合作，在道場自行設置錄音室，錄製粵語廣播節目，每週兩次定時在空中廣播。這些廣播節目後製流通亦成了海外國際化的語音產品，唯只適用於講粵語的華人，有其侷限性。

三、佛曲音聲

　　星雲人間佛教第二波海外國際化，於2003~2007年間，每年配合台灣佛光山文教基金會舉辦〈人間音緣〉徵曲、發表與推動，這四年間分別發表了來自全球五大洲創作的81首、101首、115首、與85首等合計462首多種語言的佛曲。【9】這些歌曲不僅被出版成紀念

【9】　參閱佛光山宗委會(2007)，《佛光山開山四十週年紀念特刊 4 文化藝

專輯CD外，並被積極在佛光山全球別分院、學校、社區、監獄等傳唱。【10】

此外，星雲亦延用在台灣成立的梵唄讚頌團，陸續在亞、澳、歐、美各地傳唱，最晚才進入中國大陸傳唱。首先於1995年在澳洲布里斯本市政廳舉辦「尊重與包容」梵唄音樂會，【11】1996年首度在香港公開舉行「梵音海潮音」梵唄音樂會，【12】1997年星雲在新加坡國家室內體育館講演《大寶積經》與舉辦「梵音樂舞」音樂會，【13】1998年佛光山梵唄讚頌團與日本讚禱歌詠團合作，於東京Suntory Hall音樂廳演出「華麗的宗教音樂世界」梵唄音樂會。【14】1999年星雲親自率領「天籟之音」歐洲巡迴演出一個月，以海潮音、鼓山調、各種念佛方式，以及梵文、漢文咒語唱誦來詮釋梵唄。【15】2000年佛光山梵唄讚頌團於洛杉磯長堤藝術表演中心推出「梵音樂舞文化藝術享宴」，以梵唄生動的刻劃寺廟修行生活及佛事儀軌等內容。【16】又與日本韓國及中國大陸等地知名佛教團體合作，於亞澳巡迴演出十場「一日梵唄千禧法音」音樂會。【17】2001年佛光山梵唄讚頌團於加拿大多倫多與美國紐約等地，舉

術》，頁158-164。

【10】　同上註，頁166。

【11】　同上註，頁154。

【12】　同上註，頁140。

【13】　同上註，頁141。

【14】　同上註。

【15】　同上註，頁144。

【16】　同上註，頁146。

【17】　同上註，頁132-139。

辦六場「恆河之聲」美加巡迴公演。【18】2002年佛光山梵唄讚頌團於菲馬公演六場「恆河之聲」音樂會。【19】

2003年之後，佛光山轉至大陸北京、杭州等地做海峽兩岸的梵唄合作演出，例如2003年於北京中山音樂堂與上海大劇院舉辦「中國佛樂道樂精粹展演」，【20】2004年至港、澳、美、加舉辦「海峽兩岸佛教音樂展演」，【21】2005年於大陸普陀山南海觀音廣場舉辦「中國普陀山南海觀音文化季」，【22】同年再度於大陸杭州劇院舉辦「海峽兩岸佛教音樂展演」，【23】並於大陸南京市文化藝術中心舉辦「海峽兩岸佛教讚頌和平晚會」，【24】2007年於大陸南京體育館舉辦「讚頌人間音緣音樂會」。【25】

佛光山除了透過上述梵唄讚頌團到世界各國做佛曲音聲的傳唱外，在海外國際化後的本土化，亦透過組織青少年樂團來傳唱佛曲。首先於1993年在美國西來寺成立「佛光青少年交響樂團」，藉著音樂突破語言障礙、國度的界限、種族的隔閡，達到以佛教音樂與西方世界交流。【26】2001年國際佛光會紐澤西協會成立「佛光青少年管弦樂團」，讓華裔子弟親炙佛法及中華傳統文化。【27】

【18】　同上註，頁155。

【19】　同上註。

【20】　同上註。

【21】　同上註。

【22】　同上註。

【23】　同上註。

【24】　同上註。

【25】　同上註。

【26】　同上註，頁168。

【27】　同上註，頁169。

　　由上可見星雲於全球國際化的各種梵唄音樂會的巡迴展演，
完全藉助在台灣成立的梵唄讚頌團的巡迴演唱，直到2003-2007年
間重心才放在大陸，有海峽兩岸佛教團體的梵唄合作演出。另外，
有「佛光青少年交響樂團」與「佛光青少年管弦樂團」參與佛曲音
聲的傳播，略異於第一波在台灣本土化的青年合唱團。

　　星雲第二波海外道場國際化模式所辦的上述各項弘法活動，
除了少與當地政府合辦，以自辦居多外，其他透過台灣組成培訓的
梵唄讚頌團的海外巡迴演唱，亦漸次由僧眾到僧俗二眾合演、由單
一僧團到跨國佛教團體的聯合演出、由梵唄唱頌到舞蹈搭配等，亦
是一再地創新活化此項弘法產品。這些與星雲首波國際化在台灣本
土化的佛曲贊頌模式相似。

四、小結

　　比較星雲人間佛教第二波海外國際化產品製造，與第一波國
際化在台灣的本土化做法，其同異整理如下：

　　(一)文字出版

　　1.星雲人間佛教第一波在台灣的本土化的文字出版以中文為
主，不似第二波海外國際化產品製造需加以不同語文的翻譯。

　　2.第一波在台灣的本土化過程中早期創辦的雜誌、學報、大藏
經、與大辭典等工具書，未見第二波佛光山海外國際化所屬翻譯中
心，做任何外文翻譯。

　　3.星雲人間佛教第二波國際化的本土化的文字出版，起步時間
晚，翻譯耗時費力，無法媲美於首波國際化在台灣本土化的文字出
版。但為因應第二波國際化的弘法需求，「國際翻譯中心」特別選

譯適合本土化根基需求的佛法產品。

4.第二波海外國際化文字出版,亦包含星雲僧俗二眾弟子的英文著作或翻譯出版,主要以學術著作居多,異於台灣佛光出版社為星雲弟子出版的散文類作品。

5.第二波國際化產品侷限在紙版書籍,乏影音製品,不似第一波在台灣的本土化產品的多元化。

6.主導第二波海外國際化文字出版的美國西來寺「國際翻譯中心」,結合現代科技的網路聯盟行銷借力使力的策略,不同於第一波在台灣的本土化產品行銷。

(二)傳媒影音

在星雲人間佛教第二波五大洲國際化的傳媒影音產品上,幾乎完全延用第一波國際化在台灣本土化所製造的傳媒影音產品,連線人間衛視、訂閱《人間福報》與採用香海文化事業有限公司發行的現代及傳統的佛教梵唄、心靈音樂、演奏音樂、有聲書等。唯有加拿大多倫多佛光山與當地電台合作,自行錄製佛學的粵語廣播節目,唯只適用於講粵語的華人,有其侷限性。

(三)佛曲音聲

1.星雲第二波海外道場的國際化,亦透由在台灣成立的梵唄讚頌團,陸續在亞、澳、歐、美與大陸各地巡迴傳唱,與星雲首波國際化在台灣本土化的佛曲贊頌模式相似。漸次由僧眾到僧俗二眾合演、由單一僧團到跨國佛教團體的聯合演出、由梵唄唱頌到舞蹈搭配等,同樣一再地創新活化此項弘法產品。

2.星雲人間佛教第二波海外道場國際化後的本土化,透過組織青少年樂團來傳唱佛曲。

3.星雲第二波海外道場國際化模式所辦各項弘法活動，以自辦居多，少與當地政府合辦，異於第一波在台灣國際化後的本土化。

第三節、星雲人間佛教第二波海外國際化的管理行銷策略

上面已簡介星雲人間佛教第二波海外國際化產品的種類與內容，這些產品仰賴行銷人才的培養與行銷策略的運用與管理。故佛光山依據四大宗旨的需求制定非常完善的行政組織，在最高行政單位佛光山宗務委員會下，設有海外都監院，綜理所有海外道場各項事務。上述星雲在海外五大洲成立的124處道場與相關事業單位，都歸屬在海外都監院下，利用佛光山本山與當地的資源，亦依佛光山四大宗旨在世界各地推動各種法會活動。下面將分為人才培育的僧信教育、弘法產品的行銷策略、財務管理的經費來源、與文化適應四個面向分述之：

一、僧信教育

星雲認為，「所謂『本土化』，包含有：語言本土化、風俗本土化、習慣本土化、教育本土化。本土化不是狹隘的地域觀念，更不是族群的對立，而是放眼國際，展望未來。……到了一個新地方，想要融入當地生活環境，學習當地的語言、接受當地的風俗習慣，就成為必要的條件。」【28】所以星雲初到宜蘭駐足雷音寺時，需透過當地人士李決和與張優理(後來出家的慈惠法師)的台語翻譯來佈教，深刻體驗以教育培養弘法人才與語言本土化的重要，故在1967年興

【28】　星雲大師(2008)，《人間佛教語錄用》(中冊)，台北市：香海文化事業有限公司，頁225。

建佛光山寺之初，即興建東方佛教學院，並陸續建制完整的僧伽教育體制，與信眾教育的推動。進而為培養海外國際英文弘化的人才，並將大乘佛教的思想精神弘揚於國際，在1986年成立中國佛教研究院國際學部英文佛學院、日文佛學院、外籍生研修班、英文佛學研究所的課程，迄今培養了許多派駐佛光山海外道場的國際弘法僧信二眾人才，與進修海外高等學府的師資。

　　繼而在海外國際化後的本土化需求下，佛光山除了在各洲重點寺廟成立佛學院，例如1996年同時成立非洲佛學院、馬來西亞東禪佛學院、與澳洲南天佛學院、2000年成立印度佛學院、2004年成立美國西來英文佛學院與聖地牙哥英文佛學院、2005年設立巴西如來佛學院、2006年成立香港佛教學院、與2014年成立中國大覺佛學院等。另外於1991年在美國洛杉磯設立西來大學，2007年於澳洲臥龍崗成立南天大學，【29】2014年於菲律賓馬尼拉設立光明大學等三所社會大學。這些大學不僅提供當地一般社會大眾就學與研究佛學的機會，更是培養佛學師資人才的殿堂。

　　此外，在社會教育方面，沿襲佛光山在台灣各別分院的週六兒童班功能，【30】海外道場紛紛成立中華學校，例如1970年在美國佛光山白塔寺首創第一間中華學校，西來寺落成後遷回西來寺，異名為佛光西來學校。【31】早於1990年在美國內華達州創設蓮華寺中華學校，1991年在澳洲雪梨南天講堂創設澳洲南天中華學

【29】　佛光山宗委會(2007)，《佛光山開山四十週年紀念特刊 3 僧信教育》，頁25-28。
【30】　同上註，頁164。
【31】　同上註。

校，【32】1993年在澳洲布里斯本佛光山中天寺創設澳洲佛光山中天學校，【33】同年在美國佛光山紐約道場創設佛光山紐約道場中華學校。【34】1994年在美國達拉斯講堂創設達拉斯佛光中文學校、【35】與澳洲墨爾本講堂創設墨爾本中華學校。1996年在南非新堡創建南非新堡禪淨中心中華學校。2001年在加拿大愛明頓〔滿地可〕佛光山創設愛明頓〔滿地可〕佛光山中華學校。【36】2004年在澳洲墨爾本創設墨爾本博士山佛光緣中華學校。【37】1992年在美國科羅拉多州丹佛成立科州丹佛中華學校。依據筆者2000~2006年居住加拿大期間，每年巡迴滿地可佛光山與愛明頓佛光山，講演與禪修教學時，目睹滿地可佛光山每週六中華學校上課的盛況，卻未見愛明頓佛光山有辦中華學校。因此，可以確認上述2001年在加拿大愛明頓佛光山創設愛明頓佛光山中華學校，應是魁北克省的滿地可佛光山，在當地有註冊的滿地可中華學校的筆誤。筆者認為：這個模式仿星雲初到台灣宜蘭期間的1957年，開設補習班為當地信眾補習國文。在海外設立的中華學校，則偏重強化他們的華文能力與推廣中華文化。

　　在海外國際化後的在地信眾教育方面，為傳授佛學課程，依循台灣本土化設立都市佛學院模式，在1991年設立香港佛香講堂都市佛學院、繼於1995年設立美國西來寺都市佛學院、與加拿大溫哥

【32】　同上註，頁168。
【33】　同上註。
【34】　同上註，頁144。
【35】　同上註，頁166。
【36】　同上註，頁156。
【37】　同上註，頁168。

華佛光山信徒佛學院，1996年在美國休士頓中美寺設立都市佛學院，【38】2000年溫哥華佛光山再創辦佛光人文藝術學苑，以教授一般才藝班課程為主。

二、行銷管理

佛光山透由佛光會制定認證的檀講師制度，以及青年幹部與講師制度，發展讀書會、帶動讀書風氣，讓信眾與僧眾共同擔負弘傳佛法的責任。舉凡佛光山海外道場各地信眾的生、老、病、死，婚、喪、喜、慶等相關活動，都是佛光山海外道場僧眾關心的內涵。美國西來寺、澳洲南天寺等海外各洲道場，亦提供亞洲各地留學生初入境時暫時居留處。

星雲人間佛教第二波的海外國際化，於道場設立與產品生產製造後，在行銷佛法上依循其第一波在台灣國際化後的本土化方式，透過海外各道場同樣依佛光山四大宗旨設計的活動，如道場啟建法會籌辦活動，文教基金會舉辦各種文教活動，設立美術館展示多元館藏，與藉助國際佛光會多元活動來輔助弘法等，以推動其第二波海外國際化後的本土化。略說明如下：

(一)寺廟與滴水坊

星雲在海外第二波國際化後的本土化，陸續於全球各洲重要城市興建124座道場，做為國際弘法的主要基地。以舉辦各種法會佛事與信眾的生、老、病、死，婚、喪、喜、慶等相關活動為主，包含了佛光山四大宗旨的各項活動。主要以舉辦法會佛事為主，在佛事方面，亦如台灣佛光山別分院的朝暮課誦、祝聖佛事、普濟佛

【38】 佛光山宗委會(2007)，《佛光山開山四十週年紀念特刊3 僧信教育》，頁166。

事等。在這些諸佛菩薩聖誕中，佛光山海外道場亦以釋迦牟尼佛、藥師佛、阿彌陀佛，與觀世音菩薩、地藏王菩薩、彌勒菩薩的聖誕法會為主。其中供佛齋天的大齋天與水陸法會，亦依佛光山寺本山的規定，只限別院級道場才可以舉辦。亦如所有在台灣的佛光山道場設有週末共修法會，方便上班族或隨堂超薦往生眷屬參與。唯進行方式與使用語言，可能需做適度的調整。

在海外道場具有現代文創意涵的滴水坊，亦仿台灣佛光山滴水坊的設立與運作模式，在重要城市的佛光山道場設立滴水坊，以素食茶禪方便接引當地信眾。如美國西來寺、佛州光明寺、邁阿密佛光山、休士頓中美寺，加拿大多倫多佛光山、滿地可華嚴寺，阿根廷佛光山，澳洲南天寺、墨爾本佛光緣，紐西蘭北島佛光山，法國法華禪寺，馬尼拉佛光山，馬來西亞東禪寺，新加坡佛光山等，都設有滴水坊，以茶禪文化接引本土各階層的人士。

(二)各種基金會

佛光山文教基金會於1988年成立後，稟承佛光山「以文化弘揚佛法，以教育培養人才」的宗旨，從事文教工作之推展與贊助。如：舉辦國際性佛教學術會議、出版學術論文，以推動全球佛學研究；辦理梵唄音樂巡迴世界弘法、全球人間音緣歌曲發表會，讓佛教音樂普及化、大眾化；創辦世界佛學會考、獎助佛教優秀人員弘法、留學、研究，以培育人才，回饋社會；贊助發行佛學書籍、光碟和捐贈圖書，增加文化資源與國際交流，以提升佛教文化素質。【39】

【39】 佛光山宗委會(2007)，《佛光山開山四十週年紀念特刊 4 文化藝術》，頁96。

　　佛光山慈悲社會福利基金會，稟承佛光山「以慈善福利社會」的宗旨，統籌辦理兒童青少年福利、老人福利、宗教心靈諮詢、急難救助、重大災難救援、監獄輔導教化。佛光淨土文教基金會統籌佛光山全球道場的硬體建設，讓「寺院學校化」，成為民眾心靈的加油站，擴大弘法度眾的功能。【40】佛光山電視弘法基金會籌募善款，以因應「人間衛視」龐大的開銷。而人間衛視回饋以多元的視野、多樣的風貌製播社會教化、慈善公益的淨化節目來關心大眾、服務社會。【41】人間文教基金會獎助海內外傑出青年留學或遊學。【42】

　　綜合上述，佛光山文教基金會與人間文教基金會，亦推動各項文化、教育的深耕工作至佛光山海外各道場；佛光山慈悲社會福利基金會，統籌全球重大災難救援；佛光淨土文教基金會，統籌佛光山全球道場的興建；佛光山電視弘法基金會籌募善款，提供人間衛視製播包括原全球五大洲多元文化面向優質節目。這些基金會同樣是星雲人間佛教兩波國際化後本土化的行銷媒介。因此，佛光山在海外就甚少再成立類似基金會。

　　(三)美術館弘法

　　星雲透過美術館落實在台灣本土弘法的模式，同樣運用在其第二波的海外國際化的本土化弘法上。分別於1988年在美國西來寺設立「寶藏館」，現更名為「佛光緣美術館美國西來分館」。【43】1998年在澳洲南天寺設立「寶藏館」，2006年更名為

【40】　同上註，頁122。

【41】　同上註，頁123。

【42】　同上註，頁124。

【43】　佛光山宗委會(2007)，《佛光山開山四十週年紀念特刊4文化藝術》，頁

「佛光緣美術館澳洲南天館」。【44】2001年在澳洲墨爾本市中心皇后大街上設立「佛光緣美術館澳洲墨爾本館」，【45】2002年在紐西蘭奧克蘭設立「佛光緣美術館紐西蘭一館」，2003年在菲律賓成立「佛光緣美術館馬尼拉館」。2004年在馬來西亞東禪寺設立「佛光緣美術館馬來西亞東禪館」。【46】2007年在香港佛光道場設立「佛光緣美術館香港館」，在佛光山中國蘇州市嘉應會館設立「佛光山嘉應會館美術館」，與江蘇揚州設立「佛光山鑑真圖書館美術館」；2008年在新加坡佛光山道場設立「佛光緣美術館新加坡館」；2012年在佛光山中國宜興大覺寺設立「佛光山中國大覺寺美術館」。【47】

上述佛光山海外道場附設佛光緣美術館，除典藏展覽、文物書籍流通，星雲「覺有情」與「一筆字」巡迴展覽，知名海內外藝術家作品展等，並編纂中英文《世界佛教美術圖典》以利弘法。透過這些展覽活動與周邊相關商品的推動，將教育推廣走進校園，向下紮根；藉文物展發揚中華文化；典藏建立、運用、展出及紀念品研發；與當地美術館藏交流合作；培訓館員義工，內部資源整合等，所呈現的具體成果，是星雲人間佛教第二波國際化與本土化的有效行銷方法。

星雲在台灣北、中、南、東等區與海外道場設立的「佛光緣美術館」，都是用來落實其「寺院學校化與藝文化」的理念，及

192。
【44】　同上註，頁194。
【45】　同上註，頁196。
【46】　同上註，頁197。
【47】　佛光緣美術館網站http://fgsarts.webgo.com.tw/b62.php 2015.3.22

「以文化弘揚佛法」的精神。全都是藉著自由樂捐方式對外開放，讓美術館的空間與展品無言說法，使大眾從文化藝術的薰陶領略中自然契入佛法大海。

可見星雲人間佛教第二波國際化後的海外本土化，有賴其分布全球124座道場的僧眾住持，方能再經由本山在台設立的各種基金會，與當地附設美術館、佛光會的輔助，來完成其四大宗旨落實在國際弘化後的海外本土化。

三、財務管理

佛光山全球海外道場的財務管理理念，完全奉行星雲「黃金非毒蛇，而是弘法修道的資糧」的觀念；「儲財於信眾」與承襲佛光山「量出為入」的經濟模式，只要是合乎正業、正命的，有益於國家民生、社會大眾、經濟利益、與幸福快樂生活的事業，都應該積極去做。【48】最終要將外在有形財富昇華為明理、正見、勤勞、結緣、布施、喜捨、感恩、知足、道德等真正內在無形的財富；海外別分院經濟的管理人要有因果與常住觀念，遵守「有權不可管錢，管錢的沒有權」；「要用智慧而非財富莊嚴世間」；「要能運用財富，而不為財富所用」【49】等原則。

佛光山全球海外道場為落實四大宗旨，亦放眼非顧客群與信徒的需求上考量，辦理許多有創意、有理念、有佛法的弘法活動，以創造更多的需求，來接引社會各階層本土人士學佛。接引對象主要可分為當地華裔與本土人士兩種，在經費來源上略有差異，前者

【48】　星雲大師(1999)，《佛光教科書‧實用佛教‧佛教對經濟的看法》，高雄：佛光出版社，頁33。

【49】　同上註。

沿襲台灣寺廟傳統的捐款或房地產捐贈、法會收入、佛像刻名、納骨功德、法物流通、與護法委員費為主要收入，與為特定目的成立的百萬人興學委員會等方式。其他相關事業單位的收入不像台灣的多元，僅有西來出版社、佛光緣美術館、中華學校、托兒所、滴水坊、會館膳宿、場地出租等收入的支持，以及馬來西亞新山禪淨中心兩個基金會，以及佛光山1,300名出家弟子無給薪的奉獻。迄今，由於大部分佛光山全球海外道場，尚停留在接引華裔階段，與極少數的本土人士，所以大部份英語活動以收費或自由樂捐方式進行，故非寺廟主要的財源收入。

四、文化適應

　　一次國際化後將牽動無數次的本土化，依此原理，星雲人間佛教第一波在台灣本土化的75座道場，同座落在台灣島，可以同時複製佛光山的開發經營模式。然而，星雲人間佛教第二波在全球五大洲國際化後的本土化，就不易如法泡製。座落五大洲31國124個道場的本土化，涉及迥然不同的種族、語言、信仰、風土民情，甚至政策與氣候等文化差異與衝擊，佛光山在全球各地的分別院道場如何處理文化適應問題？

　　第三章提到佛教仍能流傳至今，歸功於佛陀帶領弟子在印度十六國，與向外的國際弘化，當然國際化後必然帶來本土化。因此，當時佛陀巡化全印，在說法時，為了使各地群眾能聽懂，就經常使用各國種族的方言來講說，可以說佛陀當時已採用「語言本土化」策略，來完成其佛法的國際化傳播。如《毘尼母經》卷四佛陀對二婆羅門比丘的教誡：

　　　　佛弟子眾有種種姓，種種國土人，種種郡縣人，言音不同語既

不正，……佛告比丘：吾法中不美言為是，但使義理不失，是吾意也。隨諸眾生應與何音而得受悟應為說之，是故名為隨國應作。【50】

可見佛陀是非常尊重各民族的語言。在《大毘婆娑論》卷79亦有記載：

毘奈耶說：世尊有時為四天王先以聖語說四聖諦。四天王中：二能領解，二不領解。世尊憐湣饒益彼故，以南印度邊國俗語說四聖諦，謂泥迷蹋部達甲葉部。二天王中：一能領解，一不領解。世尊憐湣饒益彼故，複以一種篾戾車語說四聖諦，謂摩奢睹奢僧攝摩薩縛怛。羅毘剌遲。時四天王皆得領解。【51】

為使星雲人間佛教能弘化全球，佛光山如何依各國的文化差異，培養弘法人才？又如何調適與各國間的文化差異？星雲曾於2001年四月十九日在南非舉行的「國際佛光會第三屆第一次理事會議」中，提出「佛法人間化」、「生活書香化」、「僧信平等化」、「寺院本土化」「四化」的主張，其中之一即為「寺院本土化」。星雲對「寺院本土化」加以定義：「所謂『寺院本土化』，就是凡佛光山的信徒和佛光會的會員，在世界共創的數百間寺院道場與弘法事業，不為某一人所有，此乃大家的共財；然而佛光人有一心願，即在二十年、三十年之間，將使世界各地的寺院予以『本土化』。」【52】星雲認為：所謂的「本土化」，包含有：語言本土

<hr>

【50】　失譯人名今附秦錄，《毗尼母經》卷四，《大正藏》冊24，no.1463，頁822a。
【51】　唐・玄奘譯，《阿毘達磨大毘婆沙論》卷79，《大正藏》冊27，no.1545，頁410a。
【52】　星雲大師(2001)，《自覺與行佛》，南非南華寺第十次國際佛光會世界大

化、風俗本土化、習慣本土化、教育本土化。【53】「本土化」的提出，就是幫助佛教的發展。

如何本土化，星雲有四點看法：(一)「寺院本土化」，就是要讓佛教發展出各自的特色；(二)用「本土化」來發展佛教，同體共生，共存共榮；(三)本土化要融入，不能國中有國；(四)本土化不是「去」，而是「給」。【54】所以本土化時，觀察並給予當地民眾所需要的，是調適彼此文化差異的良策。至於如何實施「本土化」，星雲提出五項具體策略：(一)本土人士擔任住持；(二)可以有兩種信仰；(三)不是「去」而是「給」；【55】(四)以當地語言傳播佛法；(五)尊重包容、和平平等。【56】

在語言本土化上，如上述《毘尼母經》佛陀的教示，寺院要本土化就需要語言本土化，所以星雲早在宜蘭五〇年代的講演說法，即配以台語翻譯。第二波海外國際化巡化五大洲時，星雲的說法都備有當地語言的翻譯。對於本土化面臨的文化適應問題，就需要尋求互相的瞭解與溝通、給予與融入。【57】

然而，到了二十一世紀的今年，東西方的碰頭，不再像過去

會主題演說。

【53】　星雲大師(2008)，《人間佛教語錄(中)》，台北市：香海文化，頁225。

【54】　釋妙益(2013)，〈從星雲大師本土化理念看佛光山全球弘化之文化適應及成效—以荷蘭荷華寺為例〉，《2013星雲大師人間佛教理論實踐研究》，頁506-508。

【55】　星雲大師(2005)，〈推動本土化，不是「去」而是「給」—「去中國化」之我見〉，《普門學報》28期，頁2-3。

【56】　釋妙光(2013)，〈佛光山海外弘傳的文化適應問題〉，《2013星雲大師人間佛教理論實踐研究》，頁547-557。

【57】　同上註，頁559。

是強權國家單方強勢的科技經濟的注入，而是透過不同「文明」之間衝突的化解。這些「文明」之間的衝突，主要包括文化、宗教與「本土化」社會特質等。正如陸鏗與馬西屏的〈星雲大師與人間佛教全球化發展之研究〉，提到，杭亭‧頓（Samuo1. P. Huntington）在《文明衝突與世界秩序的重建》的看法，他認為：「在「後冷戰」的世界中，「自由民主」或「共產集團」的標記，不再是各國界定自己的主要標準，取而代之的是來自不同「文明」之間的衝突——文化、宗教與「本土化」社會特質，才是各國自我認同、黨同伐異的基礎。」【58】

　　在上述新世紀的新型文明的氛圍下，佛光山如何依各國的文化差異，培養弘法人才？首先，如第四章提到星雲在人間佛教播種期間，為第二波全球五大洲的國際化，已親自透過國際佛教交流、世界宗教交流、與國際人士往來、召開宗/佛教國際會議，甚至洲際弘法，為未來設立海外道場培養因緣。同時，在佛光山開山後1969年，星雲即開始派弟子到日、韓、美、英等國留學，並在佛學院內設立國際學部，培養英、日語弘法人才。其他語系的國家，則優先挑選已有相關語言背景的僧眾赴職，其次鼓勵僧眾就近至成人學校學習當地的語言，或申請大學就讀，此種情況在南美洲最普遍。在美國西來寺的「國際翻譯中心」，自1996年即開始翻譯星雲人間佛教相關著作為二十幾種語言，做為海外道場本土化的弘法教材。

　　如何調適與各國間的文化差異？基於筆者在佛光山海外道場

【58】　陸鏗/馬西屏(2007)，〈星雲大師與人間佛教全球化發展之研究〉，《普門學報》第40期，頁1。

與美、加、紐、澳等大學弘教二十年的經驗，筆者認為：語言雖是
國際化必要條件，但沒有意願與使命感，空有語言能力與本土化教
才，還是無濟於事。再者，宗教信仰貴在體驗與修證，而目前佛光
山海外道場亦承襲台灣佛光山採用禪淨雙修，既可滿足華裔信徒又
可適用於本土人士。尤其是佛教的禪法重在生活的實踐，生活禪即
是人間佛教的極致。是超越語言、文字、民族與宗教等根本的文化
差異，是突破文化衝擊、解決文化差異最究竟的方法。也是佛光山
四大宗旨的「以共修淨化人心」的主要內容。此外，佛光山四大宗
旨「以文化弘揚佛法」所設計的各種多元活動，旨在提倡互相尊
重、包容、欣賞、學習彼此的異國文化。所以，「以文化弘揚佛
法」的宗旨，是允許多元文化共存共榮、相得益彰。最後，「以慈
善福利社會」的急難濟助、施貧扶弱活動，更是融入當地社會、認
識本土文化、建立異國友誼、獲得社區認同最直接的方法。這些都
是依據佛光山四大宗旨，透過藍海策略，規劃設計的多元活動，以
滿足本土人士的需要。星雲人間佛教在海外「以教育培養人才」興
辦的社會教育，與「以慈善福利社會」推出的福利當地社會的多元
活動，是超越釋惠空〈佛教經濟與佛教旅遊〉提出的宗教性、文化
性與娛樂性產業的範疇，是符應現代所謂的「社會企業」。

　　再者，筆者認為佛陀在印度巡化諸國時，只穿越印度諸河，
使用當地語言以利聞法者能聽懂。在《大乘妙法蓮華經》中，又因
為眾生有種種欲望與執著，為能觀機逗教引導眾生趣向佛乘，佛
陀以種種因緣、譬喻言辭、方便力而為眾生說法。如經云：「舍利
弗！我今亦復如是，知諸眾生有種種欲，深心所著，隨其本性，以種
種因緣、譬喻言辭，方便力而為說法。舍利弗！如此皆為得一佛乘、

一切種智故。」【59】故在說法內容上分為契經、祇夜、伽陀、本事、本生、未曾有、因緣、譬喻、與優婆提舍等九種。【60】如《大悲經》教品第十四所載，佛曾依其說法時間、形式、內容與地點的先後教示阿難，摘錄如下：

> 我滅度後。有諸大德諸比丘眾集法毘尼時。彼大德摩訶迦葉最為上首。阿難。時彼大德諸比丘眾。當如是問。世尊何處說大阿波陀那。何處說摩訶尼陀那。……何處說梵網經。如是次第。彼諸比丘復當問汝。阿難。佛在何處說修多羅。何處說祇夜。何處說毘耶迦羅那。何處說伽陀。何處說憂陀那。何處說尼陀那。何處說伊帝毘利多迦。何處說闍多迦。何處說毘弗略。何處說阿波陀那。何處說阿浮陀達磨。何處說憂波提舍。阿難。佛在何處說聲聞藏。佛在何處說緣覺藏。佛在何處說菩薩藏。阿難。時彼比丘如是問已。汝應如是答。如是我聞。一時佛在摩伽陀國菩提樹下初成正覺。如是我聞。一時佛在伽耶城。如是我聞。一時佛在摩伽陀國。阿闍波羅尼拘陀樹下修苦行處。如是我聞。一時佛在波羅捺仙人住處鹿野苑中。如是我聞。一時佛在耆闍崛山。如是我聞。一時佛在毘富羅山。如是我聞。一時佛在摩伽陀國鞞提訶山。如是我聞。一時佛在王舍城仙人山中大黑方石。如是我聞。一時佛在舍衛國祇樹給孤獨園。如是我聞。一時佛在毘舍離城菴羅樹園。如是我聞。一時佛在毘舍離獼猴池邊。大林精舍重閣講堂。……」【61】

【59】 姚秦・鳩摩羅什譯，《大乘妙法蓮華經》〈方便品第二〉，《大正藏》冊9，no.262，頁7中。

【60】 慈怡主編(1988)，《佛光大辭典》，高雄市：佛光出版社，頁145。

【61】 高齊・那連提耶舍譯，《大悲經》，《大正藏》冊12，no.380，頁971中

　　而到了二十一世紀的星雲，跨洋過海弘化人間佛教於全球五大洲時，亦朝著以當地語言來弘法的目標在努力，但已不僅只以不同說教內容來弘法，而是透過文化、教育、慈善、共修等多元活動來推動其人間佛教，不僅與時俱進，更具藍海策略的消除、減少、提升與創新四項行動架構的成效。

五、國際佛光會

　　繼於1991年在台灣成立中華佛光會後，星雲1992年陸續在美國成立國際佛光會世界總會，分支機構如雨後春筍般的在海外各地快速的成立，迄今已於全球七十餘國擁有近兩百個協會、一千多個分會，與高達百萬名會員。【62】並在2003年正式取得聯合國經濟及社會理事會非政府組織(NGO)會員，與負責傳播聯合國資訊的NGO工作夥伴之一。【63】

　　遍佈全球五大洲的國際佛光會，推動星雲提出的「佛法人間化、生活書香化、僧信平等化、寺院本土化」佛法「四化」願景，以淨化身心、提昇生活、尊重生命、發展佛教。並依循「新四化」──「會務制度化、信仰專一化、活動藝文化、運用現代化」為工作方針，建立佛光會的全球網路，達到資訊無國界，彼此資源共享。【64】

　　國際佛光會與組織最龐大的中華總會同步為將教育向下紮根，陸續在全球成立佛光童軍團，如1995年成立紐約佛光童軍團、

　　下。

【62】　佛光山宗委會(2007)，《佛光山開山四十週年紀念特刊6 國際佛光會》，頁31。

【63】　同上註，頁32。

【64】　同上註，頁31。

與多倫多佛光童軍團、2000年成立溫哥華童軍團、2001年成立西來佛光童軍團、2005年成立馬來西亞童軍團等，積極走入社會、服務群倫，並與世界接軌。【65】為儲備青年領導人才，1996年在美國加州洛杉磯西來寺成立國際佛光會青年團總部，迄今全球有近200個分團。自1997年起，年年在不同國家舉辦「國際佛光青年會議」。【66】唯中華總會在全台大專院校成立香海社青年團，是國際佛光會所沒有的。【67】為無畏護衛佛法，國際佛光會在全球各佛光山道場陸續成立護法金剛，自1998年起，每兩年分別在不同國家舉辦「國際佛教金剛會議」。【68】為巾幗不讓鬚眉，國際佛光會自1996年起陸續成立佛光婦女，並每兩年分別在不同國家舉辦「國際佛教傑出婦女會議」。【69】為鼓勵信眾承擔弘法重任，設立檀教/講師與青年幹部制度，全球至少已有200位檀教/講師參與監獄布教、校園講座、寰宇弘法。【70】為讓僧信同霑法喜，國際佛光會舉辦供僧法會。【71】慶祝佛誕，全球國際佛光會承辦浴佛法會，共沐佛恩。【72】

　　國際佛光會透過在世界五大洲輪流舉辦年度理監事會議與會

【65】　同上註，頁36-38。

【66】　同上註，頁47。

【67】　「佛光青年台灣聚點」http://www.bliayad.org.tw/cluster.php?area=1#area4 2015.4.4

【68】　佛光山宗委會(2007)，《佛光山開山四十週年紀念特刊 6 國際佛光會》，頁60。

【69】　同上註，頁61。

【70】　同上註，頁71。

【71】　同上註，頁86。

【72】　同上註，頁89。

員大會，每次年會中由總會長星雲發表「主題演說」，作為會員
的精神指標與未來努力的行事方向。【73】自1992年在美國洛杉磯音
樂中心第一次大會的「歡喜與融和」主題演說，【74】1993年在台
灣台北林口體育館第二次大會，與1994年在加拿大溫哥華卑詩大
學第三次大會的「同体與共生」主題演說，【75】1995年在澳洲達令
港國際會議中心第四次大會的「尊重與包容」主題演說，【76】1996
年在法國巴黎國際會議中心第五次大會的「平等與和平」主題演
說，【77】1997年在香港國際展貿中心第六次大會的「圓滿與自在」
主題演說，【78】1998年在加拿大多倫多星座大飯店第七次大會的
「自然與生命」主題演說，【79】2000年在台灣台北國際會議中心第
八次大會的「公是與公非」主題演說，【80】2002年在日本東京國際
會議中心第九次大會的「發心與發展」主題演說，【81】2004年在台
灣高雄佛光山第十次大會的「自覺與行佛」主題演說，【82】2006
年在台灣台北小巨蛋體育館第11次大會的「化世與益人」主題演
說，【83】2008年在台灣高雄佛光山第12次大會的「菩薩與義工」主

【73】　同上註，頁18。
【74】　同上註，頁19。
【75】　同上註，頁20-21。
【76】　同上註，頁22。
【77】　同上註，頁23。
【78】　同上註，頁24。
【79】　同上註，頁25。
【80】　同上註，頁26。
【81】　同上註，頁27。
【82】　同上註，頁28。
【83】　同上註，頁29。

題演說，2010年在台灣高雄佛光山第13次大會的「環保與心保」主題演說，2012年在台灣高雄佛陀紀念館第14次大會的「幸福與安樂」主題演說，2014年在台灣高雄佛光山第15次大會的「信仰與未來」主題演說，並促進全球會員間的聯誼交流與國際移動力。

第四節、結論

　　星雲人間佛教第二波海外國際化後的本土化，與第一波在台灣國際化後的本土化相同，佛光山全球各道場及佛光會都依佛光山四大宗旨在世界各地推動各種相關的弘法活動。在行銷人才的培養與行銷策略的運用管理上，比較兩波國際化後的本土化做法之同異分述如下：

一、僧信教育

　　(一)星雲人間佛教第二波海外國際化的需求，在1965年開始即分派有潛能的弟子，赴海外留學。

　　(二)星雲人間佛教第二波海外國際化培養語言人才的需求，在1986年成立中國佛教研究院國際學部英文佛學院、日文佛學院、外籍生研修班、英文佛學研究所的課程，以培養海外國際外文弘化的人才，繼而在各洲重點寺廟成立佛學院。

　　(三)在社會教育方面，沿襲佛光山在台灣各道場舉辦的週六兒童班的功能，海外道場陸續成立中華學校。

二、行銷管理

　　星雲人間佛教第二波的海外國際化，在行銷弘法上依循其第一波在台灣國際化後的本土化方式，透過海外各道場的啟建法會活動，文教基金會舉辦各種文教活動，設立美術館展示多元館藏，與

藉助國際佛光會多元活動來輔助弘法等，以推動其第二波海外國際
化後的本土化。比較其與第一波在台灣本土化之同異如下：

(一)寺廟與滴水坊

1.星雲在海外第二波國際化後的本土化，亦陸續於全球各洲重
要城市興建道場，做為國際弘法的主要基地。

2.海外各道場亦以佛事為主，如台灣佛光山別分院的朝暮課
誦、祝聖佛事、普濟佛事與週末共修法會等。主要以釋迦牟尼佛、
藥師佛、阿彌陀佛，與觀世音菩薩、地藏王菩薩、彌勒菩薩的聖誕
法會為主。亦依佛光山寺的規定，只限別院級道場才可以舉辦大齋
天與水陸法會。唯進行方式與使用語言，可能需做適當的調整。

3.亦仿台灣模式，在海外重要城市的佛光山道場設立滴水坊，
以素食茶禪方便接引當地信眾。

4.台灣佛光山部分道場提供境外生寒暑假居留，同樣其海外道
場亦提供亞洲留學生初入境時暫時居留處。

(二)各種基金會

佛光山成立的下列基金會同樣是星雲人間佛教兩波國際化後
本土化的行銷媒介。因此，佛光山海外道場就未再成立類似基金
會。

1.佛光淨土文教基金會，統籌佛光山全球道場的興建。

2.佛光山文教基金會與人間文教基金會，亦負責推動各項文
化、教育的深耕工作至佛光山海外各道場。

3.佛光山慈悲社會福利基金會，配合海外道場與各地佛光會，
統籌世界各地自然災害的賑災，與輪椅施放等。

4.佛光山電視弘法基金會籌募善款，提供人間衛視製播包括原

全球五大洲多元文化面向優質節目。

　　(三)美術館弘法

　　1.星雲透過美術館落實在台灣本土化弘法的模式，同樣運用在其第二波的海外國際化的本土化弘法上。

　　2.全都是藉著自由樂捐方式對外開放，讓美術館的空間與展品無言說法，使大眾從文化藝術的薰陶領略中自然契入佛法大海。

三、財務管理

　　在資金方面，星雲人間佛教第一波到台灣的國際化與本土化，所採用的方式以隨喜贊助居多，之後才加入護法委員會繳交會費贊助。台灣的發心信眾除了捐土地、房屋、寺廟、車輛等硬體外，在捐款上也很大方。但到了第二波全球的國際化與本土化時，在早期接引華人階段時尚可循此台灣的模式，然而真正進入接引本土人士時，恐怕需做策略調整的考量。雖然本章第一節統計出佛光山寺海外124座道場中，由信眾捐贈的高達35處佔28.22%高比例，但這些熱心人士大都是華人。

四、文化適應

　　在文化適應方面，星雲人間佛教第一波在台灣的國際化與本土化，同發生在台灣島上，故民族、語言、信仰、民情的文化差異較小，依據佛光山四大宗旨，透過星雲藍海策略的活動策劃，佛光山全台74所分別院道場的建置易複製自佛光山，星雲也澈底落實包括佛光山共75座道場，以台灣本土僧尼擔任住持的本土化策略。致於星雲人間佛教第二波在全球五大洲31個國家的國際化後的本土化，礙於各國有不同的民族、語言、宗教信仰、風土民情等的文化特色，每一個國家就似一個台灣，如何將整個佛光山的台灣模式複

製到全球各個國家，星雲人間佛教第二波在全球五大洲國際化後，採取先接引當地的華裔，再過度到華裔子弟，這期間同時適應當地的文化，再逐步邁入接引本土人士的本土化階段。是否可行？非一蹴可及，尚待未來的檢驗。

五、國際佛光會

（一）國際佛光會與中華總會同樣為將教育向下紮根，陸續在全球成立佛光童軍團。

（二）同樣為儲備領導人才，成立青年團，但未見海外國際佛光會像中華總會一樣於大學設立香海社。

（三）為無畏護衛佛法，國際佛光會與中華總會在全球各佛光山道場陸續成立護法金剛。

（四）為巾幗不讓鬚眉，全球國際佛光會(含中華總會)陸續成立佛光婦女。

（五）為培養青年幹部與弘法人才，全球國際佛光會(含中華總會)陸續成立青年幹部與講師制度。

（六）為讓僧信同霑法喜，全球國際佛光會(含中華總會)每年舉辦供僧法會。

（七）為慶祝佛誕，全球國際佛光會(含中華總會)承辦浴佛法會，共沐佛恩。

第六章、星雲人間佛教國際化的成長期

　　星雲由中國進入台灣首波國際化的本土化期間，自1967年創辦佛光山以來，即以「以文化弘揚佛法、以教育培養人才、以慈善福利社會、以共修淨化人心」四大宗旨，致力於人間佛教的推展及淨化人心的佛教事業。[1]這時期星雲透過做中學，陸續確立佛光山的宗門思想、完善佛光山的組織制度、與建置在台灣的75處別分院。透過這些宗門思想的樹立、與組織制度的建立，星雲透過提示理念與價值觀，引導實現目標。[2]如釋妙牧〈從宗教社會學觀點

---

[1]　佛光山宗委會(2007)，《佛光山開山四十週年紀念特刊 1 佛光宗風》，頁6。

[2]　李美蘭(2015)，《佛光山藍海策略之研究》，佛光大學佛教學系碩士論文，頁67。

論析星雲大師的領導法〉論文中所示，

> 星雲大師在傳教上不僅有明確的思想核心外，對於所有成員亦
> 建構了一套「理念系統」，從佛光山的宗風、宗旨、目標、性
> 格、門規，佛光人的精神、理念、行事規範、工作信條，以共
> 同遵守的規範建立組織價值。[3]

如上完整的理念系統是對其僧眾品牌的保證、與寺廟發展的
指標，這些應該是促成星雲在台灣首波國際化後的本土化成功的主
要因素。

第一節、佛光山的宗門思想

佛光山宗門思想包含佛光人的精神、佛光道場發展方向、佛
光山的宗旨、佛光山的理念、與佛光山的性格，形成佛光山獨特的
宗風，也是星雲人間佛教第二波海外國際化的產品行銷的品質保證
與弘法方向。除佛光山的宗旨已陳述於上，其餘宗風摘錄如下：

一、佛光人的精神

佛教第一、自己第二；常住第一、自己第二；大眾第一、自
己第二；信徒第一、自己第二。[4]

二、佛光道場發展方向

傳統與現代融和；僧眾與信眾共有；修持與慧解並重；佛教

---

[3]　妙牧(2007)，〈從宗教社會學觀點論析星雲大師的領導法〉，《普門學
　　　報》第40期，2007.11，頁11。
[4]　佛光山宗委會(2007)，《佛光山開山四十週年紀念特刊 1 佛光宗風》，頁
　　　12。

與藝文合一。【5】

三、佛光山的理念

　　光榮歸於佛陀；成就歸於大眾；利益歸於常住；功德歸於檀那。【6】

四、佛光山的性格

　　人間的喜樂性格；大眾的融和性格；藝文的教化性格；菩薩的發心性格；慈悲的根本性格；方便的行事性格；國際的共尊性格；普世的平等性格。【7】

　　李美蘭《佛光山藍海策略之研究》認為「透過佛光山四大宗旨，顯示佛光山星雲人間佛教要走的方向；以『給人信心、給人歡喜、給人希望、給人方便』四大工作信條，告訴大眾實踐『四無量心』就是實現宗旨的方法。透過佛光人的精神，讓大眾心開意解以『推廣人間佛教，建設佛光淨土』的共同目標下凝聚組織的構成。」【8】綜合上列佛光山宗風諸條目來看，星雲人間佛教是講求以眾為我、喜樂融合、國際共尊、普世平等的特質，有利其第二波海外國際化的行銷。然而既然奠基在佛光山人間佛教的菩薩道基礎上，星雲人間佛教第二波海外國際化與本土化，是否就能達到如其首波在台灣國際化與本土化的輝煌成果？是否因地域、文化、語言、信仰等因素的差異，會引發弘法過程中的障礙與困境？佛光山

【5】　佛光山宗委會(2007)，《佛光山開山四十週年紀念特刊 1 佛光宗風》，頁12。

【6】　同上註，頁13。

【7】　同上註。

【8】　李美蘭(2015)，《佛光山藍海策略之研究》，佛光大學佛教學系碩士論文，頁68。

將利用那些策略來突破這些困境？本章將延續前一章星雲人間佛教第二波國際化的開發期，探討其後本土化的發展情況與困境，再總結出其共通處。

第二節、佛光山海外道場宗教政要交流

　　佛光山海外道場運用什麼樣的策略，來融合不同傳承的佛教團體？減少不同宗教信仰環境帶來的文化衝擊？克服不同國度政策帶來的弘法障礙？在星雲人間佛教第二波的國際化後，佛光山海外道場效法星雲在播種期所做的宗教交流活動，繼續在世界各地推動之，如繼續推動與當地的佛教交流、繼續與世界宗教交流、繼續參與當地的跨宗教聯合活動、繼續與當地政要賢達往來、繼續舉辦國際學術會議等。分述如下：

一、推動當地佛教交流

　　本節將依佛光山五大洲別分院來略述佛光山海外道場與教界的互動。

　　(一)亞洲

　　源於1963年星雲隨「中華民國佛教訪問團」拜訪東南亞，與泰國佛教界交流聯誼，促成佛光山於1992年在曼谷購置曼谷道場的因緣，接著於1999年佛光山曼谷道場舉行「泰皇陛下七十二聖壽護國獻燈祈福法會」，恭祝泰皇蒲美蓬七十二歲聖壽。2004年，為祝賀泰國僧王九十歲華誕，僧王隸屬法相宗僧團代表聯合鑄製十九尊大金佛，贈予全球十九個佛教國家供養，台灣佛光山蒙泰國僧王指定為供奉大金佛聖地。同年曼谷道場妙慎法師等三位比丘尼，應泰

國僧王供僧法會邀請應供，同年十月三日妙慎法師被認可為泰國第一位比丘尼。2007年泰國四大宗派代表及全國佛教局各府局長、宗教學者、信徒等86人參訪佛光山，並與佛光山進行座談、為兩國佛教交流寫下另一光輝的歷史。【9】

1975年星雲率領中國佛教會訪問團訪問韓國的因緣，【10】促成佛光山在韓國的漢城佛光山別院的設立，【11】因此促成近五十年來，佛光山與韓國佛教以及佛教大學等交流頻仍。

1963年，星雲即隨「中華民國佛教訪問團」至日本當地交流訪問，促成佛光山在日本陸續設立東京佛光山寺(1991)、名古屋禪淨中心(1994)、大版佛光山寺(1998)等六所道場的因緣。富士山下的臨濟宗佛光山本栖寺，即是星雲2001年11月訪問後於次年購置成立。【12】

1987年，星雲代表北傳佛教參與馬來西亞佛教青年總會舉辦的「南北大師喜相逢」講座，與南傳佛教達摩難陀大師共議教義。開啟馬來西亞教界與佛光山日後頻繁的交流往來。【13】

1989年，佛光山前往菲律賓弘法，建有佛光講堂(後更名馬尼拉佛光山)、宿務慈恩寺、描戈律圓通寺等，開啟菲律賓佛教界與

【9】 佛光山宗委會(2007)，《佛光山開山四十週年紀念特刊 7 國際交流》，頁40。

【10】 同上註，頁34。

【11】 佛光山宗委會(2007)，《佛光山開山四十週年紀念特刊 8 佛光道場》，頁99。

【12】 同上註，頁92。

【13】 佛光山宗委會(2007)，《佛光山開山四十週年紀念特刊 7 國際交流》，頁50。

佛光山的交流互動。【14】

(二)美洲

1988年，美國洛杉磯西來寺落成，舉辦國際三壇大戒與召開第十六屆「世界佛教徒友誼會」。1989年，西藏政教領袖達賴喇嘛拜訪西來寺，促進顯密佛教融合。之後，佛光山相繼在美洲成立了四十所道場。【15】促進佛光山與當地教界的交流。

(三)大洋洲

1989年，星雲初訪澳洲臥龍崗市長後，啟動佛光山在大洋洲的道場建設與弘揚佛法，首先於1989年成立布里斯本中天寺，之後陸續設立南天講堂等14所佛光山分別院，使得佛教成為澳洲的第二大宗教信仰。【16】

(四)歐洲

1990年，星雲率「歐洲訪問團」訪英、荷、比、法、瑞、奧、義、南斯拉夫等國。隔年，佛光山在歐洲的首座道場巴黎古堡道場應運而成立，帶動佛光山在歐洲其他道場的設立，藉以與教界與社會各界交流互動。2000年9月15日，荷蘭女皇為荷蘭佛光山荷華寺落成剪綵。2004年，於柏林佛光山舉辦歐洲首次的短期出家修道會。2005年，泰國國寶佛陀真身舍利恭迎至德國柏林佛光山供奉兩天。同年，倫敦佛光山應邀至英國皇家春之崗監獄參加點燈祈福法會。2007年，英國佛教組織聯盟假倫敦佛光山舉行年會，促進當

【14】 佛光山宗委會(2007)，《佛光山開山四十週年紀念特刊 7 國際交流》，頁51。

【15】 同上註，頁53。

【16】 同上註，頁55。

地教界各傳承的融合。【17】

(五)非洲

1994年，星雲首訪非洲，為南華寺非洲原住貧民郭拉、福度等十人主持剃度典禮，為非洲有史以來首批黑人出家，也展開佛教傳法非洲與本土化的新頁。【18】佛光山也陸續在非洲成立了八個道場。

其他如2004年，佛光山梵唄讚頌團與中國佛教協會所屬三大語系、五大叢林，兩岸百餘位僧眾共同組成「中國佛教音樂展演團」，分別於澳門、香港、台灣、美國洛杉磯、舊金山、加拿大溫哥華等地巡迴演唱。【19】

全球佛光山的道場，除弘法利生外，還設立接送新移民飛機、中華學校、松鶴學苑、托兒育幼、午齋供應、以粥代茶等服務，都深獲當地民眾的好評。更進一步以佛教帶動當地社會、經濟、政治的發展。【20】

二、佛光山海外道場參與世界宗教交流

世界宗教種類繁多不勝枚舉，此處只針對世界主要宗教的天主教、基督教與回教，來探討佛光山海外道場處在上述強大宗教的國家，這些海外道場如何在當地與這些宗教團體交流互動，以利星雲人間佛教的弘揚，依宗教與洲別分述如下：

(一)與天主教交流

【17】　佛光山宗委會(2007)，《佛光山開山四十週年紀念特刊 7 國際交流》，頁56。

【18】　同上註，頁57。

【19】　同上註，頁74。

【20】　同上註，頁44。

　　當佛光山開始在海外啟建道場，推動星雲人間佛教之際，佛光山海外道場在當地與天主教的交流合作就更加頻繁了，也是星雲人間佛教國際化過程中勢必會面臨不同信仰的文化衝擊與考驗。尤其佛光山在天主教國家的分別院，更與之互動頻頻，例如：菲律賓1993年成立的佛光山馬尼拉講堂，1997年即參與當地天主教、基督教的新年共同祈福儀式。1999年，雙方更進一步聯合舉辦跨世界宗教聯誼晚會；2002年，佛光山梵唄贊頌團菲馬巡迴公演時，亦應邀前往該教堂參訪。【21】另外，南美巴西如來寺與聖保羅最大、最古老的天主教SE大教堂，一直保持密切的交往，與共同主持各種跨宗教的祈福法會。2003年，星雲應邀至該教堂與樞機主教Dom Claudio，針對「宗教對本世紀能提供什麼貢獻」進行對話。【22】

　　1.美洲

　　扮演佛光山美洲總本山的美國加州西來寺，與影響力僅次於基督教的天主教的交流，極為密切。西來寺於1988年落成啟用，經營十年後的1998年起，開始有當地的天主教團體前來參訪西來寺與聯誼座談。2001年，天主教洛杉磯總教區馬洪尼樞機主教，邀請西來寺與慈濟基金會等華人佛教團體進行交流會談。2002年，西來寺應邀參與天使之后大教堂落成典禮。之後2003、2005年，西來寺分別舉辦過第一、二屆「修女與比丘尼對話」，暢談兩者之間在修行的意義與社會關係，【23】促進兩個宗教間的深度認識。

　　2.歐洲

【21】　參閱佛光山宗委會(2007)，《佛光山開山四十週年紀念特刊 7 國際交流》，頁92。

【22】　同上註，頁95。

【23】　同上註，頁93。

　　佛光山在歐洲的發展，與天主教就有更深的因緣。座落倫敦市區的倫敦佛光山的建築，原為一所天主教的神學院，因此建立起兩個宗教團體之間深厚的友誼。故倫敦佛光山自1992年落成後，即應邀參加一年一度的「西敏市跨宗教感恩晚禱會」。1999年，佛光山梵唄贊頌團歐洲巡迴演出時，亦至擁有七百年歷史的德國科隆大教堂參訪。此外，梵唄贊頌團亦應邀參加比利時根特市國際宗教音樂藝術節，與回教、天主教、基督教及世界各民族的傳統宗教音樂同台演出，展現宗教間的尊重與融合。【24】2013年7月8日佛光山歐洲總本山法國法華禪寺落成時，天主教代表Dom Pireer Messein神父蒞臨道賀。【25】

　　3.大洋洲

　　佛光山在大洋洲的開發，與天主教亦有深厚的因緣。座落墨爾本西區的佛光山墨爾本講堂，即是在1993年購自天主教已停辦兩年的一所天主教女子高中。隔壁即為其教堂，後面對街即為修女的住宿區，每天修女都借道墨爾本講堂停車場到隔壁教堂上班。墨爾本講堂與該天主教堂的互動之密切可想而知。座落澳洲紐省的南天寺，1995年落成後的1997年，即開始有當地天主教團體前往參訪。2005年，受邀參加教宗若望保祿二世的聯合追悼會；同年，澳紐地區十六個中東天主教派的44位領袖，雲集南天寺，召開「澳紐Melkite Catholic Eparchy天主教會議」。促進當地佛教與天主教的友好關係。座落布里斯本的佛光山中天寺則自1998年開始，應邀參

【24】　參閱佛光山宗委會(2007)，《佛光山開山四十週年紀念特刊 7 國際交流》，頁93。

【25】　2013佛光山法華禪寺落成開光系列活動，http://www.bltv.tv/events/2013FranceInauguration/ 2013.7.8。

加天主教年度會談；2001年起，中天寺至鄰國巴布新幾內亞捐贈善款給德雷莎修女設立的慈善機構。【26】此外，澳洲南天寺與中天寺的僧眾，亦常應邀至各級學校教導佛學及禪修課程，各級學校也常至兩寺做宗教課程的校外教學。

上述藉由與不同宗教的交流互動，以消除不同信仰帶來的衝擊；提供佛學與禪修課程提升對佛教的認識與佛學素養，是星雲人間佛教第二波國際化的藍海策略之二。為此星雲亦認為，人可以擁有兩個宗教信仰。

(二)與基督教交流

在海外，基督教是歐、美、紐、澳等英語地區的主要宗教，佛光山在這些英語基督教地區也開創了非常多的分別院，各道場在宗教融合掃除信仰殊異的工作上，不遺餘力。與基督教經常舉行對談、互訪，以增進彼此的認識與友誼。【27】例如美國西來寺落成翌年1989年，即舉辦「北美洲佛教基督教神學會第五屆大會」，以開啟宗教溝通與對談的平台。此後，西來寺每年與基督教救世軍等教會濟助清寒家庭與流浪漢。【28】2005年，佛光山與美國哥倫比亞大學宗教系，於曼哈頓聯合基督教教堂合辦「瑜伽燄口法會」，並有該系Dr. Hun Lee以英文解釋經文與手印的意義。此合作不僅提升佛學學術研究、佛教解行並重、更進一步促進宗教融合，意義非凡，又是星雲人間佛教第二波海外國際化的藍海策略的發揮。

(三)與回教交流

【26】 參閱佛光山宗委會(2007)，《佛光山開山四十週年紀念特刊 7 國際交流》，頁98。

【27】 同上註，頁102。

【28】 同上註。

　　佛光山在印尼與馬來西亞回教國家推動人間佛教與設立道場，受限兩國政府禁止佛教在佛殿外弘法的禁令，未免會有宗教信仰差異的文化衝擊，而讓弘法工作滯礙難行，幸虧仰賴星雲早在1992年與1996年，即突破兩國上述的禁令做公開的講演，且盛況空前。【29】2006年春節，馬國首相阿都拉巴達威親臨佛光山東禪寺，參觀平安燈會與花藝展。【30】2006年12月，荷華寺拜訪阿姆斯特丹最大規模的Taibah清真寺，進行宗教交流。翌年，該寺負責人Hr.Gaffary回訪，【31】促進彼此的友誼。

三、跨宗教聯合活動

　　為能在全球五大洲弘揚星雲人間佛教，佛光山海外道場在各地積極參與跨宗教的聯合活動，分為多元宗教祈福與宗教對談兩類，分述如下：

(一)多元宗教祈福

　　佛光山海外道場參與多元宗教祈福活動，在亞洲始於1997年佛光山馬尼拉講堂參加岷倫洛天主教教堂的春節祝願祈福活動，繼之於1999年起，再多次應菲律賓宗教聯盟組織之邀，參加「各宗教祈福法會」。【32】2001年菲律賓描戈律圓通寺參加華明天主教學院教堂的八大宗教聯誼活動。【33】2007年菲律賓衛塞節暨一〇九年獨立節，馬尼拉佛光山和菲律賓佛光協會於亞洲最大商場舉行「宗教

【29】　佛光山宗委會(2007)，《佛光山開山四十週年紀念特刊 7 國際交流》，頁104。
【30】　同上註，頁110。
【31】　同上註。
【32】　同上註。
【33】　同上註，頁111。

聯合浴佛祈福活動」，各宗教代表共襄盛舉，共同為民祈福。【34】

　　在美洲，始於1991年2月18日，於西來寺召開「各宗教聯合祈禱世界和平大會」。【35】1996年起，西來寺與國際佛光會每年共同舉辦「祈求世界和平法會」，邀請各宗教人士、各族裔及社區代表等與會，除有各自宗教儀式外，亦有宗教音樂、與舞蹈之表演，以消弭歧見，和平相處。【36】2001年，西來寺參加帕沙汀那市政府主辦的「各宗教族裔為九一一紐約災難祈福追悼會」【37】此外，佛光山美洲各道場與各宗教間的往來合作，隨著佛教國際化的腳步而益形頻繁。例如：溫哥華佛光山舉辦的「關懷印度古加拉特省地震宗教聯合祝禱祈安法會」、「關懷九二一台灣大地震宗教聯合祝禱祈安法會」；多倫多佛光山慶祝佛教傳入加拿大百年，主辦「宗教聯合祈安法會暨佛光園遊會」；關島佛光山舉行「世界祈禱和平法會」，召集六大宗教募資賑災。【38】南美洲道場也常受邀參加宗教界聯合祈福法會等。

　　在大洋洲，始於1996年起，每年參加澳洲全國和解週活動，以宗教祈福方式，表達對原住民的支持及關懷；1999年5月，佛光山心定和尚應澳洲昆蘭格里菲斯大學之邀，主持「多元宗教中心」動土典禮，作為多元宗教文化交流的平台。【39】2004年底，發生南亞世紀大災難，南天寺與十五個宗教團體，於雪梨市政廳舉辦「聯

【34】　同上註。
【35】　同上註。
【36】　同上註。
【37】　同上註。
【38】　同上註。
【39】　同上註，頁115。

合信仰追悼大會」。【40】

　　在非洲，佛光山南非南華寺自2005年起，每年舉辦「光明和平節」活動，邀請當地佛教、基督教、天主教、伊斯蘭教、南傳及藏傳佛教等十餘個宗教團體與會，進行宗教文化交流，同時舉行點燈祈禱族群和諧、世界和平法會。【41】

　　(二)宗教對談

　　1996年，英國倫敦佛光協會主辦「和平對話─宗教與社會的融和」，星雲與世界宗教代表大會主席布雷布魯克牧師，倫敦佛教協會祕書長梅多士對講；【42】2001年，星雲應邀至多倫多大學與天主教瑞恩神父及基督教的第芳婷教授，就「宗教如何面對全球化」的問題，進行對談；【43】2004年，心定和尚至紐約與聯合國世界宗教聯盟祕書長Mr.Vendley會談等。【44】

四、與當地重要人士往來

　　佛光山全球五大洲道場，積極在各地推動人間佛教的國際化與本土化，效法星雲與當地的官員政要、社會顯達、專家學者、藝文雅士等國際人士往來，並引介人力資源給佛光山，發揮團隊合作的集體創作。對佛光山在世界各國設置道場與國際弘化、在全球各洲創辦大學與師資網羅、在各地成立相關事業與經營管理等，都有莫大的幫助，並能與時俱進。與社會顯達、專家學者、藝文雅士等國際人士的往來，已於第四章第三節談論過，不在此贅述，僅依五

【40】　同上註，頁113。

【41】　同上註。

【42】　同上註，頁116。

【43】　同上註。

【44】　同上註。

大洲分別略述佛光山海外道場與當地政要的往來如下：

在亞洲地區，1999年新加坡總統納丹出席新加坡佛光山舉辦的「松鶴迎千禧素宴與輪椅捐贈活動」、【45】2004年泰國司詩琳通公主頒發證書給佛光山妙慎法師，成為泰國首度認可的比丘尼。【46】

在美洲地區，1988年西來寺落成後，扮演東西文化交流的重要角色。落成時不但雷根總統派遣專使申賀，繼任的布希總統也在國際佛光會年會時特致賀詞，柯林頓總統也接見當時的住持慈容法師，1996年副總統高爾不僅數度造訪西來寺。其他如美國國會議員馬丁尼、加州副州長李奧－麥卡錫、加州州務卿余江月桂等，都是西來寺的座上客。【47】西來寺之外的佛光山北美洲分別院，與當地政府社團亦互動密切。

在中南美洲地區，佛光山於1992年，在南美洲巴西創設如來寺之後，即積極展開在南美洲弘法的因緣。佛光山在中南美洲的別分院經常賑濟孤老貧苦人士，收養貧困兒童成為佛光之子，教導生活知識及各項技能，並興建陸橋、佛學院、醫院，捐贈輪椅、磨豆機、嬰兒保溫箱等，造福當地居民，贏得無數國際友誼。【48】

在非洲地區，馬拉威總統夫人莫魯士女士更親臨台灣，感謝南華寺多年來，在該國所從事捐贈輪椅及設「阿彌陀佛關懷中心」

【45】　佛光山宗委會(2007)，《佛光山開山四十週年紀念特刊 7 國際交流》，頁126。

【46】　同上註。

【47】　同上註，頁128。

【48】　同上註，頁129。

等慈善救濟工作。【49】此外，如東加國王伉儷，南非祖魯族國王 Goodwill Zwelithini到當地佛光山道場訪問。【50】

在歐洲地區，2000年歐洲的荷蘭荷華寺落成時，荷蘭女皇 Koningin Beatrix親臨剪綵。【51】此外，英國國會議員，西德國會議員費得曼夫婦、佛英克‧彼得遜，義大利議員等，也相繼前往各地道場訪問。【52】2013年7月8日佛光山歐洲總本山法國法華禪寺落成時，法國國會議員Eduardo Rihan Cype與碧西市長Hugues Rondeau都蒞臨道賀。【53】

在大洋洲，1995年10月8日，澳洲總理基廷特派移民部長鮑格斯(Mr. Nick Bolkus)前來表示祝賀。【54】澳洲總理Tony Abbott蒞臨南天寺，與星雲主持南天寺落成開光儀式。2015年3月1日，澳洲總理Tony Abbott蒞臨南天寺，與星雲主持南天大學啟用典禮。

五、舉辦國際學術會議

佛光山海外道場，透過舉辦或參與國際學術會議，在全球各地落實佛教的學術研究風氣，與促進佛教的學術交流發展。此種國際學術會議可分為佛教會議交流，與宗教會議交流兩類，分述如下：

(一)佛教會議交流

【49】 佛光山宗委會(2007)，《佛光山開山四十週年紀念特刊 7 國際交流》，頁 122。

【50】 同上註，頁131。

【51】 同上註。

【52】 同上註。

【53】 2013佛光山法華禪寺落成開光系列活動，http://www.bltv.tv/ events/2013FranceInauguration/ 2013.7.8。

【54】 南天寺nantien.org.au/cn/content/建寺因緣 1995.10.8

　　這些會議包括如下國際佛教學術會議、世界佛教青年學術會議、世界佛教徒友誼會、國際佛教僧伽研習會等。

　　1.國際佛教學術會議

　　2004年於日本大阪佛光山舉行「比較佛教文化學術會議」；2005年於美國西來寺舉辦「中國佛教學術研討會」；2006年於大陸杭州人民大會堂舉辦「世界佛教論壇」等。【55】

　　2.世界佛教青年會議

　　為培養青年研究佛學，2005年起，國際佛光會青年團正式走入聯合國，並兩度受邀參與聯合國紐約總團部舉辦的第二、三屆「聯合國國際青年會議」。目前則擴大到新加坡佛光山，每年亦舉辦一次「佛教青年學術會議」。

　　3.世界佛教徒友誼會

　　1988年11月20日，世界佛教徒友誼會首度走出亞洲，於美國西來寺舉辦第十六屆大會，有84個國家及團體、五百餘人參加，美國總統雷根特別致電道賀，中國佛教協會亦派代表團出席。1999年10月，澳洲南天寺舉辦第二十屆大會。2006年4月，大會二度於台灣佛光山舉辦，主題為「佛教與寬容─共創世界和平」，開幕典禮採用星雲作詞的英文「三寶頌」，可謂五十多年來的一大突破。【56】

　　4.國際佛教僧伽會議

　　為推動佛教人間化、國際化、文教化、統一化的理念，使佛

【55】　佛光山宗委會(2007)，《佛光山開山四十週年紀念特刊 7 國際交流》，頁152。

【56】　同上註，頁158。

陀的教法遠播至世界每個角落。自1993年10月，佛光山與國際佛光會舉辦首屆「國際佛教僧伽研習會」後，即陸續分別在澳洲南天寺、加拿大多倫多、溫哥華等佛光山海外道場舉辦，以利全球五大洲的教界人士共同參與，異中求同，凝聚共識。【57】

(二)宗教會議交流

為促進各宗教之間的宗教交流，發展佛教與各宗教之間的對話、交流與合作，佛光山海外道場主辦或受邀參與國際性宗教學會議，2003年1月12日，加拿大多倫多地區有二十三年歷史，由七個宗教共同組成的「宗教和平會議Mosaic Interfaith」，於多倫多佛光山舉行宗教和平會談，【58】由筆者代表介紹星雲人間佛教。2004年瑞典佛光山、倫敦佛光山及國際佛光會受邀參加被譽為「文化奧林匹克」的西班牙巴塞隆納論壇「第四屆世界宗教大會」。【59】

上述佛光山海外道場積極效法星雲在播種期的耕耘，繼續在世界各地推動與當地的佛教、與世界宗教交流、參與當地的跨宗教聯合活動、與當地政要賢達往來、舉辦國際學術會議等，以助星雲人間佛教在世界各地開花結果。

第三節、星雲人間佛教第二波國際化成長期的發展情況與困境

星雲人間佛教第二波國際化的成長期，與第五章星雲人間佛教第二波海外國際化後的本土化，與第一波在台灣國際化後的本土

【57】　同上註，頁160。
【58】　同上註，頁168。
【59】　同上註。

化相同，無論佛光山全球各道場或全球國際佛光會各協會，都依佛光山四大宗旨在世界各地推動各種多元的相關弘法活動。

　　然而，與第一波國際化後在台灣的本土化，首先面臨到的是不同語言、信仰、種族、與習俗帶來的文化差異，這些文化差異會在國際化後的本土化過程中，遇到什麼樣的困難或限制？本節將就佛光山在全球五大洲的國際化所設立的道場中，各取一道場為代表，分別為美國西來寺、非洲南華寺、澳洲南天寺、亞洲馬來西亞新山禪淨中心、歐洲荷華寺、與巴西如來寺，探討這些道場的國際化，與之後的本土化的發展情況與困境，再相互比較與爬梳，以釐清其共同的發展模式。

一、西來寺在美國的本土化

　　創建於1988年的西來寺(音譯Hsi Lai Temple，全名International Buddhist Progress Society，簡稱I. B. P. S.)，前身為座落在洛杉磯Maywood區原為教堂的白塔寺。星雲認為，

> 把一所教堂改成寺院，在西方不算稀奇，但在我們弘法的情況，卻有一些周折。例如，西方的信徒做過禮拜之後就回家吃飯，中國的信徒到寺院裡參拜之後，他們不肯離開，等著要吃素齋。但只能容許七、八個人用餐的廚房設備，哪裡能供應信徒吃飯呢？同時，在美國沒有汽車，每天簡直無法外出了解社會；連一台電視都買不起，又哪裡能知天下大事？雖然住在開放的美國，也等於每天關在「關房」裡一樣。[60]

　　由摘錄中可見台美兩國民情差異，星雲在台灣住持宜蘭雷音寺期間，到處弘法都靠步行或大眾交通工具，沒有私人汽車，到了

---

[60]　星雲(2015)，《貧僧有話要說》，台北市：福報文化有限公司，頁121。

美國沒有汽車，猶如沒有腳辦不了事。另外，筆者認為星雲在宜蘭雷音寺奠基時，就已將雷音寺內外觀仿教堂建置，與當時在台灣受制於蔣宋美齡提倡基督教信仰，排斥其他宗教不無關係。但此種模式延用至以基督教信仰為主的西方國家，就更是合乎情理，且又是入鄉隨俗，減少文化衝擊。此種模式在佛光山日後全球國際化的英國倫敦佛光山，與澳洲墨爾本佛光山道場建置時都被延用。

西來寺座落在美國加州洛杉磯哈崗(Hacienda Heights)住宅區，【61】佔地十五英畝，分為寺廟與住宅兩區，寺廟區屬中國佛教傳統寺廟建築，這座建築對華人來說猶如遊子的歸家，對當地人而言則是種具像的中國建築文化；住宅區除僧眾寮房外，為西來寺在家職事與信眾掛單處，這些住眾幾乎都為華人。筆者曾於西來寺建寺之初1986年、開幕期間1988~1991年、與初創2000~2006年期間居住西來寺，扮演著圈內人的角色，長期參與過西來寺不同階段的寺務工作，與親自觀察過西來寺的成長與本土化過程，為本研究提供諸多有力的見証。

西來寺是佛光山在西方國家設立的第一座國際化的十方叢林，命名西來寺旨在於促進「佛法西來」，希望東方的佛教能帶給西方人士更豐富的精神食糧，更希望「東土佛光普照三千界，西來法水長流五大洲」。【62】在這之前星雲已於1982年在拉斯維加斯設有蓮華寺、1986年設立關島佛光山、1987年建設夏威夷禪淨中心，這三個道場的規模都比西來寺遜色許多。之後為弘揚星雲人間佛

【61】 西來寺地址：3456 South Glenmark Drive, Hacienda Heights, CA 91745, USA.

【62】 西來寺http://www.ibps.org/newpage21.htm 2013.11.8

教，繼續在美國設有聖地牙哥西方寺、舊金山三寶寺、紐約道場等計25個道場，與加拿大溫哥華佛光山、多倫多佛光山、愛明頓講堂等六個道場(見表5-2)，與西來大學及西來佛學院。並在西來寺、達拉斯講堂、新州禪淨中心等處，設立交響樂團。亦在西方寺附設西方佛教文物中心，加拿大多倫多設置電台，使得多元化弘法方式成為星雲人間佛教在美洲弘法的一大特色。【63】

(一)西來寺本土化發展現況

佛光山雖然有三年一任的人事調動制度，但在北美創建的這些道場，一直以來都是由華人出家弟子擔任住持。目前西來寺由擅長英文、正在攻讀宗教學博士學位的中國籍慧東法師擔任住持，配合五位同獲西來大學宗教學碩士學位的僧眾，積極推動人間佛教，舉辦的活動不離佛光山四大宗旨，使用語言以華語居多、英語其次。佛光山篩選美國各別分院僧眾就讀西來大學碩博士班，培養國際化後的本土化弘法人才。自西來大學於1991年創辦以來，除了釋慧東之外，尚有筆者與釋覺瑋兩位獲得博士學位，分別任教台灣佛光大學與澳洲南天大學；以及釋妙士等20位僧眾完成碩士學位，目前都派駐佛光山全球重要別分院道場，擔任國際弘化要職。孫寶惠《非營利事業組織之國際化發展策略—以佛光山為例》論文就提到，佛光山透過設立美國西來大學知識文化教育機構，最符應知識經濟的時代，且能紮根「在地化」途徑的睿見。【64】

【63】 佛光山宗委會(2007)，《佛光山開山四十週年紀念特刊 8 佛光道場》，頁124。

【64】 孫寶惠(2006)，《非營利事業組織之國際化發展策略—以佛光山為例》，國立中山大學企業管理學系研究所碩士論文。

筆者參考西來寺官方網站，【65】將其2014年整年的行事，依四大宗旨整理分類說明如下：

1.「以文化弘揚佛法」相關活動

西來寺在成立之初即在一樓規劃了寶藏館，全年輪展佛教文物與相關作品、或一般藝術品，有中英雙語文的說明，如元月份西來之美攝影比賽展、二月份星雲大師一筆字書法展、三月份許彥繪畫創作展—燈塔之情、五月份佛誕教育特展、七月份台灣原住民風情展、八月份許德民畫展、十月份羅森豪陶藝展。此外，西來寺不僅舉辦佛教節慶活動如佛誕教育特展，提倡中國文化禮儀如毓麟祈福禮，並配合當地節日融入中國文化慶祝活動，如新春文化表演。另外，融合中外音樂表現，在社教才藝班開設全年二胡班，舉辦人間音緣歌唱比賽、人間法音-音樂饗晏、與佛光青少年交響樂團公演。可見西來寺在「以文化弘揚佛法」的本土化相關活動上，於各年齡層融入許多中華傳統文化的琴、棋、書、畫、藝、樂等活動，方便吸引當地人士的參與。

2.「以教育培養人才」相關活動

西來寺所屬佛光西來學校開設課輔班、周六班、與成人班。校內舉辦詩歌朗頌比賽、硬筆比賽、與配合萬聖節的競賽活動。為西來佛光男童軍教授宗教課、舉辦寒冬送暖暨教育獎助活動、三好兒童暑期營與南加佛光青年團冬令營。

另外，舉辦第一期英文佛學班、與Robert Buswell「佛學辭典」發表會。全年每週六一日的人間佛學院，開設人間佛教之理念與實踐、摩訶止觀概說、中文禪修、華嚴經系列-淨行品、佛教義

【65】 西來寺http://www.ibps.org/newpage21.htm 2013.11.8

理與實踐與楞嚴系列-相妄性真等課程。其中,唯有英文佛學班、與Robert Buswell「佛學辭典」發表會,是用英語進行外,其餘課程皆以華語教授。西來學校、西來英文佛學班、與童子軍宗教課等多數活動都在週末舉行,為兒童或青年辦理的營隊則在寒暑假舉行,西來學校舉辦的萬聖節,則有融合當地文化與節慶意義。

除了上述2014年「以教育培養人才」的各項相關活動外,往年西來寺亦舉辦國際學術或交流會議,落實「以文化弘揚佛法」的宗旨,如2002年國際佛光青年幹部會議、2003年修女與比丘尼對話(Nuns in the West)。【66】綜觀上述課程與活動的內容與針對對象,可窺見星雲人間佛教含蓋的弘法活動的普遍性與多元性。

3.「以慈善福利社會」相關活動

西來寺在「以慈善福利社會」方面的活動相當多元,與國際佛光會攜手合作從事慈善賑濟活動、愛心送暖、慈善義診、與急難救助等。【67】首先設定每週日為西來寺環保回收日,於元月份舉辦祈求世界和平法會、捐血活動與為惠提爾大學舉辦六天的冬令營(2014年1月13-18日),三月份與APA Health CARE of UCLA合辦健康義診活動、提供VITA免費報稅服務,三月、四月、五月、與六月份分別舉辦「老人失智」、「均衡素食」、「牙齒保健」、「高膽固醇及高血壓」等四場健康講座與「生活」系列講座,五月、六月、十月份與十一月份社會關懷組舉辦老人院探訪,十月份提供免費感冒預防針注射、與亞市分會美以美醫院義診;十一月份舉辦寒

【66】 釋妙益(2013),〈從星雲大師本土化理念看佛光山全球弘化之文化適應及成效—以荷蘭荷華寺為例〉,《2013星雲大師人間佛教理論實踐研究》,佛光文化事業有限公司,頁341-342。

【67】 同上註,頁330。

冬送暖暨教育獎助活動，與十二月份舉辦西來學校感恩義賣園遊會。2015年五月份又進一步增加免費健康檢查。

　　並配合當地社區，參與五月份南加州佛教界聯合慶祝佛誕節暨母親節活動，六月份舉辦父親節暨壽誕祈福禮、毓麟祈福禮、與慶祝美國國慶美化街道活動，七月份的國慶遊行(Parade)，九月二日的國際淨灘日。【68】

　　另外，西來寺亦將星雲英譯著作分贈近百所的美國各州大學與圖書館，投入2001年911事件、1994年洛杉磯北嶺震災與美國中西部水災等的賑災工作，提供臨終助念服務等需求。西來寺被選為當地學生擔任義工服務的單位。【69】可見西來寺不遺餘力投入本土化工作，積極推動各種社區服務活動的情形，都有助於敦親睦鄰，與社會融入，以消除彼此的文化差異。

　　4.「以共修淨化人心」相關活動

　　西來寺在修持方面，全年依諸佛菩薩聖誕先後，舉辦各種慶祝法會，與佛光山第一波在台灣本土化道場的朝暮課誦、祝聖佛事與普濟佛事雷同(見第三章第16頁(二)行銷管理)，平常週日有共修法會。沒有分中英文組，完全以華語唱誦，西來寺提供音譯兼義譯課誦本予有興趣的本土人士，共修結束前的佛法開示時則有英語口譯。

　　除了法會外，西來寺主要提倡禪淨雙修，故有禪修課與念佛班，並不定期舉辦抄經班、朝山、一日禪或三日禪修會、中文茶禪等修持活動，2015年六月份又延長為七日禪。精進修持的「佛門一

【68】　參閱西來寺http://www.ibps.org/newpage21.htm 2013.11.8
【69】　同上註。

日」寺院生活體驗營、青少年短期出家修道會、在家五戒菩薩戒
會、與八關齋戒修道會，2015年五月份又增加雲水禪心生命體驗
營。與節日結合的活動，則有南加州佛教界聯合慶祝佛誕節暨母親
節、月下慶中秋茶禪會與朝山。其中，只有1月12日英文班慶祝法
寶節，與英文八關齋戒修道會以英語進行。

　　2014年西來寺先後請慧峰、慧寬、依空、心培、慧東等法師
舉辦了五場佛學講座，僅有慧峰法師以英語講授。另外，為提倡環
保護生與慈悲不殺的觀念，西來寺餐廳週二至週日午餐對外開放，
供應付費素食自助餐(buffet)。成為西來寺淨財收入重要來源之一。

　　綜上可見西來寺為推動四大宗旨，在組織上有不斷擴大的需
求，目前在教育培養人才上，設有西來大學、佛光西來學校、英文
佛學班、人間佛學院、西來童軍團；在文化弘揚佛法的需求上，設
有國際翻譯中心暨美國佛光出版社、國際網路及電腦資訊中心、
《佛光文摘》(Buddha Light Digest)(原為《美洲人間福報》)、佛光
合唱團、佛光青少年交響樂團、佛光鼓樂團、寶藏館；在美國各州
的共修淨化人心上，組織臨終助念團；在慈善福利社會上，創立國
際佛光會世界總會與各協會與分會等多個單位。透過這些團體的集
體創作，有如佛光山在海外的總本山，在本土弘法功能上發揮相當
大的力量。

　　西來寺擁有如上多種事業單位，與相當多元頻繁的活動，開
銷相當龐大，其經費來源主要依賴佔高比例的華人信徒的捐款、法
會活動的隨喜贊助、各種護法委員會費的支持、玫瑰陵往生佛事相
關贊助、佛教文物流通收入、偶爾的場地租借費，與素食自助餐的
收費等，加上佛光山美洲各分別院統收制度所繳回的淨財的合力維

護。

(二)西來寺本土化的困境

西來寺在1988年創建之初,曾遭到本土宗教團體的示威抗議,激發所有住眾投入本土化工作的決心,然而在異國不同語言、文化、民俗、信仰環境下,無法一觸可及。根據釋妙益〈從佛光山美國西來寺看佛教本土化〉中所載,對於西來寺的發展方向,佛光山開山宗長暨西來寺創建人星雲曾提出四點指示:「一、西來英語化;二、西來國際化;三、西來文宣化;四、西來僧信化。」[70]文中又論及星雲在南非召開「國際佛光會第三屆第一次理事會」時亦提到佛法四化願景,其中之一即為「寺院本土化」,希望寺院本土化之後,都能有本土人士來主持管理,真正做到「佛光普照三千界,法水長流五大洲」。因此,西來寺僧信二眾共同擬出三個十年計畫:第一個十年課程培訓;第二個十年職事實習;第三個十年選出住持、當家人選。[71]可見星雲對其海外道場本土化的殷切期盼。

西來寺落成迄今已邁入第27年,屬第三個十年,是否將如第三個十年的計畫選出本土住持或當家人選?釋滿具〈人間佛教全球弘化問題略論─以美國為例〉,以自己實際參與佛光山美國分別院的經驗與觀察,以及其問卷調查結果,發現在單一中華文化教育體制下,與佛光山人間佛教系統下,雕塑成長的弘法者,易因「文化衝擊」、「思想鴻溝」、及「價值觀殊異」衍生困境,無法符應全

【70】 釋妙益(2004),〈從佛光山美國西來寺看佛教本土化〉,《普門學報》第
　　　24期/2004年11月,頁314。

【71】 同上註,頁352。

球各地不同文化的需求，【72】在其40份對僧眾的問卷調查中，95%
同意有習慣與文化差異造成的海外弘法困境。【73】為能蒐集到更全
面的觀點，筆者於2015年5月1日專程訪談佛光山紐西蘭籍釋慧峰法
師，法師現任佛光大學佛教學系助理教授兼佛光山寺副住持，每年
寒假會前往西來寺巡視、英語講演、以及主持惠提爾大學的冬令
營。針對西來寺本土化發展現況，釋慧峰認為，

> 目前西來寺仍以華人信徒與華語進行的活動為主，僅有少數比
> 例的英語活動，但有本土信徒組織，本土化程度約20%，要達
> 到選派本土住持或當家的條件尚未成熟。若要能落實此理念，
> 選出的住持必要能長住西來寺，且有一批出家至少十年以上的
> 本土僧眾攜手合作，才可能有所改變。」【74】

　　然而近三十年來，西來寺以禪淨共修為主的修持，與依據佛
光山四大宗旨推出的多元活動，對當地社會已明顯做出很大的貢
獻，且深受本土人士的肯定。對其本土化的進展與成效已逐年在成
長中，未來的本土化是有可能的，只是時間長短的問題。釋滿具的
問卷調查結果亦認為，人間佛教在美國的本土化有其可取優點，即
是本土人士對首次接觸佛法與中華文化充滿好奇高達69%，不滿本
土宗教21%，為了健康接觸佛教禪修與素食佔26%。【75】這些都是
本土化有利的切入點，但隨後的逐步進階深化佛法卻是一大考驗。

【72】 釋滿具(2013)，〈人間佛教全球弘化問題略論─以美國為例〉，《2013星
　　　 雲大師人間佛教理論實踐研究》，頁484-5。
【73】 同上註，《2013星雲大師人間佛教理論實踐研究》，頁491。
【74】 訪談時間下午4:30-5:30，地點在佛光大學佛教學系N102其研究室。
【75】 釋滿具(2013)，〈人間佛教全球弘化問題略論─以美國為例〉，《2013星
　　　 雲大師人間佛教理論實踐研究》，頁493。

二、南華寺在非洲的本土化

迄今未有任何有關佛光山南華寺的學術研究問世，故本節相關資料依據南華寺官方網站公告的資料，與訪談曾就讀其佛學院及擔任過南華寺職事的釋慧峰法師的內容記錄。佛光山南華寺(音譯Nan Hua Temple，全名International Buddhist Association, South Africa，簡稱I. B. A. S. A.)，是非洲第一座大乘佛寺，座落於南非布朗賀斯特市(Bronkhorstspruit)，【76】距離南非行政首都普利托利亞(Pretoria)只有五十公里，是一個積極開發中的城市。南華寺分為寺廟與信徒會館兩區的主體建築物，六公頃土地，為南非布朗賀斯特市議長漢尼・幸・尼科爾博士於1992年所贈。隨後又得到當時總統戴克拉克的「中國文化社區」計畫方案的大力支持，促進南華寺的蓬勃發展。【77】

(一)本土化發展現況

南華寺1994年創建完成之前，已在非洲建立了布魯芳登禪淨中心、與新堡禪淨中心，之後才陸續成立普覺佛堂、開普敦禪淨中心、德本禪淨中心、剛果黑角佛光緣與賴索多妙覺佛堂等共八個據點。這些禪淨中心的信徒以華人居多，使用語言以華語為主。南華寺一直以來都是台灣籍的僧眾擔任住持，目前的住持為慧昉法師。除了華人信徒外，尚有一些來自坦沙尼亞、馬拉威與剛果等國來的黑人，與少數當地白種非洲人，以英語與非洲語溝通。南華寺亦遵循佛光山四大宗旨，舉辦各種相關活動來推動星雲人間佛教。茲分

【76】 南華寺地址：27 Nan Hua Road, Culture Park, Bronkhorstspruit, South Africa.
【77】 佛光山宗委會(2007)，《佛光山開山四十週年紀念特刊 8 佛光道場》，頁202。

別條列如下：

　　1.在文化弘揚佛法方面，南華寺為非洲第一大佛寺，除了以弘揚佛教信仰為主外，並希望透過寺院建築，讓民眾更了解中華文化。一磚一瓦，一花一草，建築、庭園、雕像，無聲中傳播佛法與藝術。也定期舉辦各種活動，如中華文化嘉年華會、光明和平節、跨年迎新放天燈祈願等活動，讓當地民眾體驗中華文化，並於展覽館定期展出各國藝術作品，促進東西方交流。【78】

　　2.在教育培養人才方面，開辦佛教學院，自1994年在南非布朗賀斯特市成立，至2011年為止，共錄取了近三百名來自津巴布韋、納米比亞、南非、斯威士蘭、萊索托、博茨瓦納、馬拉威、坦桑尼亞、馬達加斯加、巴西、以色列、剛果、肯亞等非洲國家的男眾學生。因應現代社會的需求，「非洲佛學院」於2012年轉型為「人間佛教生命禪學苑」。除了以培養僧眾為主的僧伽教育外，南華寺更是不遺餘力的推動社會教育，希望透過技術的專業訓練，讓失業的青年們找到工作，改善生活環境，減低社會問題。【79】

　　(1)社會教育

　　南華寺固定舉辦為期三個月的電腦訓練班，協助貧窮地區居民學得一技之長。至目前為止近二千人受到電腦的基礎訓練，有的學生也陸續找到工作，南華寺與國際佛光會在2010年成立南華教學中心，以更專業的教學與師資來訓練學生，以利學生能通過國際考試，領到國際證書。目前除了MOS(微軟Office專業認證)、A+(電腦

【78】　南華寺網址https://zh-tw.facebook.com/nanhuatemple 2015.4.20
【79】　同上註。

技術工程助理)，亦設Pastel基礎會計、中文班等。【80】有鑑於當地少女都無法接受良好教育，逃避不了坎坷一生的命運，南華寺於2013年成立15名少女組成的「天龍隊」，讓當地無業、來自偏遠村落的未婚女性，除了學習語言、電腦技能，並培訓直排輪舞龍、中國大鼓、非洲傳統舞蹈等技藝，經由學習的過程中讓生命擁有了希望、也讓人生出現了改變的契機。透過南非及台灣完成的訓練課程，可望走向世界舞台，展現生命光彩。【81】

(2)佛教教育

南華寺成立人間佛教生命禪學苑，開設為期三個月或一年人間佛教研修課程。

3.在慈善福利社會方面，在寒冬時，到貧窮地區進行冬令救濟，協助困苦的人民渡過嚴冬。另外，每星期送物資到鄉鎮小學，協助學校調理營養午餐，讓小朋友能夠獲得營養，健康的學習。不定期的捐贈電腦給各小學或中學，希望偏遠地區的學生也能夠得到平等的教育。不斷地將輪椅捐贈給醫院、殘障院、殘障學校、老人院、安寧病房、愛滋病患者乃至家庭有需要者，至2012年止，已捐出逾12,000輛輪椅，令無數人受益。【82】

4.在共修淨化社會方面，南華寺及各禪淨中心除了每個星期日固定的共修法會外，亦定期舉辦各種法會，如梁皇法會、地藏法會、精進念佛會、上燈法會、大悲懺法會等；並走出寺院，進入社會各階層，舉辦浴佛法會、觀音巡境、法寶節分送臘八粥，以佛陀

【80】 同上註。

【81】 主播徐禎敏，「南非南華寺天龍隊」人間衛視http://www.bltv.tv/program/?f=descript&sid=293 2015.3.21

【82】 南華寺網址https://zh-tw.facebook.com/nanhuatemple 2015.4.20

的祝福安定人心。為延續佛法慧命,舉辦三皈五戒;為傳承佛教信仰,舉辦毓麟祈福禮;為建立佛化家庭,舉辦佛化婚禮;為確立佛化家庭,舉辦菩提眷屬祝福禮;為跨年迎新祈願未來,舉辦抄經修持法會;為接續臨濟禪風,舉辦初階、中階二日禪、人間佛教七日禪。【83】

(二)本土化的困境

南華寺所辦共修法會對象以華人為主,筆者於2015年5月6日(星期三)晚上8:00~9:00在佛光大學雲水軒N102研究室訪談釋慧峰法師,法師曾就讀南華佛學院三年,與坦桑尼亞百名佛學院男眾學生共住共學過,見証南華佛學院本土化的興衰。釋慧峰法師說:

> 這些本土黑人志在學習禪修與電腦等生活技能,不在學佛,後來都轉讀一般大學還俗回家。坦桑尼亞百名佛學院學生因不習慣中國佛教嚴謹的紀律與嚴格的管理,一夜之間同時離開。辦學迄今十年來的成果,僅留住五位出家男眾,其中一位返剛果成立中心接引當地人,其餘留在台灣佛光山。【84】

由上述四大宗旨的活動可見非洲南華寺的本土化,偏重在慈善救濟,培訓當地黑人具有一技之長,以改善他們的生活,故南華寺過度寬廣的建築猶如村落般,分為寺院、會館與學院三區,需聘用近10位當地員工與10位黑人清潔維護。釋慧峰法師繼續說明南華寺的經費來源,他說:

> 因為南非經濟政策不穩定,當地經商的華裔信徒常有一夜之間

【83】　同上註。

【84】　筆者於104年5月6日(星期三)晚上8:00~9:00在佛光大學雲水軒N102研究室訪談釋慧峰法師。

全遷至國外的突發狀況，所以南華寺在這方面的財力護持很沒有保障，因此經費需要靠全球各地信徒的發心贊助，與佛光會員的護法委員會費，或者建屋出售以及偶爾場地的出租。原有農禪的規劃，但欠缺購置大型機械農具的經費，一直無法落實。【85】

筆者認為星雲人間佛教第一波在台灣的本土化培養僧眾的模式，要完全移植到第二波的全球國際化後的本土化，是行不通的，尤其是針對非洲不同種族的現代年輕男眾。

三、南天寺在澳洲的本土化

本節有關澳洲南天寺資料來源，主要依據南天寺官方網站公告的資訊，與筆者指導的兩篇有觀南天寺本土化的英文碩士學位論文，以及筆者1991-1995年直接負責南天寺的建築、之後迄今陸續返回南天大學授課，加上對佛光山副住持紐西蘭籍釋慧峰法師的訪談。

佛光山南天寺(音譯Nan Tien Temple，全名International Buddhist Association of Australia Incorporated，簡稱I. B. A. A.)，座落於澳洲紐省臥龍崗(Wollongong)市郊，【86】於1995年10月8日落成啟用，莊嚴的中國宮殿式建築被喻為南半球的天堂。南天寺佔地五十五英畝，建地六千五百平方公尺，大雄寶殿可容八百人，大悲殿可容二百人，另有教室、禪堂、視聽中心、法堂、會議廳、圖書館、寶藏館、雲水寮、客堂、講堂、辦公室、七寶塔、齋堂、寮

【85】　同上註。

【86】　南天寺地址：180 Berkeley Road, Berkeley, N. S. W. 2506, Australia.

房、會堂與香雲會館等設備，有兩百六十個停車位的停車場。【87】
設有中華學校、佛學院、滴水坊等單位，在佛光山澳洲布里斯本中
天寺、墨爾本佛光山與柏斯西澳道場，以及紐西蘭南、北島佛光山
等大洋洲分別院中，最具規模堪任佛光山大洋洲的總本山。

(一)南天寺本土化的發展現況

　　早在南天寺建設之前的1991年，佛光山在雪梨帕拉瑪打區
(Parramatta)即有南天講堂、南天中華學校，與雪梨佛光會的組織，
藉以凝聚信眾力量，深入社團，參與當地公益活動，以及護持南天
寺的建寺。南天寺落成後，又陸續在雪梨地區成立雪梨佛光緣、北
雪梨佛光緣、與南雪梨佛光緣等弘法據點，但信眾以華人為主。南
天寺主要推動人間佛教，使用語言以華語與英語並用，舉辦的活動
亦不離佛光山四大宗旨，簡介如下：

　　1.在文化弘揚佛法方面：南天寺在寺內開設素食烹飪班、東方
文化之旅等課程，舉辦毓麟禮、佛化婚禮、家庭普照等活動，其他
如2005年將如是我聞《浩瀚星雲》音樂劇轉為英語舞台劇，以滿足
大眾不同層次的需求。

　　2.在教育培養人才方面：南天寺開設佛學課、抄經班、週末禪
修課與一日禪。以及創辦南天大學。

　　3.在慈善福利社會方面：南天寺組織南天義工、佛光青年團與
雪梨佛光協會，投入社區的急難救助義行。

　　4.在共修淨化人心方面：南天寺除了必要的諸佛菩薩聖誕法
會，每月初一、十五光明燈消災法會、觀音法會、清明法會、盂蘭

【87】　佛光山南天寺http://nantien.org.au/cn/content/%E5%BB%BA%E5%AF%BA
%E5%9B%A0%E7%B7%A3 2015.3.1

盆孝親報恩法會、藥師法會、新年禮千佛法會、週末共修、短期出家修道會等，[88]每年佛誕節在雪梨達令港舉辦浴佛慶典，有十數萬人參加，半數以上非華裔人士共襄盛舉。此活動已在澳洲成為一項淨化人心的全民運動，獲澳洲政府全力支持。[89]

　　南天寺經費來源部分依賴華人信徒的捐助款、點光明燈、法會活動的隨喜贊助、各種護法委員會費的支持、七寶塔往生佛事相關贊助、佛教文物流通收入，與素食自助餐的收費，以及會議場所的租借等。另外，香雲會館提供有定價收費的住宿 (見表6-1)，不僅是南天寺重要的財源，還提供二日禪及做為南天寺禪修活動的交流中心，吸引對禪修和東方文化有興趣的初學者入住，隨眾一起禪修體驗。加上佛光山大洋洲各分別院，統收制度所繳回的淨財的共同維護。

---

[88]　佛光山南天寺http://nantien.org.au/cn/content/%E5%BB%BA%E5%AF%BA%E5%9B%A0%E7%B7%A3 2015.3.1

[89]　佛光山宗委會(2007)，《佛光山開山四十週年紀念特刊 8 佛光道場》，頁184。

表6-1南天寺香雲會館價目表【90】

房間規格	價格(每日)
標準間 1張雙人床	$88
標準間 2張雙人床	$98
兩張雙人床帶空調	$103
(多加一人)	$25
三人間	$124
四人間	$144
家庭間 (4張床)	$149
雙人間 帶空調和陽台	$108
家庭間 (5張床)	$170
家庭套房	$206

　　若以美國西來寺發展的三個十年計畫來評估南天寺的本土化，南天寺自1995年落成迄今剛滿20年，正處於第二個十年職事實習，與第三個十年選出住持、當家人選的交接點上。筆者於2015年5月1日訪談釋慧峰法師時，亦問及南天寺本土化現況。由於慧峰法師每年暑假都會應邀前往南天大學授課，與南天寺英語講演，又具西方人兼學者與法師的三重身份，他認為：「雖然南天寺與南天大學聘用不少本地教職員工，但目前南天寺接待的參訪對象仍以中國來的團體居多，活動亦以華語進行的為主，並無本土信徒組織，本土化程度亦約為20%，要達到選派本土住持或當家的條件仍未成熟。和西

【90】　摘錄自南天寺官方網站 http://nantien.org.au/cn/content/%E5%BB%BA%E5%AF%BA%E5%9B%A0%E7%B7%A3 2015.4.26

來寺一樣，若要能實踐此理念，選出的住持必需要能長住南天寺，且有一批出家至少十年以上的本土僧眾一起努力，才有轉變的機會。」

(二)南天寺本土化的困境

南天寺在興建完成之初，寺廟所屬車輛亦曾遭到本土宗教團體的抗議破壞。

筆者曾於1991~1994年間實際負責過南天寺的建設，一開始籌建南天寺時，即有本土化的長遠規劃，當時負責設計的建築師、與裝潢工人，都是聘用當地澳籍人士。啟用後的南天寺每項工作均至少聘用一名本地人配合，尤其在2015年2月南天大學校舍開幕後，組織規模更加龐大，設立南天大學、南天佛學院、南天書院、英文佛學班與禪修班等，南天大學與香雲會館幾乎全聘用當地人士做管理。但這些教職員工大半純以打工心態對待其工作，極少參雜宗教情操的信仰成份，不易改變其原來的信仰。【91】

南天寺地處偏遠，距離雪梨近兩個小時車程，遠離華人區，加上早期參與開山的華人信眾逐漸凋零、或歸國流失，而第二代子弟未見有傳承父母相同信仰的意願。雖然由在家信徒組織的佛光會設有佛青團，但這些團員成年後轉入佛光會的意願並不強，【92】故平時入寺禮佛參拜者，以本地人與中國籍遊客居多，因此活動沒有美國西來寺的頻繁。創立迄今，各任住持仍都由佛光山的亞洲籍

【91】 Wai, Wei-Wei, (韋葳葳(2013)，) Localization of Humanistic Buddhism in Australia: Nan Tien Temple as Example (人間佛教在澳洲本土化研究-以南天寺為例)，佛光大學佛教學系碩士論文。

【92】 Fun, Leonard (2013) Effective Transition of Fo Guang Shan Young Adult Division into Buddha's Light International Association through the Study of Sydney Prajnas Division(佛光青年轉為國際佛光會員之研究—以雪梨般若分團為例)，佛光大學佛教學系碩士論文，頁90-92。

的比丘尼眾擔任，現任住持為馬來西亞籍滿可法師，精通華語、英語、粵語與馬來語。然而本土僧眾不易安住，語言隔閡與文化差異應是最大的障礙，無法用華語與人溝通，久而久之會有疏離感。再者，佛光山提供的服務與活動，能滿足台灣或亞洲文化相近國家的僧眾，同樣服務與活動，未見得能滿足西方僧信的需求。

　　但筆者認為在深入本土化之前，土生土長的華人第二代子弟，肯不肯繼承父母的佛教信仰，繼續踏入佛門的問題亦不可輕忽。在Fun, Leonard的 Effective Transition of Fo Guang Shan Young Adult Division into Buddha's Light International Association through the Study of Sydney Prajnas Division (佛光青年轉為國際佛光會員之研究—以雪梨般若分團為例)論文中，透過問卷調查南天寺的佛青團成員，發現華人第二代不願轉為佛光會員的主要原因，就是佛光會安排的活動不是他們要的；再者，歡迎加入佛光會與義工團隊，卻沒教他們怎麼做。【93】

　　南天寺成立時間晚西來寺七年，座落偏遠地區，長住僧眾人數不及西來寺一半，法會活動少，相關組織單位也少。但與西來寺同樣擁有一座納骨塔，也同樣需支持一所大學的費用。南天寺只比西來寺多了對外開放定價的住宿會館，在此種條件下，南天寺同樣有20%本土化成績，筆者推測與其聘用多位本土員工不無關係。

四、新山禪淨中心在馬來西亞的本土化

　　1998年成立的新山禪淨中心(Persatuan Penganut Ugama Buddha

【93】　Fun, Leonard (2013) Effective Transition of Fo Guang Shan Young Adult Division into Buddha's Light International Association through the Study of Sydney Prajnas Division(佛光青年轉為國際佛光會員之研究—以雪梨般若分團為例)，頁90。

Fo Guang Johor Bahru)，位於馬來西亞半島最南端的柔佛州新山五福城市，【94】是新山華人居住眾多的地區，為一座三層樓道場，是星雲親訪後應當地華人需求而設立的道場。內設有講堂、禪堂、滴水坊、客堂、會議室、社教館、圖書館等設施，亦根據佛光山四大宗旨，開辦各種課程與活動，來接引不同年齡階層的人士。

(一)新山禪淨中心本土化的發展現況

1998年新山禪淨中心開始運作馬來西亞佛光基金會(Fo Guang Foundation, Malaysia)，來推動四大宗旨的如下各項活動：【95】

1.在文化弘揚佛法方面：新山禪淨中心定期助印經書、捐贈圖書、舉辦畫展、陶瓷、文物展覽、推廣民族舞、佛曲音樂制作。與融入華人節慶的活動，如中秋節舉辦燈籠繪製比賽與朝山活動、新春團拜慈善齋宴、國際佛光會新春團拜與新春圍爐晚會。以及結合傳統中華文化的活動，如星雲大師一筆字、巧智慧心揮春比賽等。【96】

2.在教育培養人才方面：新山禪淨中心著重社區教育，開辦補習班、兒童教育心理智障課程、民俗班、美勞創意班、兒童至成人的佛學班、師資培訓課程、健全的兒童與親子教育課程，尤其由林保如博士為生活與心理遇到瓶頸的社會大眾設計的人本教育課程與佛光諮商室輔導課程，前者以華人為主，後者則不限於任何宗教及

【94】　新山禪淨中心地址：Johor, Johor Bahru, 48, Jalan Sutera Merah 2,Taman Sutera 81200 Malaysia

【95】　林威廷 (2011)《佛光山在大馬華人社區中的發展-以柔佛州新山禪淨中心為研究》，頁52。

【96】　同上註，頁53。

種族階層人士，都能融入佛法以提升更高的生活素質。【97】

3.在慈善福利社會方面：新山禪淨中心輪椅捐贈全柔22家慈善團體、捐血報恩、醫療義診、健康檢驗、植樹環保、監獄佈教、助念施棺、輔導援助、病患濟助、醫藥基金、急難救助，如四川大地震賑災等。【98】

4.在共修淨化社會方面：新山禪淨中心成立佛光籃球隊、書法班、少年軍、青年團、老人書院、婦女會、金剛會、念佛班、淨土經典研讀班、讀書會、與假日佛學班等各種不同的共修活動來淨化人心。【99】

此外，1994年即成立的國際佛光會南馬協會(BLIA, South Malaysia)，亦配合新山禪淨中心推動四大宗旨的各項活動，於1995年設立兒童醫藥基金會，繼於2002年設立佛光醫藥基金會，以服務廣大的各階層人士。為推動上述活動，陸續在柔佛州各地設立分會與國際青年團。將以往傳統方式的佛教活動，融合時尚，有效實踐星雲人間佛教的精神。【100】

新山禪淨中心除了法會活動的隨喜贊助、社教班學費等，仰賴兩個基金會的運作，來維護及推動中心的本土化。

(二)新山禪淨中心本土化的困境

佛光山在馬來西亞的發展快速，弘法盛況及接引到佛光山出家人數也勝於全球其他各洲，全馬來西亞共有20處佛光山別分院，

【97】 林威廷 (2011)《佛光山在大馬華人社區中的發展-以柔佛州新山禪淨中心為研究》，頁53、56。

【98】 同上註，頁54。

【99】 同上註。

【100】 同上註，頁55。

由東禪寺現任住持馬來西亞籍華裔覺誠法師擔任總住持，其他分院則由當家負責。新山禪淨中心自1998年設立迄今已換過數位當家法師，其中少數為台灣籍僧尼，大部分為馬來西亞籍依止星雲剃度的華人僧尼，目前新山禪淨中心的當家為華裔馬來西亞籍如昇法師，可見佛光山在馬來西亞本土化的企圖。然而，馬來西亞為回教國家，主要信仰人口為回教徒，不會出入禪淨中心，只有在衛塞節時偶爾會有印度人前去禮拜，【101】是星雲人間佛教想在馬來西亞本土化先天上的限制。馬來西亞新山禪淨中心雖然規模小於東禪寺許多，卻針對各年齡層舉辦非常頻繁多元的文教活動，使用語言以華語為主，所以接引對象仍限在當地的華人，義工也都是華人。

　　該中心試圖透過成立的佛光基金會，聘請教育學專家林保如博士籌劃免費的「人本教育課程」與「佛光諮商室」兩種課程，如今已邁入第十二年。學員需完成100個小時的課程，再經過理論、實務與考試的評鑑，通過評鑑之後能成為合格專業的輔導員。兩門課程已培養超過百名學員，每週一至週六晚上開放諮詢。「人本教育課程」輔導對象限於華人，「佛光諮商室」輔導對象則不限於宗教信仰及種族階層人士。學員也安排到台灣南華大學交流取經。【102】

　　由此可見，星雲人間佛教在馬來西亞的本土化，有其先天上的限制，要進入接引本土人士的機緣極為渺茫，但新山禪淨中心不受制於較小規模，還是兢兢業業想方設法設立兩個基金會、與國際

【101】　林威廷 (2011)《佛光山在大馬華人社區中的發展-以柔佛州新山禪淨中心
　　　　為研究》，頁102。
【102】　同上註，頁56-57。

佛光會南馬協會，合力推動佛光山四大宗旨的各項活動，開辦免費「人本教育課程」與「佛光諮商室」課程，思索突破之道。

五、荷華寺在歐洲的本土化

本節有關佛光山荷蘭荷華寺資料來源，主要依據荷華寺官方網站公告的資訊，與荷華寺當家釋妙益的一篇學術論文，以及佛光山宗務委員會出版的《佛光道場》。佛光山荷蘭荷華寺(F.G.S. He Hua Temple)位於首都阿姆斯特丹市中心的唐人街上，【103】與聲名狼籍的紅燈區比鄰而居，是歐洲第一座傳統中國宮殿式寺院。荷蘭擁有開放的地理、經濟、人文與宗教等條件，【104】英語化程度高，但官方語言是荷蘭語，比較歐洲其他國家，這些條件是有利於星雲人間佛教在荷蘭的弘化。尤其2000年9月15日荷華寺落成時，荷蘭女皇碧雅翠絲(Queen Koningin Beatrix)親自蒞臨剪綵，引起官方政府、旅遊界、文宣媒體與學界的關注，對荷華寺未來的本土化具有催化效果。

(一)荷華寺本土化的發展現況

在佛光山歐洲諸道場中，荷華寺屬於晚期興建的道場，之前早有1992年成立的倫敦佛光山與柏林佛光山，1993年成立的巴黎佛光山，1996年成立的曼城佛光山、瑞典佛光山與瑞士佛光山。座落歐洲不同國家的這些道場，雖使用不同的語言，但還是有使用英語與華語，荷華寺主要使用語言則是英語與華語。這些道場的住持或當家，也都是星雲的華人出家徒弟。

【103】 佛光山荷蘭荷華寺地址：Zeedijk 106-118 1012 BB Amsterdam Nedherlands
【104】 釋妙益(2013)，〈從星雲大師本土化理念看佛光山全球弘化之文化適應及成效——以荷蘭荷華寺為例〉，《2013星雲大師人間佛教理論實踐研究》，頁509。

　　荷華寺自2000年落成迄今，主要依據佛光山四大宗旨推廣星雲人間佛教，臚列如下：

　　1.在文化弘揚佛法上，荷華寺舉辦茶禪悅樂饗宴、佛化婚禮，結合當地節慶，舉辦荷蘭中華兒童文化日慶典、將中華文化帶入荷蘭舉辦中秋賞月會。

　　2.在教育培養人才上，荷華寺舉辦法寶節「讀書成果發表會」、「百萬心經入法身」抄經活動、「中英佛學問答比賽」、「生命禪學營」、佛學講座等。

　　3.在慈善福利社會上，荷華寺除了服務荷蘭的佛教信徒外，常舉辦義工聯誼與佛光會員聯誼會。也積極參與華人第二代青少年社會服務工作，幫助他們自覺自發地組織活動。【105】

　　4.在共修淨化人心的宗旨上，荷華寺與美國西來寺、澳洲南天寺雷同，亦以舉辦諸佛菩薩的聖誕慶典法會為主，如佛陀成道紀念法會、觀音法會、清明法會、浴佛法會、盂蘭盆孝親報恩法會、藥師法會、彌陀法會、新年禮千佛法會、一日修會、短期出家修道會等。

　　此外，荷華寺積極推動當地的社區交流與服務，根據釋妙益〈從星雲大師本土化理念看佛光山全球弘化之文化適應及成效—以荷蘭荷華寺為例〉一文的記載，「每年逾百團以上當地幼稚園、小學、中學及大專院校等學校團體蒞臨荷華寺參訪，法師也被邀請至各級學校上課。」【106】又參與每年八月的Hartjes Dagen慶祝活動，該

【105】　釋妙益(2013)，〈從星雲大師本土化理念看佛光山全球弘化之文化適應及成效—以荷蘭荷華寺為例〉，《2013星雲大師人間佛教理論實踐研究》，頁514-515。
【106】　同上註。。

慶典的歌劇表演與荷蘭民俗歌曲演唱，都選擇在荷華寺舉行。【107】

　　荷華寺的維護經費，除了靠華人的隨喜捐款，法會贊助、住宿收費外，荷蘭當地人每月固定轉帳方式貢獻淨財，【108】亦是一主要收入。

　　(二)荷華寺本土化的困境

　　荷華寺雖然很積極在推動本土化，但在這過程中，不斷浮出問題，釋妙益在其論文中亦提出四項荷華寺本土化尚待解決之困境：1.中國傳統寺院建築難耐歐洲寒冬，屋頂琉璃瓦不耐風雪寒霜而破裂掉落；2.語言障礙與相關衍生問題，法師不擅當地荷蘭語，又受制於三年輪調制度，無法積極學習語言；3.中西有排擠之勢，原有的華裔信徒未見的能接受肯配合，甚至會有排擠本土人士的現象發生；4.發展空間大，但人力不足。【109】筆者1998-2000年間負責佛光山波士頓佛學中心時，亦遇見佛光會華人會長計較「東方人出錢，西方人在用」，與在中國寺廟內召開佛光會議時應該使用華語，而本土幹部則認為既然在美國就要使用英語開會的爭執。所以，本土化過程中所涉及的收費方式與使用語言，是急迫需要解決的問題。

六、如來寺在巴西的本土化

　　於2003年落成啟用的巴西如來寺(I. B. P. S. Do Brasil)，位於巴西聖保羅市，【110】為佛光山在南美洲成立的第一個道場。巴西在歷

【107】　同上註，頁525-527。
【108】　同上註，頁517。
【109】　同上註，頁533-535。
【110】　巴西如來寺地址：Estrada Municipal Fernando Nobre 1461 CEP.06700-000 Cotia, Sao Paulo, Brasil

史上從未出現過激烈的革命，包容外來的宗教、文化、人種，十分尊重東方文化，少有種族歧視的現象。此種國度的自由環境與條件有利於星雲人間佛教在當地的本土弘化。

(一)如來寺本土化的發展現況

如來寺創建因緣源於1992年4月，星雲應邀至巴西聖保羅市為觀音寺主持大殿完工典禮，信徒張勝凱聞法歡喜發心捐贈精舍做為道場，隨後再集資增購鄰近土地，贈予如來寺擴建而成。該寺占地16萬平方米，殿堂揉合台灣、日本、中國唐風、與巴西等建築之美。除佛寺功能外，又設有語言學校、翻譯中心、兒童班、讀書會等。翻譯中心負責翻譯星雲相關著作成葡文，作為弘法教材。【111】

如來寺的興建，成為佛光山在中南美洲弘揚星雲人間佛教的根據地，之後陸續增設巴拉圭禪淨中心、巴西里約禪淨中心、巴西海習飛佛光緣、巴拉圭亞松森禪淨中心、阿根廷佛光山、智利佛光山、與聖保羅佛光緣等共八處分散中南美的據點。落成迄今都由星雲亞洲籍的僧徒擔任住持，目前總住持妙遠法師為台灣至當地的移民，故擅長葡萄牙語文。寺內雖然僅有少數長住僧眾，但透過巴拉圭佛光協會、阿根廷佛光協會、智利佛光協會、與烏拉圭佛光協會的協助，秉承佛光山四大宗旨及四大工作信條，在當地攜手推動星雲人間佛教的理念。其活動如下：

1.在文化弘揚佛法上，為新人舉行佛化婚禮，在佛前共許菩提眷屬心願。舉辦歲末朝山跨年活動、結合當地節慶與文化舉辦巴西傳統文化六月節，祈求世界和平，回應巴西傳統文化節慶，舉辦玉

【111】 佛光山宗委會(2007)，《佛光山開山四十週年紀念特刊 8 佛光道場》，頁158-159。

米豐收慶典等，以不同文化傳播方式介紹人間佛教。

2.在教育培養人才方面，開辦佛教學院，為佛教在巴西及南美的推廣培養了源源不斷的人才。與巴西協會共同舉辦中小學生作文與繪畫比賽等。透過巴西如來翻譯中心，翻譯出版葡文經典及二十餘種佛教葡文重要參考書。編排葡文佛光世紀月刊，架設葡文網站供民眾流覽等。【112】

3.在慈善福利社會上，舉辦監獄佈教、冬令救濟等各種慈善事業外，推動貧孤兒童教養計畫，認養巴西貧民窟近四百位的兒童，成立足球隊與鼓樂隊，稱為「如來之子」，今異名為「佛光之子」，給予他們愛和希望。

4.在共修淨化社會宗旨上，如來寺依諸佛菩薩聖誕定期舉辦佛教各種慶典儀式，如禪淨共修、甘露灌頂皈依三寶典禮、八關齋戒、短期出家修道會、禪修會、與大專青年佛門生活體驗營等。【113】

上述舉辦巴西傳統文化六月節，祈求世界和平，回應巴西傳統文化節慶，舉辦玉米豐收慶典等文化類活動的規劃，與舉辦中國年的新春齋戒會暨八關齋戒，可見如來寺善於結合修持於中國年假中，與融入於當地文化的用心。每年舉辦大專青年佛門生活體驗營，與推動貧孤兒童教養計畫，認養大批「佛光之子」等，亦可見如來寺深入服務社區的積極度。這些都是耕耘本土化很直接有效的作法，所以能吸引相當多本土人士，參與如來寺舉辦的皈依三寶典

【112】　釋妙上，〈巴西如來寺弘法功能與展望〉，k.plm.org.cn/gnews/2009221/2009221107180.html

【113】　同上註。

禮、八關齋戒、短期出家修道會、與禪修會等，每項百人參加的戒會或修道會，都有超過半數以上為本土人士。2011年3月12日舉辦的皈依三寶典禮，80名參加者中就有76人為本地人，佔95%以上比例，[114]唯使用語言還是以華語進行，葡語翻譯。

如來寺占地廣大，全由信眾捐贈，可見巴西早期的亞洲移民，都有豐厚的經濟基礎，對於如來寺的維護費有一定的護持。如來寺的淨財收入，除了華裔信徒贊助，法會贊助、活動教育費、護法委員會、往生佛事相關贊助、佛教文物流通收入等。

(二)如來寺本土化的困境

釋妙上〈巴西如來寺弘法功能與展望〉一文中提到：如來寺尚需強化佛法 "現代語文化"、傳教 "現代科技化"、修行 "現代生活化"、寺院 "現代學校化" 等四化，對於巴西人的肉食習性、衣著開放、與直接稱謂等習慣，[115]都需要假以時日的彼此互相調適。

為便於本章佛光山在全球五大洲代表道場之比對，特彙整製表如下表6-2。

【114】　人間社2011年03月12日　14:18:00佛教在線http://www.fjnet.com/hwjj/
　　　　haiwainr/201010/t20101019_170487.htm
【115】　釋妙上，〈巴西如來寺弘法功能與展望〉，k.plm.org.cn/
　　　　gnews/2009221/2009221107180.html

表6-2 佛光山第二波全球國際化五大洲寺院代表在當地本土化現況對照表

#	項目	美國 西來寺	非洲 南華寺	澳洲 南天寺	亞洲 新山禪淨中心	歐洲 荷華寺	巴西 如來寺
1	創立年代	1988年	1994年	1995年	1998年	2000年	2003年
2	宗派傳承	臨濟宗 人間佛教	臨濟宗 人間佛教	臨濟宗 人間佛教	臨濟宗 人間佛教	臨濟宗 人間佛教	臨濟宗 人間佛教
3	座落地點	哈崗住宅區山丘上	偏遠自行開發區	偏遠住宅區與工業區間	華人聚居城市	唐人街上	聖保羅市郊
4	建物類型	25英畝中國傳統宮殿式	6公頃中國傳統宮殿式	55英畝中國傳統宮殿式	一般透天三樓建築	中國傳統宮殿式	16萬平方米15英畝中國傳統宮殿式
5	現任住持身份	中國籍僧眾	台灣籍僧眾	華裔馬來西亞籍僧尼	華裔馬來西亞籍僧尼	台灣籍僧尼	華裔巴西籍僧尼
6	使用語言	華語、英語	華語、英語、非洲語	華語、英語	華語、英語、各種方言	華語、英語、荷語	華語、葡語
7	修持法門	禪淨雙修	禪淨雙修	禪淨雙修	禪淨雙修	禪淨雙修	禪淨雙修
8	三餐飲食	素食	素食	素食	素食	素食	素食

#	項目	美國西來寺	非洲南華寺	澳洲南天寺	亞洲新山禪淨中心	歐洲荷華寺	巴西如來寺
9	融合節慶	南加州教界聯合慶祝佛誕節暨母親節 父親節祈福禮 麟麟節祈福禮 美國國慶美化街道活動國慶遊行 國際淨灘日 除夕新年節慶	中華文化嘉年華會 光明和平節祈福禮 浴佛法會 觀音節巡境 法寶節分送臘八粥	開設素食烹飪班 東方文化之旅課程 舉辦麟麟禮佛化婚禮 新年禮千佛法會	中秋節燈籠繪製比賽與朝山活動 新春拜慈善齋宴 星雲大師一筆字 巧智慧心揮春比賽	茶禪悅樂饗宴 佛化婚禮 舉辦荷蘭中華兒童文化日慶典 舉辦中秋賞月會	歲末朝山 跨年迎新放天燈祈願 巴西傳統文化六月節祈求世界和平舉辦玉米豐收慶典等
10	社區服務	祈求世界和平法會捐血活動冬令營 惠提爾大學兒童夏令營 健康報恩義診 免費報稅服務 健康生活講座 老人節探訪 免費感冒預防針注射 寒冬送暖 教育獎助 西來學校感恩 義賣園遊會 免費健康檢查	開設電腦課程、電腦基礎計畫、中文班等 冬令救濟 送物資到鄉鎮小學 營養午餐 電腦捐贈 輪椅捐贈	每年佛誕節在雪梨達令港舉辦佛慶典 組織南天義工、佛光青年團與雪梨佛光協會、社區的急難救助	輪椅捐贈 捐血報恩 醫療義診 健康檢驗 植樹環保 監獄佈教 助念施棺 輔導援助 病患濟助 醫藥基金 急難救助	每年八月Hartjes Dagen慶祝活動荷蘭民表演與荷蘭劇俗歌曲演唱	華人第二代青少年社會服務 監獄佑教 冬令救濟 推動貧孤兒童教養計畫 認養貧民窟近四百位兒童成立如來之子足球隊

#	項目	美國西來寺	非洲南華寺	澳洲南天寺	亞洲新山禪淨中心	歐洲荷華寺	巴西如來寺
11	經費來源	會員費 隨喜捐贈	全球信徒贊助 佛光會員護法 委員會員會費 建屋出售 場地出租	會員費 年度籌款餐會 隨喜捐贈 租金	華裔信徒贊助 活動收費 會員費 基金會	隨喜捐款 法會贊助 住宿收費 荷蘭人每月固定轉帳方式贊 獻淨財	華裔信徒贊助 法會贊助 活動教育費 護法委員會 往生佛事 佛教文物
12	其他特色	1.華人信徒居多 2.本土化程度20%	1.僅留住五位黑人出家男眾	1.華人信徒居多 2.本土化程度20%	1.華人信眾居多 2.開辦人本教育與佛光諮商室課程	1.中西信徒有排擠之勢 2.僧眾人力不足	1.僧眾與本土幹部國家共住 2.請不同佛教傳承法師講演

第四節、基督教傳播全球興衰的借鏡

　　在今日的世界宗教傳播中，基督教是全球化最成功的典範。基督教自一世紀於以色列發端後，先是經希臘、羅馬至全地中海地區，然後蔓延至美洲新大陸，再擴大及中南美洲，非洲等蠻荒世界，期間一直獨享帝王青睞，僅遭受過猶利安帝為期甚短的迫害。只有當它進入東方古文明世界時稍稍受挫外，但也都能生根立足。【116】以中國為例，在二十世紀前中國三大宗教的儒、釋、道地位，如今本土宗教的儒、道已分別被基督教與伊斯蘭教所取代。

　　基督教雖亦有出世與入世的爭論，但其積極投入公益事業興辦學校、創建醫院與慈善機構，造就許多哲學、神學學者、科學家與語言人才；帶動西方的科學與技術；提供各種社會服務等，是有目共睹。這些與星雲人間佛教有諸多共通點，在第四章第二節提到，佛光山曾與基督教團體共同推動多項社會救濟活動，1967年接下基督教創辦的宜蘭蘭陽仁愛之家；1981~1987年星雲擔任基督教東海大學六年的哲學系客座教授；1996年與基督教台灣更生保護會合作，在屏東輔導所設立「戒毒者中途之家」，協助出獄之吸毒者重返社會等。綜合上述，陸鏗/馬西屏〈星雲大師與人間佛教全球化發展之研究〉一文，將基督教的全球化宣教方式歸納為如下三種：

　　　(一)成立教會，以散發物資、提供影片及書籍的方式，吸引民
　　　眾走向教會，藉以宣揚福音。

【116】　參閱陸鏗/馬西屏(2007)，〈星雲大師與人間佛教全球化發展之研究〉，
　　　《普門學報》第40期，頁14。

(二)教育導向：建立教會學校或以教堂為校，提供優惠或免收學費，尤其以外語教學吸引，在教育過程中宣揚主的恩典。

(三)醫療服務導向：藉成立醫療院所從事宣教工作，此在偏遠落後國家特別有效。【117】

該論文又提及「基督教的宣教在十九世紀及二十世紀初邁向頂峰，在二十世紀末卻發生「全球化撤退」的運動，宣教活動受到空前挫敗。基督教的宣教方向攻擊或破壞了某些傳統觀念與社會習俗，加速了傳統社會的瓦解，導致西方帝國主義趁機入侵，以西方之政治、經濟、思想潮流、甚至風俗，逐漸取代固有的傳統觀念與社會習俗。」【118】如基督教講究男女平等，反對祭祖等，衝擊了中國儒家傳統觀念。基督教在中國強勢地單向傳輸其教義的禁拜偶像思想，而禁止中國人祭祖，犯了嚴重的"文化霸權主義"，在清朝時就曾遭到清廷嚴厲的譴責與驅逐。

上述論文認為：如今導致基督教宣教事業的全球性撤退，主因有五：

一、基督教宣教事業一向是從落後地方開始發展，以物質與知識上的給予，做精神上與物質上的雙重滿足。可是今日第三世界突飛猛進，這種「給予」的手段已經失效，且教會也變成老態龍鍾，【119】無法與時俱進。

【117】 陸鏗/馬西屏(2007)，〈星雲大師與人間佛教全球化發展之研究〉，《普門學報》第40期，頁14。
【118】 同上註，頁15。
【119】 賈禮榮著，黃彼得譯(1982)，《今日與明日的宣教事業》，台北：中國信徒佈道會，248頁。

二、基督教會本是一個庇蔭所，但是被動地等待人們前來告解，缺乏主動出擊的力量，而且僅以服務教徒與教友為對象，有其針對性的局限，造成教會的功能與力道大減。【120】

三、基督教缺乏組織的規模以及有計畫的規畫。基督教的宣教一直缺乏大規模的整合，流於單一地方教會的單打獨鬥，力量無法有效集中使用，也缺乏系統的規畫，系列的推動，造成千年來宣教方式一直未能有重大變革。【121】

四、教育與醫療本是基督教宣教的兩大柱石。以前教會學校藉教授法文與英文等語文來宣教，如今各地大學林立，隨時可以提供更多種語文的學習。青年歡喜時代教育，不再去教會所辦的學校。且多數的教會學校早已民族化了，有的要接受政府的津貼才能生存。【122】故愈來愈多教會及其學校經營不善面臨關門，英國倫敦佛光山與澳洲墨爾本佛光山，即分別購自已關閉的基督教會與天主教學校。同理，隨著時代的進步，醫療的普及，在缺乏重大資金的奧援之下，教會醫院的優勢也在消退之中。【123】

五、在職訓練的欠缺。教士們憑著一腔的熱誠在全球宣教，但是缺乏進修的管理及一以貫之的完整訓練體系。【124】

毫無疑問，基督教在追求全球化的過程中，曾對人類文明的

【120】　陸鏗/馬西屏(2007)，〈星雲大師與人間佛教全球化發展之研究〉，《普門學報》第40期，頁16。

【121】　同上註。

【122】　賈禮榮著，黃彼得譯(1982)，《今日與明日的宣教事業》，台北：中國信徒佈道會，248頁。

【123】　陸鏗/馬西屏(2007)，〈星雲大師與人間佛教全球化發展之研究〉，《普門學報》第40期，頁16。

【124】　同上註，頁17。

建立以及人們心靈的慰籍，做出重大的影響與貢獻，藉由宣教的普及成為世界安定的主要源泉之一，但是今日面臨一些瓶頸與困境，不僅基督教本身應努力尋思改變，以再創新局。其面臨的困境經驗，也足供佛教全球化過程中的借鏡與省思。【125】尤其在本章提到的佛光山非洲南華寺與巴西如來寺，都是受限於當地經濟環境的貧困與教育的落後，而分別成立各種就業技藝班、天龍隊，與佛光(如來)之子足球隊、鼓樂隊，提供物資與知識方面的協助，如何再透過佛光山四大宗旨的活動，循序漸進地引導他們提昇進入佛道，就是佛光山所有海外僧眾，極需集思廣益共同解決的課題。

第五節、結論

　　上述依佛光山海外五大洲，六個國際化道場成立時間先後排列的實例比較(見表6-2)，國家的開放包容度對星雲人間佛教的本土化是有加乘效果，如澳洲南天寺、荷蘭荷華寺、與巴西如來寺。官方政府單位的支持對星雲人間佛教的本土化有催化作用，如澳洲南天寺、與荷蘭荷華寺。道場成立因緣對寺廟初成立時有很大的影響，如巴西如來寺信徒捐贈建地、與贊助建築經費，減少佛光山的經濟負擔。道場規模大小對星雲人間佛教的本土化的推動是有影響的，但沒有絕對的影響，如荷蘭荷華寺、與巴西如來寺。寺廟交通方便的地理位置，對星雲人間佛教本土化的推動扮演著重要角色，如荷蘭荷華寺、與馬來西亞新山禪淨中心。

【125】　陸鏗/馬西屏(2007)，〈星雲大師與人間佛教全球化發展之研究〉，《普門學報》第40期，頁17。

　　透過佛光山海外各洲六個國際化道場的比較，可歸納出這些道場在全球五大洲本土化過程中，有如下共通現象與困難問題：

一、共通現象

　　(一)佛光山海外道場的設置沿襲台灣道場的設立模式，唯有些海外道場的用地受贈於當地政府是台灣沒有的，如非洲南華寺與澳洲南天寺。

　　(二)佛光山海外道場的弘法產品，仍統一採用在台灣所印製發行的星雲的中文著作，即使美國西來寺鑒於本土弘化需求而設立的翻譯中心，亦譯自星雲的中文著作。

　　(三)所有佛光山海外道場均有相同師承、相同禪淨修持、依據四大宗旨辦活動。

　　(四)在融入當地節慶方面，除了提倡華人固有節慶外，美國西來寺至少融入當地四種節慶，其次為巴西如來寺三種、荷蘭荷華寺一種，其他非洲南華寺、澳洲南天寺、與新山禪淨中心則僅慶祝自己的中華節慶，未有再進一步的文化融合。

　　(五)在社區服務方面，除了荷蘭荷華寺以外，其他五處道場均不遺餘力、投入大量的人力、財力與物力。

二、困難問題

　　(一)佛光山海外道場成立之初，常是透過當地華人的關係與協助，這批早期參與過開山的華人信徒易有把持寺廟的心態，不一定都能接納新進信徒。

　　(二)承上建寺因緣及同語言文化等因素，導致初期接引的對象都局限在華人。

　　(三)第一代華人傳承宗教信仰予第二代在本地出生長大的第二

代ABC(CBC)子女的困難。

(四)由初度華人轉為本土化過程中的困難：東西方信眾之間的磨擦、較勁、嫉妒，與使用語言(英、華)的爭執與困惑。

(五)國際佛光會的成立有扮演居中融合協調的角色，然而佛光會組織下的佛青團，年齡增長後轉入佛光會的意願不強。

(六)佛光山所有海外道場都是東方面孔的僧尼住持，優點對信眾有正字招牌的攝受力，缺點在實際日常接觸文化差異時的調適。

(七)佛光山三年的人事輪調制度，不利海外本土化的深耕。

(八)佛光山所有海外道場都還停留在接引華人的階段，僅有極少比例的本土化。

第七章、亞洲不同傳承的佛教團體在西方國家國際化的模式

　　星雲人間佛教提倡大乘菩薩道的修持，故本節將分別探討四所來自亞洲的大乘佛教傳承佛寺，在加、美、澳、法的本土化，分別為加拿大日本佛教傳承基隆拿佛寺、美國韓國傳承波士頓地區劍橋禪中心、澳洲墨爾本藏傳佛教學會、與法國越南臨濟傳承梅村正念禪修中心等，藉助此四所大乘佛寺的本土化經營實例，來對照星雲人間佛教第二波國際化後的本土化，以茲借鏡。

第一節、四個亞洲大乘佛教傳承團體在西方的國際化

　　筆者在本節欲探討的四個亞洲大乘佛教傳承的寺廟團體，都

是筆者過去長期居留海外期間曾接觸過，具有代表性的佛教團體。下面將依四所道場成立年代的先後，依序探討之。

一、日本佛教傳承基隆拿佛寺在加拿大的本土化

　　基隆拿佛寺(Kelowna Buddhist Temple)，座落在加拿大哥倫比亞省的基隆拿市(Kelowna)，【1】隸屬日本淨土真宗(Jōdo Shinshū "True Pure Land School")，又稱為真宗(Shin Buddhism)。此宗派為親鸞(Shinran, 1173-1263)在鎌倉時代初期(約12世紀)所創立，為繼承法然的日本淨土宗而發展的教團，主張只要對彌陀有十足的信心就行了。是日本最大的佛教宗派，信仰人口佔全國20%以上。此宗教法早在1905年十月，即由日本佐佐木千壽法師(Reverend Senju Sasaki)將其帶入加拿大。【2】

　　基隆拿佛寺自1932年創寺迄今，都是由日籍的駐寺法師負責帶領，目前由宮川康裕(Rev. Yasuhiro Miyakawa)擔任駐寺法師。該寺除了活動儀式後的自由捐款外，主要採用會員繳費制來維持佛寺的開銷，每年每人會費加幣150。整年除了配合諸佛聖誕法會外，如元月新年與16日的親鸞冥誕、2月15日釋迦牟尼佛涅槃紀念日、3月20日春分日、4月8日佛誕日、5月21日親鸞誕辰紀念日、七月祭祖日、9月20日秋分日、十月佐佐木千壽法師登路加拿大紀念日、11月永久追思紀念日，與12月8日佛成道日。【3】平常則有佛學課、淨土真宗讀書會、四月禪修課與接受外訂的炒麵活動。

【1】　基隆拿佛寺地址：1089 Borden Ave, Kelowna, BC V1Y 9N9
【2】　Kelowna Buddhist Temple www.kelownabuddhisttemple.org/ 2015.4.10
【3】　同上註。

　　2001年美國911攻擊事件後，筆者人在溫哥華，應基隆拿佛寺的邀請，參加其聯合溫哥華地區佛教寺廟，為美國911事件舉辦的聯合追思法會，親自拜訪該寺，曾仔細觀察其本土化情形。該寺原為基督教教堂，座落在馬路邊，需延路邊找停車位泊車。內部只做講堂上的佛像、宗教務與法器的更改，以及在高出90公分的講台與觀眾席之間安置一台巨大排煙機，觀眾席仍保留原來的高背長條椅，可容納百人入座，右側有一大空間做為聚會、用膳、上課、開會等多元用途的空間，以及辦公室、廚房、與儲藏室等。儀式結束後亦仿效教堂傳遞托盤募款，之後以簡單茶點招待。當天雖然所有活動儀式完全以英語進行，參與的信徒亦完全以英語對話溝通，然而這些參與的信徒不問男女老少清一色是日本人。很難想像在加拿大創寺已83年的該日本傳承的佛寺，仍保留在只度日裔信徒。可見得在西方以英語為工具，不見得能順利落實佛法的本土化，筆者認為主要原因有二：其一，負責人為日籍法師，不易同事攝當地人；其二，該寺雖然亦有禪修課程，但主要以修持淨土法門為主，不易引發當地西方人士的興趣。

二、韓國佛教傳承劍橋禪中心在美國的本土化

　　劍橋禪中心(Cambridge Zen Center)，創於1973年，座落在美國麻省的劍橋市Auburn街(Cambridge)上，[4]為韓國崇山禪師(全名崇山行願大禪師，Zen Master Seung Sahn，1927年8月1日－2004年11月30日)所創的國際觀音禪院(Kwan Um School of Zen)分支之一，目前國際觀音禪院有超過一百二十所禪中心，遍布南北美洲、東西

歐、俄羅斯、東南亞及非洲等32個國家。【5】接引西方本土人士出家，擔任各禪中心的住持，是國際觀音禪院最大的特色。2000年筆者曾參與過該中心假哈佛大學神學院教堂舉辦的講演，演講方式亦非常獨特。崇山禪師帶領其四位鄰近分院的本地男眾僧住持，一起上台共同以英語主持當天的講演，吸引相當多的本土聽眾，其團隊的講演方式亦是其特色之一。

　　目前劍橋禪中心的現任住持為美籍Bon Yeon女禪師，2000年受法於崇山禪師，即擔任該中心的住持迄今。筆者於1998-2000年任職大波士頓佛教中心期間，曾多次親訪Bon Yeon禪師，參與並合辦過多種活動。最近一次參訪是在2013年8月筆者應邀至波士頓大學醫學院心理部門授課時，特再造訪劍橋禪中心，該中心的設立目標以建立一個共宿的禪修團體，(見圖一)遵循韓國佛教所有法會儀式。該中心透過其禪修與法會，積極推動不同宗教人士共修以求參悟自性(Zen Master Seung Sahn taught us that the fastest way to change our karma and become compassionate beings is by practicing and living together.)，【6】為其第三大特色。

【5】　The Cambridge Zen Center網址 http://www.cambridgezen.com/ 2015.4.11
【6】　同上註。

圖一、住宅型劍橋禪中心正面圖【7】

　　自1982年遷移至劍橋中央廣場附近的現址，即不斷接引本土青年加入共修陣容，目前有35位常住眾成員(houses resident training members and families)，【8】需支付中心每月的房租，參與中心的早晚課、清潔打掃，與早晚餐的烹調共食，白天則出外工作。若不參與中心的早晚課、清潔打掃，與早晚餐的烹調共食，需付較高的租金，與中心完全是租客關係。筆者於2000年任職大波士頓佛教中心時，認識一位來自台灣的年輕劉姓女子，即與其美籍夫婿租住在劍橋禪中心，屬第二類型的租客。另有劍橋禪中心還有120位固定共修的會員。

【7】　本照片取自Cambridge Zen Center 察看商家外部資訊https://www.google.com.tw/?gfe_rd=cr&ei=02EPVqqSO4SB0ASpx6q4Bg#q=Cambridge+Zen+CenterCambridge

【8】　The Cambridge Zen Center網址 http://www.cambridgezen.com/ 2015.4.11

上述劍橋禪中心的經營特色，不但讓中心有一批基本的青年參與各項弘法推廣活動，且無開銷維護財務短缺的擔憂，還可以不斷購置其鄰近的房地產，使得該中心能由原來在Auburn街199號的一棟住宅型的房子，擴充到擁有整條街的兩側房子。使得Bon Yeon住持有足夠的餘力經營社區服務，例如至哈佛、波士頓、衛斯里與MIT等大學帶領學生佛學社團，到公立學校教授宗教課程，【9】成立大波士頓地區各佛教團體的聯盟等。

三、藏傳佛教學會在澳洲的本土化

筆者曾於1995年參訪座落在澳洲維多利亞省Yuroke地區【10】的藏傳佛教學會和平聖地喜悅禪修中心(Tibetan Buddhist Society Peaceful Land of Joy Meditation Center)，該中心是由圖丹羅敦格西(Geshe Acharya Thubten Loden, 1924-2011)於1979年所創立，之後另有墨爾本、雪梨、布里斯本，與柏斯等分會的成立，屬於達賴喇嘛格魯黃教派系，達賴喇嘛曾於2002年5月23日蒞臨該中心指導。

圖丹羅敦格西不僅是位精神導師，且是一位學者，擁有藏教格西學位與印度Varanasi's Sanskrit University教師學位，以及世間一般大學的碩士學位。其九本英文著作，是藏傳佛教學會在澳洲五個分會共同使用的弘法教材，內容除了佛教基本教義的闡釋，與強調佛教非暴力、自由、和平的理念外，主要為圖丹羅敦格西對於社區

【9】 參閱The Cambridge Zen Center網址 http://www.cambridgezen.com/ 2015.4.11
【10】 藏傳佛教學會和平聖地喜悅禪修中心地址：1425 Mickleham Road, Yuroke, Victoria, 3063，Australia.

領導、生態環保、國家發展與國際事務的關心與觀點。【11】

　　該中心占地15英畝，分為修道與住宅兩區(見圖二)，修道區包括教室與年度修持法會所使用的設施；住宅區住有八位僧人與許多本地發心的在家學生。並有一座湖泊隱匿在2500棵的樹叢之間，庭院則種滿2300棵400多種的各種玫瑰花，並設有供應素食的戶外咖啡館，景緻怡人。每年春秋季的週末玫瑰園會對外開放，平時僅在週日下午3時到4時之間開放，週一至週六參觀則需事先預約。【12】

圖二、澳洲墨爾本藏傳佛教會鳥瞰圖【13】

　　該中心主要活動包括：每週的六堂課與分組座談、密集藏密禪修會與讀書會、每年二、三月藏曆年節慶、每年十一月佛教春節、為社區籌募急難與流浪漢救助款，提供如下計畫，例如免費的週日午餐予社區弱勢貧困者、每週提供三次水果點心予家庭作業俱樂部150位學童，以培養學童能專注於學習。該中心舉辦的活動收

【11】　http://en.wikipedia.org/wiki/Geshe_Acharya_Thubten_Loden 2015.4.18

【12】　Tibetan Buddhist Society Peaceful Land of Joy Meditation Center網站http://www.tibetanbuddhistsociety.org/meditate-in-melbourne.aspx 2015.4.18

【13】　摘錄自http://www.tibetanbuddhistsociety.org/meditate-in-melbourne.aspx 2015.4.18

入門票與活動費，講演收上課費，與參觀導覽費。【14】在澳洲的其他四個分會的弘法活動與該中心雷同。

澳洲藏傳佛教學會的本土化，都是由西藏喇嘛擔任住持，但在雪梨分會除了喇嘛是精神導師外，並由兩位本地在家人擔任中心的主任。【15】各分會活動雷同，以藏密禪修為主，關心社會寰宇的內容，使用語言都是英文，教材統一。該中心的淨財管道來自，融入當地節慶採收費制的各項活動，與為社區籌募慈善救助款的自由樂捐，以及護法委員會繳交會員費制。

四、越南臨濟傳承梅園在法國的本土化

座落法國西南方波爾多(Bordeaux)梅村正念禪修中心（Plum Village），【16】是由越南籍一行禪師（Thích Nhất Hạnh，1926年10月11日－）於1982年所創辦，並擔任該中心住持迄今。目前有200位僧人常住，以越籍僧人為主，西方僧眾人數正在快速成長中。另設有美國鹿野苑正念禪修中心(Deer Park Village)、碧嚴寺(Blue Cliff Monastery)、歐洲應用佛學院、越南般若學院、與亞洲應用佛學院等。目前在一行禪師門下有來自30個國家的1,000名男女僧眾。【17】

一行禪師為臨濟禪宗第42代、以及越南了觀禪師第8代傳人，提倡入世佛教(Engaged Buddhism)。是現代著名的佛教禪宗僧侶、詩人、學者及和平主義者。著作超過八十本，都是教導人們在生活

【14】　參閱Tibetan Buddhist Society Peaceful Land of Joy Meditation Center網站　http://www.tibetanbuddhistsociety.org/meditate-in-melbourne.aspx 2015.4.18

【15】　同上註。

【16】　梅村正念禪修中心地址：Meyrac, 47120 Loubès-Bernac, France.

【17】　一行禪師的道場http://mypaper.pchome.com.tw/ljmzen/post/1312822776 2015.4.20

中實踐佛法，已在台灣出版的有《生生基督世世佛》、《步步安樂行》、《與生命相約》、《你可以不生氣》、《你可以不怕死》、《關照的奇蹟》、《正念的奇蹟》等。【18】

　　梅村正念禪修中心占地100英畝，內建置四個掛單處：上村、中村、下村與新村，分別供應來自全球各地的習禪者參修用，需付費。上村以男眾法師、單獨女眾禪修者或伴侶為主，下村和新村則是女眾法師、單獨男眾禪修者或伴侶為主，中村只有在大禪修營時開放給越南禪修者。【19】並歡迎加入會員或投入義工行列。梅村僧團每年都會到世界各地舉辦禪修營，除了出家眾每年的結夏安居期間，沒有舉辦禪修活動，也不接受訪客外。每年會舉辦各為期一個月的夏季(7,8月)與秋季(10,11月)禪修營，歡迎親子共同參加。每兩年的六月針對大人舉辦為期21天的禪修營。【20】參加者需遵守十四條正念守則，【21】與越南佛教寺廟傳統的禮儀。三餐供應簡單營養的素食，但有食用蔥。所有活動使用語言主要為英語、法語與越語。筆者曾於2004年在加州參加過一行禪師的公開講演，九成以上為西方本土聽眾，可見其在歐美受歡迎的程度。

【18】　一行禪師的道場http://mypaper.pchome.com.tw/ljmzen/post/1312822776 2015.4.20

【19】　心德生「再回梅村修習：修習休息」http://blog.udn.com/jharna/24429603 2015/6/14

【20】　一行禪師的道場http://mypaper.pchome.com.tw/ljmzen/post/1312822776 2015.4.20

【21】　十四條正念守則即菩薩十四戒：1.開放2.離成見3.思想自由4.緣苦5.簡樸6.制怒7.不愚蠢8.傾聽愛語9.實語建設語10.愛護僧伽11.正命12.反殺戮13.反偷盜14.反非道德性行為http://morninglightsangha.blogspot.tw/search/label/%E5%8D%81%E5%9B%9B%E9%A0%85%E6%AD%A3%E5%BF%B5%E4%BF%AE%E7%BF%92

　　綜合上述，梅村正念禪修中心分佈全球的所屬寺院或機構都占地廣闊，僧團數大過上述三個佛教團體許多，創辦人一行禪師能直接使用英、法、越語禪教講說，提倡入世佛教的正念禪修，符合西方人的根基，雖然該中心延用傳統越南佛寺的儀規，仍擋不住西方年輕人一窩蜂地參與投入。目前就讀筆者任教的佛光大學佛教學所碩士班英文組的美籍學生印慈慧，雖為家中獨生女，但已取得父母同意，計畫畢業後就加入梅村正念禪修中心的修行行列。

五、小結

　　為便於結論本節四個亞洲國家的大乘佛教傳承在西方的本土化情況，特綜整如上四個實例，依創立年代、宗派傳承、座落地點、建物類型、現任住持身份、使用語言、修持法門、融合節慶、社區服務、三餐飲食、經費來源、與其他特色等十二項，製表如表7-1，以利比對爬梳，找出佛教由亞洲進入西方國家本土化的有利條件。

表7-1 亞洲國家不同佛教傳承在西方本土化對照表

#	項目	加拿大基隆拿佛寺	美國劍橋禪中心	澳洲藏傳佛學會	法國梅村正念禪修中心
1	創立年代	1932年	1973年	1979年	1982年
2	宗派傳承	日本淨土真宗	韓國曹溪宗	國際觀音禪院藏傳格魯黃教派系	越南臨濟禪宗
3	座落地點	加拿大ＢＣ省基隆拿市區馬路邊	美國麻省的劍橋市Auburn街	澳洲維省Yuroke區	法國一行禪師
4	建物類型	原基督教堂	住宅區住屋型	15英畝藏傳佛寺與住宅型建築	100英畝佛寺與造型

#	項目	加拿大基隆拿佛寺	美國劍橋禪中心	澳洲藏傳佛學會	法國梅村正念禪修中心
5	現任住持身份	日籍住席僧侶	美籍僧尼	藏傳喇嘛與本土居士	越南籍僧侶
6	使用語言	英語、日語(誦經時使用)	英語	英語	英語、法語與越語
7	修持法門	淨土法門為主極少禪修	觀音禪修法門	禪修與佛學課	參與佛教正念禪修14念守則
8	三餐飲食	非素食	素食	素食與非素食	有食蔥等非全素
9	融合節慶	將日本節慶及佛教與祖師聖誕帶入。除夕與新年外，未融合當地節慶		配合當地宗教節慶辦禪修活動：Easter & Queen's Birthday Weekend Retreat	1.新年外，未融合當地節慶 2.僧眾結夏安居
10	社區服務	每個月第一及三週三晚上6:50開放社會廳大門Social Hall doors open at 6:50pm the first and third Wednesday of every month.	1.帶領哈佛、波士頓、MIT等大學學生佛學社團 2.公立學校教授宗教課程 3.推動大波士頓地區各佛教團體的聯盟 4.打工獎學金	1.成立慈善基金會提供流浪漢週日午餐 2.推動學童家庭作業會提供水果點心 3.獲Hume市2011年度貢獻市民獎	饑餓兒童計畫，僅由越南中部HUe市分院在越南實施。

#	項目	加拿大基隆拿佛寺	美國劍橋禪中心	澳洲藏傳佛學會	法國梅村正念禪修中心
11	經費來源	會員費 隨喜捐贈	房租 會員費 年度籌款餐會 隨喜捐贈	入門票、課程費、導覽費、會員費、隨喜捐贈	活動收費、會員費
12	其他特色	日籍信徒居多	1.提倡共宿同修 2.美籍青年居多	1.僧眾與本土幹部闔家共住 2.請不同佛教傳承法師講演	1.越籍僧人為主西方僧眾快速增加中 2.以西人信眾居多

　　表7-1為對四個亞洲大乘佛教團體在西方本土化的十二分項的比較，茲逐項比對分述如下：

　　(一)若從創立年代來看，理當創立最早的加拿大基隆拿佛寺的本土化做得最好，其實不然，該寺仍停留在接引日裔加拿大人的階段，有遜於其他三個以禪修為主的佛教傳承的本土化表現，這應歸因於日本淨土真宗的念佛修持法門較無法與西方人相應。

　　(二)若從寺院座落位置來比對，法國梅村正念禪修中心最不方便，卻很受本土人士喜愛，可見地理位置非絕對本土化成功的因素。

　　(三)從建物類型來比較，唯有美國劍橋禪中心完全是住宅型建築，仍然可以經營的有聲有色，接引許多本土青年，不過還是有其局限性。

　　(四)從現任住持身份來分析，唯有美國劍橋禪中心由當地美籍僧尼擔任，其他三座寺廟仍由原國籍僧侶擔任，仍然經營的有聲有色。從住持的任期來看，都是長年住持，未見訂有任期制。

(五)從使用語言來看，則一致以英語以及當地的語言為主，顯然是佛教在西方本土化的必要條件。

(六)從融合節慶文化層面來看，美國劍橋禪中心可能因為美籍住持，故無特別融合當地節慶辦活動；加拿大基隆拿佛寺積極將日本佛教的佛菩薩與祖師聖誕慶典帶入加拿大，其他除了新年除夕外，未融入當地任何節慶活動；法國梅村正念禪修中心帶入越南佛教傳統結夏安居外，只略微做新春年節的慶祝；澳洲藏傳佛學會最積極配合當地節慶與宗教節日安排禪修營。呼應筆者於1991年派駐佛光山雪梨南天講堂時，利用耶誕節長假舉辦年度佛七法會，參與念佛者擠滿佛堂盛況空前，迄今仍是當地亞裔信徒每年期待的盛會。

(七)從社區服務項目的比對，美國劍橋禪中心偏重學校教育服務；澳洲藏傳佛學會著重社區慈善服務；法國梅村正念禪修中心提供基金予越南學童飲食與教育；加拿大基隆拿佛寺顯然較欠缺此項目的服務，故本土化推動上成效不彰。

(八)再由四個佛寺的三餐飲食來看，四個個案採全素的少，可見素食與否對於佛教在西方的本土化並沒有扮演很重要的角色。

(九)從經費來源的策略來看，四個個案都採收費制與會員制，可見佛教在西方的本土化宜入境隨俗，宜提倡消費者付費觀念、鼓勵入會共同維護寺廟的發展。

(十)其他特色部分除了日本淨土真宗的加拿大基隆拿佛寺未有住宿設施之外，其他美國劍橋禪中心、澳洲藏傳佛學會與法國梅村正念禪修中心，都有提供在家信眾住宿區，可見在西方國家的本土化，同住共修有其必要性。

第二節、與佛光山五大洲六所寺廟之比較

　　第六章與第七章第一節已分別探討佛光山五大洲六所代表道場，與亞洲四個大乘佛教傳承團體在西方的國際化，接著將就這兩類組做比較，以透析來自亞洲不同傳統的佛教進到西方國際後的本土化的優劣勢。

　　一、從道場成立時間來看，加拿大基隆拿佛寺1932年成立，迄法國梅村正念禪修中心1982年成立，其間歷經50年期間，都早於佛光山全球五大洲六個代表寺院於1988-2003年間的興建。若以時間點來看，加拿大基隆拿佛寺等四所亞洲來的大乘佛教寺廟，理應勝過晚起的佛光山道場的本土化，其實不然。在這十代表性道場中，加拿大基隆拿佛寺1932年成立迄今已進入第84年，其國際化後的本土化，仍局限在日裔加拿大人。可見時間長短非佛寺本土化的絕對要件。

　　二、進一步若由住持身份來評估，加拿大基隆拿佛寺等組別中，唯有美國劍橋禪修中心是由美國本土僧尼擔任住持，其他日本淨土真宗的加拿大基隆拿佛寺、澳洲藏傳佛學會、與法國梅村正念禪修中心，都是由原國籍僧眾擔任住持，其本土化程度並不亞於由美籍僧尼負責的劍橋禪修中心。可見未見得一定要由本土僧眾擔任住持，才能成功地做到海外的本土化。而佛光山全球五大洲六所代表道場，全由亞洲來的比丘尼擔任住持或當家，唯有美國西來寺與非洲南華寺是由比丘擔任住持。亦可見道場住持的性別沒有很大的

影響與差別。

三、接著由使用語言來看，加拿大基隆拿佛寺等組別中的四個道場全使用英語，因而能接引本土人士之外，還可以接引日裔第二代甚至第三代進入道場學佛。而佛光山全球五大洲六所代表道場，主要使用語言還是華語，英語其次。所以仍停留在國際化後以接引華人為主的初期，可見使用英語是本土化必要條件。

四、再來檢視修持法門對於佛教在西方國家本土化所扮演的角色，除了加拿大基隆拿佛寺以淨土念佛法門為主要修持，偶爾兼有少許禪修，以致少有本地人參與該寺的活動，其他美國劍橋禪修中心、澳洲藏傳佛學會、與法國梅村正念禪修中心，都是專修禪修靜坐，能發揮禪超越宗教，歡迎親自來看、來體驗的功效，故能吸引非常多本土人士參與。佛光山全球五大洲六所代表道場，都是以禪淨雙修為主要修持法門，導致本土化不易有成效。可見禪修是國際化後的本土化必要元素。

五、從三餐飲食習慣來看，加拿大基隆拿佛寺類別的四個道場，葷素都有，但法國梅村正念禪修中心的伙食，沒有禁食蔥蒜等五辛。而佛光山全球五大洲六所代表道場，都是全素，其中美國西來寺、澳洲南天寺、巴西如來寺，都設有全素食滴水坊，美國西來寺還提供中餐的素食buffet。中國佛教提倡素食旨在經由不殺生來長養慈悲、並能廣結善緣，很符合當前流行的生態環保與養生蔬食風氣。然而，綜合上述，素食非本土化的必要條件。

六、從融合文化節慶來看，加拿大基隆拿佛寺將日本節慶、除夕新年、與祖師聖誕帶入寺廟的活動中，澳洲藏傳佛學會則利用當地Easter假期辦理禪修營，法國梅村正念禪修中心除新年慶典

外，與美國劍橋禪修中心同樣未融入其他任何文化慶典。在這方面，佛光山全球五大洲六處代表道場，不僅慶祝自己的中華文化節慶，如除夕新年朝山團拜、放天燈祈願、中秋節賞月會與繪製燈籠比賽、舉辦中華文化嘉年華會、毓麟禮與茶禪悅樂饗宴，開設素食烹飪班與東方文化之旅課程。更進一步融入當地節慶舉辦慶祝活動，如美國國慶日遊行與美化街道活動、荷蘭中華兒童文化日、巴西傳統文化六月節、與巴西玉米豐收慶典等。並配合國際節慶舉辦慶祝活動，如西來寺與南加州教界聯合舉辦佛誕節暨母親節、舉辦父親節祈福禮、以及參與國際淨灘日等。佛光山如上雙向融合文化節慶與積極響應國際節慶活動，滿足本土人士對於中華文化的好奇心，【22】且體現了星雲人間佛教的喜樂性、利他性、時代性等特質，絕對有利於文化差異的調適與佛教本土化的落實。

　　七、從投入當地社區服務來看，加拿大基隆拿佛寺類別的四個道場中，以澳洲藏傳佛學會做的最多，特別成立慈善基金會，來提供流浪漢每週日的午餐、與推動學童家庭作業會的水果點心。其次依序為美國劍橋禪修中心，偏重在公私立大學教授佛學課程、與提供青年工讀機會；法國梅村正念禪修中心僅推動協助越南饑餓兒童計畫，而加拿大基隆拿佛寺幾乎沒有跨出去與社區結緣。佛光山全球五大洲六處代表道場，投入當地社區的服務項目琳瑯滿目，舉凡輪椅電腦捐贈、捐血報恩、醫療義診、健康檢驗、植樹環保、監獄佈教、助念施棺、輔導援助、病患濟助、醫藥基金、營養午餐、教育獎助、冬令救助、免費報稅服務、與貧孤兒童教養計畫等，體

現了星雲人間佛教的人間性、利他性、普濟性等特質，絕對有利於本土化的落實。比較上述亞洲國家四所不同佛教傳承道場，與佛光山在全球五大洲六個代表寺廟所做的社區服務，佛光山在當地投入的社區服務，遠超過這四所不同佛教傳承道場在西方本土化過程中所做的社區服務，可見的對當地的社區服務，是融入當地社會的捷徑，也是佛教實踐全球本土化的要素。

八、從僧信共住道場來看，除了加拿大基隆拿佛寺以外，美國劍橋禪修中心、澳洲藏傳佛學會、與法國梅村正念禪修中心，都有提供當地在家居士同食共住。而佛光山全球五大洲六所代表道場，雖亦屬提供住宿的住宿型道場，但都以華人執事與義工為主。故在本土化的進程上，就比美國劍橋禪修中心、澳洲藏傳佛學會、與法國梅村正念禪修中心三處道場略遜一籌。

九、從經費來源來看，經費是支撐上述兩組所有道場本土化的籌碼，絕對是必要條件，所以消費者付費的收費制度是必要且合理的。

第八章、總結與申論

　　台灣佛光山創辦人星雲大師於1949年由中國渡海來台，開始追隨佛陀巡化印度諸國時，使用當地語言與不同說法內容的模式，親自將中國佛教移植到台灣，開啟其國際弘法的第一步，迄今短短的一甲子內，不僅使中國佛教本土化的75所別分院遍佈全台外，更進一步將台灣模式移植到海外五大洲124所道場，創造出佛教由台灣發展到全球佛教的奇蹟。歸功於星雲善以宏觀化解偏見取得共識、善觀時代脈動勇於改革創新、與全球教內外人士廣結善緣、背負弘法使命的個人領袖魅力，融合傳統與現代的人間佛教、善用佛教經營管理學等特質，才能吸引全球各地大量僧信二眾的歸投。唯首波星雲由中國到台灣的國際化與本土化，不似第二波由台灣到全球五大洲的國際化與本土化的複雜，多涉及種族、語言、信仰、習

俗、法律、氣候等文化差異的調適問題。這期間星雲人間佛教國際化與本土化，歷經醞釀期、播種期、開發期及成長期四個階段，型塑出其獨特的模式。

第一節、星雲人間佛教國際化四期模式

一、醞釀期：始於1949年星雲由大陸渡海來台，即起動其人間佛教第一波的國際化，接著對陸續接引到的弟子施予佛學院的養成教育，期間星雲逐步確立佛光山的宗門思想、完善佛光山的組織制度，並著書立說形塑其人間佛教的理念與藍圖。迄八〇年代的三十年間，在台灣逐一建置57處別分院做為弘法據點，再經由設立多種基金會、美術館、滴水坊，與中華佛光會的輔助，將佛光山的文字出版、影音傳播、書畫特展、梵唄演唱、佛教學術會議等有形的物品，與濟生度死的法會佛事、與拔苦予樂等的相關諮詢服務推廣至全台各地，為其人間佛教國際化的醞釀期。

二、播種期：處於前偕醞釀期間，星雲除了陸續在台灣本土設立18所道場外，同時進入第二階段播種期，積極進行國際佛教交流、世界宗教交流、與國際人士往來、召開宗/佛教國際會議，甚至洲際弘法，為未來設立海外道場做準備。這些依據四大宗旨開發的活動，都符合藍海策略的消除、減少、提升、與創造等四項行動架構。

三、開發期：自1982年首在美國拉斯維加斯設立蓮華寺，迄今於全球五大洲共創建了124所道場，屬於星雲人間佛教第三個

階段的開發期。有如下轉變：

(一)在道場創建方面：遵循第一波依台灣北、中、南、東四區創建道場，第二波同樣依五大洲來劃分道場，道場的命名則依因緣與地名而定，異於第一波台灣道場依行政與人口數來命名。然而，兩波受贈道場都偏在經濟較開發區。因為星雲首訪的因緣設立的海外道場有34處，異於第一波在台灣本土化道場的設立。第二波因佛光會需求設立的海外道場數居高，主要仍接引海外當地的華人，是星雲由中國大陸到台灣建寺弘法的翻版。

(二)在產品製造方面：在文字出版品上，第二波海外國際化，需將第一波的中文產品，經過篩選適合本土根基者，加以不同語文的翻譯，因此產量無法媲美中文版產品，但多了星雲僧俗二眾弟子的英文學術著作或翻譯出版，卻少了影音製品，不似第一波在台灣的本土化產品的豐富與多元。但第二波海外國際化文字出版，結合現代科技的網路聯盟行銷借力使力的策略，不同於第一波在台灣的本土化產品行銷。在傳媒影音產品上，第二波國際化幾乎完全延用第一波在台灣本土化所製造的傳媒影音產品，連線人間衛視、訂閱《人間福報》與採用香海文化事業有限公司發行的現代及傳統的佛教梵唄、心靈音樂、演奏音樂、有聲書等。唯有加拿大多倫多佛光山，自行錄製粵語廣播節目，卻僅適用於講粵語的華人，有其侷限性。在佛曲音聲產品上，第二波國際化不僅借用在台灣成立的梵唄讚頌團，巡迴傳唱全球五大洲，並透過組織青少年樂團來傳唱佛曲，但以自辦為主，少與當地政府合辦，異於第一波在台灣國際化後的本土化。

(三)在行銷策略方面：在行銷人才的培養上，1986年成立中國

佛教研究院國際學部英文佛學院、日文佛學院、外籍生研修班、英文佛學研究所的課程,以培養海外國際外文弘化的人才,繼而在各洲重點寺廟成立佛學院。在社會教育方面,海外道場陸續成立中華學校,灌輸當地兒童中華文化。在行銷管理策略上,依循第一波在台灣國際化後的本土化方式,透過海外各道場的啟建法會活動、設立滴水茶坊,配合佛光山文教基金會舉辦的各種文教活動,設立美術館展示多元館藏,提供亞洲留學生暫居處所,與藉助國際佛光會及其青年團與婦女組織的多元活動來輔助弘法等。藉助慈悲福利社會基金會的台灣支援,海外道場於世界各地做天災救助、輪椅捐贈等社區服務,以推動其第二波海外國際化後的本土化。

(四)在財務管理方面:佛光山全球海外道場為落實四大宗旨,亦放眼非顧客群與信徒的需求上考量,辦理許多有創意、有理念、有佛法的弘法活動,以創造更多的需求,來接引社會各階層本土人士學佛。接引對象主要可分為當地華裔與本地人兩種,在經費來源上略有差異,第二波在台灣國際化後的本土化,沿襲台灣寺廟傳統的捐款或房地產捐贈、法會收入、佛像刻名、納骨功德、法物流通、與護法委員費為主要收入,與為特定目的成立的百萬人興學委員會等方式。其他寺院相關事業單位的收入不像台灣的多元,僅有西來出版社、佛光緣美術館、中華學校、托兒所、滴水坊、會館膳宿、場地出租等收入的支持,與馬來西亞新山禪淨中心兩個基金會,以及佛光山1,300名出家弟子無給薪的奉獻。迄今,由於大部分佛光山全球海外道場,尚停留在接引華裔階段,與極少數的本土人士,所以大部份英語活動以收費或自由樂捐方式進行,故非寺廟主要的財源收入。

　　(五)在文化適應方面：星雲人間佛教第一波在台灣的本土化，75所道場同在台灣島上易複製佛光山，較無文化適應問題，同依據佛光山四大宗旨，透過星雲藍海策略的活動策劃，星雲也澈底落實以台灣本土僧尼擔任此75所道場住持的本土化策略。星雲人間佛教第二波在全球五大洲31個國家的國際化後的本土化，礙於各國不同的文化特色，除仍依據佛光山四大宗旨，透過星雲藍海策略的活動策劃，朝向本土人士擔任住持、語言本土化、可以有兩種信仰、尊重包容、和平平等邁進中。目前則仍停留在接引華人的階段，極少比例的本土化，故住持人選宜先接引當地的華裔子弟擔任，未來因緣成熟再過度到本土人士。

　　四、成長期：雖然星雲人間佛教國際化的最後願景，是希望由本土人士擔任佛光山全球海外道場的住持，佛光山僧團也一致認為，本土僧眾住持寺院有利於本土化的推動與落實，但迄今從未試辦過。故仍然停留在接引華人為主的階段，極少數的本土化成功過。依筆者針對加拿大基隆拿佛寺、美國劍橋禪修中心、澳洲藏傳佛學會、與法國梅村正念禪修中心等，四所來自亞洲不同大乘佛教傳統道場現任住持的比較研究結論，未見得一定要由本土僧眾擔任住持，才能夠成功地做到海外的本土化。但以目前佛光山在接引與培養西方僧眾的質與量上，離目標尚遠，非短期內可以完成。若一直坐等這一天的到來，恐怕遙遙無期。依筆者曾在美國波士頓落實本土化的經驗，不一定要有本地人住持才可以做到本土化，只要有意願、能以英語弘教，又有禪修體證與帶領禪修經驗即能勝任。若無法於短期內，有足夠養成的本土僧眾接任佛光山海外道場的住持，可以漸進方式先由當地第二代華裔子弟僧眾承擔住持職務，待

未來時機成熟了自然能遞補上。

總之，星雲人間佛教首波由中國到台灣的國際化與本土化，與第二波由台灣到全球五大洲的國際化與本土化，有下列共同模式：

(一)同樣追隨佛陀在印度的度眾出家、建置精舍、國際弘化、語言本土化、與應機的弘法內容。

(二)同樣透過建寺安僧僧信教育、文字影音產品製造、僧信組織管理行銷等方式，在全球各地推動星雲人間佛教。

(三)同樣依據佛光山四大宗旨規劃弘法活動內容，都以第一大宗旨文化弘揚佛法活動居多，除包含現代寺廟經營的宗教性、文化性、娛樂性產業內涵外，並導向現代社會企業，以建設人間淨土為目標。

(四)活動設計同具藍海策略的消除、減少、提升、與創造等四項行動架構。

(五)都容許信眾有兩種宗教信仰。

(六)遵守集體創作、資源共享原則。

第二節、申論

依據本論文的研究結果，與筆者的親身經驗與長期的觀察，佛光山依據四大宗旨透過藍海策略規劃的各項活動，絕對有利於本土化的推動。為能提早落實星雲本土化的五項策略，筆者謹提供六項建議供佛光山全球五大洲海外道場本土化的參考：

一、為深耕海外的本土化與僧眾的安住，佛光山三年的人事輪調制度，宜彈性做調整。

　　二、佛光山所有海外道場的僧眾，需建立以英語或當地語言
弘法的自信。

　　三、要派駐海外道場的佛光山僧眾，需強化禪教修證的弘法
資糧。

　　四、佛光山所有海外道場的僧眾，需瞭解世界主要宗教的內
涵與發展現況。

　　五、佛光山在海外國際弘化的文化適應上，應採雙方文化的
相互融合。

　　六、接引當地華裔第二代子弟來出家培訓，接任佛光山海外
道場的住持，再漸進轉移至本土人士來承擔。

參考書目

一、原典

後秦‧佛陀耶舍共竺佛念譯，《長阿含‧遊行經》，《大正藏》冊1，第1經。

西晉‧竺法護譯，《郁迦羅越問菩薩行經》，《大正藏》冊12，第323經。

姚秦‧鳩摩羅什譯，《大乘妙法蓮華經》〈方便品第二〉，《大正藏》冊9，第262經。

高齊‧那連提耶舍譯，《大悲經》，《大正藏》冊12，第380經。

二、專書

(一)英文

Hitt, M. A., Ireland, R. D., & Hoskisson, R. E. (2007), Strategic management: Competitiveness and globalization (7 ed.). Mason, OH: South-Western. Hitt, M. A.

Stuart Chandler(錢思度), Establishing a Pure Land on Earth: The Foguang Buddhist Perspective on Modernization and Globalization, 2004 - Honolulu: University of Hawai'i Press, 2004.

Holmes Welch(1967),The Practice of Chinese Buddhism: 1900-1950. Cambridge: Harvard University Press.

　(二)中文

江明修主編(2000)，《第三部門：經營策略與社會參與》，台北：智勝文化公司。

全佛編輯部(2000)，《釋迦牟尼佛 人間守護主》，台北市：全佛文化出版公司。

佛光山宗委會(2007)，《佛光山開山四十週年紀念特刊 1 佛光宗風》，佛光山文教基金會。

佛光山宗委會(2007)，《佛光山開山四十週年紀念特刊 3 僧信教育》，佛光山文教基金會。

佛光山宗委會(2007)，《佛光山開山四十週年紀念特刊 4 文化藝術》，佛光山文教基金會。

佛光山宗委會(2007)，《佛光山開山四十週年紀念特刊 6 國際佛光會》，佛光山文教基金會。

佛光山宗委會(2007)，《佛光山開山四十週年紀念特刊 7 國際交流》，佛光山文教基金會。

佛光山宗委會(2007)，《佛光山開山四十週年紀念特刊 8 佛光道

場》，佛光山文教基金會。

星雲大師(1987)，《星雲大師講演集》〈我的宗教體驗〉，高雄市：佛光出版社。

星雲大師(1997)，《佛光山開山30週年紀念特刊》，高雄市：佛光文化出版公司。

星雲大師(1998)，《佛教叢書・教用》，高雄市：佛光出版社。

星雲大師(1998)，《佛教叢書・(五)教史》，高雄市：佛光出版社。

星雲大師(1998)，《佛教叢書・(十)人間佛教》，高雄市：佛光出版社。

星雲大師(1999)，《佛光教科書・實用佛教》，高雄市：佛光出版社。

星雲大師(1999)，《佛光教科書・佛教問題探討》，高雄市：佛光出版社。

星雲編著(1999)，《佛光教科書(11)佛光學》，高雄市：佛光文化事業有限公司。

星雲大師(1999)，《往事百語》(五)《永不退票》，高雄市：佛光出版社。

星雲大師(2005)，《人間佛教系列・佛教與生活(一)》，台北市：香海文化。

星雲大師(2008)，《人間佛教語錄》(上冊)，台北市：香海文化事業有限公司。

星雲大師(2008)，《人間佛教語錄》(中冊)，台北市：香海文化事業有限公司。

星雲大師(2008)，《人間佛教語錄(下冊)》，台北市：香海文化事業有限公司。

星雲大師(2012)，《人間佛教何處尋》，台北市：天下遠見。

星雲大師(2015)，《貧僧有話要說》，台北市：福報文化有限公司。

星雲大師(2015)，《佛光與教團·怎樣做個佛光人》，台北市：三聯書店。

星雲大師(1988)，《佛光大辭典》，高雄市：佛光出版社。

林清玄(2001)《浩瀚星雲》，台北市：圓神出版社。

杭亭頓（Samuo1. P. Huntington）、黃裕美譯(1997)，《文明衝突與世界秩序的重建》（The Clash of Civilizations and the Remaking of World Order），台北市：聯經出版公司。

符芝瑛(2006)《傳燈》，台北市：天下遠見出版股份有限公司。

符芝瑛(2006)，《雲水日月-星雲大師傳(上、下)》，台北市：天下遠見出版股份有限公司。

程恭讓(2015)，《星雲大師人間佛教思想研究》，高雄市：佛光事業有限公司。

賈禮榮著，黃彼得譯(1982)，《今日與明日的宣教事業》，台北市：中國信徒佈道會。

學愚(2011)，《人間佛教：星雲大師如是說、如是行》，香港：中華書局。

蕭新煌、官有垣、陸宛蘋主編(2011)，《非營利部門：組織與運作(精簡本)》，高雄市：巨流圖書公司。

闞正宗(2004)，《重讀台灣佛教─戰後台灣佛教(續篇)》台北市：

大千出版社。

釋永東(2011)，《當代台灣佛教發展趨勢》，台北市：蘭臺出版社。

釋妙開主編(2015)，《佛光山2015我們的報告》，高雄市：人間通訊社。

釋妙熙主編(2014)，《甲子慶—星雲大師宜蘭弘法60周年》〈那些年，我在宜蘭〉，台北市：福報文化。

釋滿義(2005)，《星雲模式的人間佛教》，台北市：天下遠見出版。

三、期刊研討會論文

(一)英文

釋妙光(2013)，Issues of Acculturation and Globalization faced by the Fo Guang Shan Buddhist Order〈佛光山海外弘傳的文化適應問題〉，《2013星雲大師人間佛教理論實踐研究》，佛光文化事業有限公司。

手魯皮提耶.巴那西卡羅法師(I. Pannasekara)(2006)，〈非洲的淨土：佛光山南華寺〉(Pure Land in Africa: Fo Guang Shan Nan Hua Buddhist Temple Complex)，《普門學報》，第31期。

(二)中文

江燦騰(2010)，〈二戰後台灣漢傳佛教的轉型與創新〉，《二十一世紀雙月刊》。

李美蘭(2015)，《佛光山藍海策略之研究》，佛光大學佛教學系碩士論文。

林吉郎、林宜欣（2001），《宗教型非營利組織國際化社會進入策

略研究—以國際佛光會、慈濟功能會為例》，第二屆非營利組織管理研討會論文集。

星雲大師(2001)，「自覺與行佛」，南非南華寺第十次國際佛光會世界大會主題演說。

星雲大師(2001)，〈中國佛教階段性的發展芻議〉，《普門學報》，第一期。

星雲大師(2001)，〈人間佛教的藍圖〉，《普門學報》，第五期。

星雲大師(2005)，〈佛教對「經濟問題」的看法〉，《普門學報》，第26期。

星雲大師(2005)，〈推動本土化，不是「去」而是「給」——「去中國化」之我見〉，《普門學報》，第28期。

星雲大師(2006)，〈中國佛教與五乘佛法〉，《普門學報》，第35期。

鄭志明(2003)，〈台灣寺院經濟資源的運用問題〉，宗教福利與資源研討會5。

陸鏗/馬西屏(2007)，〈星雲大師與人間佛教全球化發展之研究〉，《普門學報》第40期。

釋永東(2014)，〈星雲《迷悟之間‧真理的價值》之譬喻運用〉，文學與宗教實踐研討會。

釋妙益(2004)，〈從佛光山美國西來寺看佛教本土化〉，《普門學報》第24期 / 2004年11月。

釋妙益(2013)，〈從星雲大師本土化理念看佛光山全球弘化之文化適應及成效—以荷蘭荷華寺為例〉，《2013星雲大師人間佛教理論實踐研究》，佛光文化事業有限公司。

釋妙益(2014)，〈從「柏林佛光山德文組」看德國弘法成效及佛教本土化〉，《2014星雲大師人間佛教理論實踐研究》，佛光文化事業有限公司。

釋妙牧(2007)，〈從宗教社會學觀點論析星雲大師的領導法〉，《普門學報》第40期，2007年11月。

釋滿具(2013)，〈人間佛教全球弘化問題略論—以美國為例〉，《2013星雲大師人間佛教理論實踐研究》，佛光文化事業有限公司。

釋滿耕(2006)，〈星雲大師與當代「人間佛教」〉（五之三）《普門學報》第33 期/ 2006年5月。

釋覺培(2004)，〈人間佛教的實踐與生活書香化之展望〉，《普門學報》，第十六期，佛光山文教基金會。

四、學位論文

(一)英文

Fun, Leonard (2013) Effective Transition of Fo Guang Shan Young Adult Division into Buddha's Light International Association through the Study of Sydney Prajnas Division(佛光青年轉為國際佛光會員之研究—以雪梨般若分團為例)，佛光大學佛教學系碩士論文。

Marie Antoinette R. Gorgonio(2009) The Study of the Impact of the Influence of Humanistic Buddhism Music on the Participants of the "Biography of the Buddha" Musical Production in the Philippines(人間佛教音樂與非佛教徒中之影響研究-以菲律賓

"佛陀傳-悉達多太子"為例)，佛光大學佛教學系碩士論文。

韋葳葳(2013)，Localization of Humanistic Buddhism in Australia: Nan Tien Temple as Example (人間佛教在澳洲本土化研究－以南天寺為例)，佛光大學佛教學系碩士論文。

(二)中文

朱思薇(釋妙上) (2008)，《佛教西來南美的分析探討－以佛光山人間佛教在巴西的發展為研究》，南華大學宗教學研究所碩士論文。

李美蘭(2015)，《佛光山藍海策略之研究》，佛光大學佛教學系碩士論文。

李姿儀(2011)，《跨國宗教與在地社會-以馬來西亞佛光山為例》，國立暨南國際大學東南亞研究所碩士論文。

林威廷(2011)，《佛光山在大馬華人社區中的發展-以柔佛州新山禪淨中心為研究》佛光大學佛教學系碩士論文。

林怡伶（2004），《非營利組織國際化之研究》，國立政治大學企業管理系碩士論文。

孫寶惠(2006)，《非營利事業組織之國際化發展策略—以佛光山為例》，國立中山大學企業管理學系研究所碩士論文。

陳家羚(2012)，《從佛光山紐約道場看紐約華人宗教參與和社會適應》，國立臺灣師範大學華語文教學系碩士論文。

喬友慶、于卓民、林月雲，〈國際化程度與產品差異化能力對廠商績效之影響-台灣大型製造廠商之實證研究〉《管理學報》，第十九卷，第五期，民國九十一年十月。

廖嘉雯(2008)，《台灣非政府組織參與聯合國之策略—以國際佛光

會為例》，南華大學國際暨大陸事務學系亞太研究所碩士班論文。

戴美華(2007)，《非營利組織國際化策略之研究-以慈濟與佛光山為例》，育達商業技術學院企業管理所碩士論文。

羅綺新(2009)，《佛光山教團全球化之文化意象》，佛光大學未來學研究所碩士論文。

五、網站資料

2013佛光山法華禪寺落成開光系列活動，http://www.bltv.tv/events/2013FranceInauguration/ 2013.7.8。

人間社2011年03月12日 14:18:00佛教在線http://www.fjnet.com/hwjj/haiwainr/201010/t20101019_170487.htm

心德生「再回梅村修習：修習休息」http://blog.udn.com/jharna/24429603 2015.6.14

西來寺http://www.ibps.org/newpage21.htm 2013.11.8

杜憲昌記者報導，〈佛光菩薩送愛 慈善院系列報導--世間災難無常〉2015.05.29

佛光山慈悲社會福利基金會官方網站http://www.compassion.org.tw/0322-news.aspx?id=236&month=05&date=29 2015. 7.25

記者金蜀卿馬尼拉報導，「薪火相傳 佛光山與教宗方濟會面」，《人間佛福報電子版》2015.1.19

Kelowna Buddhist Temple www.kelownabuddhisttemple.org/ 2015.4.10

佛光山人間佛教研究院網站，http://fgs.pkthink.com/，2015.9.20

佛光山北加州道場www.ibpsfremont.org/tc/nc_temples_tc.html 2015.9.6

佛光山全球資訊網https://www.gs.org.tw/career-culture.aspx 2015.5.24

佛光山南天寺http://nantien.org.au/cn/content/%E5%BB%BA%E5%A F%BA%E5%9B%A0%E7%B7%A3 2015.3.1

佛光青年台灣聚點http://www.bliayad.org.tw/cluster.php?area=1#area4 2015.4.4

〈產品〉百度百科 http://baike.baidu.com/view/1214.htm

佛光緣美術館網站http://fgsarts.webgo.com.tw/b62.php 2015.3.22

〈諸佛菩薩聖誕紀念日〉佛教導航 www.fjdh.cn/main/fojn/jnr.htm 2015.4.3

〈國際化與在地化〉http://zh.wikipedia.org/wiki/%E5%9B%BD%E9 %99%85%E5%8C%96%E4%B8%8E%E6%9C%AC%E5%9C%B 0%E5%8C%96

法華禪寺 維基百科https://zh.wikipedia.org/zh-tw/法華禪寺http:// www.foguangshan.fr/ 2015.9.27

南華寺網址https://zh-tw.facebook.com/nanhuatemple 2015.4.20

香雲海會，http://www.gandha.com.tw/about.aspx 2015.9.15

徐禎敏主播，「南非南華寺天龍隊」人間衛視http://www.bltv.tv/ program/?f=descript&sid=293 2015.3.21

國際佛光會中華總會 https://www.google.com.tw/?gfe_rd=cr&ei=mEs fVdywHO7UmQXj6oAQ#q=%E5%9C%8B%E9%9A%9B%E4% BD%9B%E5%85%89%E6%9C%83%E4%B8%AD%E8%8F%AF %E7%B8%BD%E6%9C%83 2015.4.4

國際佛光會中華青年總團網址，http://www.bliayad.org.tw/leader_3. php 2015.9.28

紫雲寺 地理資訊科學研究專題中心 2012.11.07 http://crgis.rchss. sinica.edu.tw/temples/ChanghuaCounty/changhua/0701055-ZYS

釋妙上，〈巴西如來寺弘法功能與展望〉，k.plm.org.cn/gnews/2009221/2009221107180.html

釋惠空(2015)，〈佛教經濟與佛教旅遊〉，Phật Học Online http://www.chuaphapminh.com/PrintView .aspx?Language=zh&ID=525402　2015,8,23

The Cambridge Zen Center網址 http://www.cambridgezen.com/ 2015.4.11

Geshe_Acharya_Thubten_Loden http://en.wikipedia.org/wiki/Geshe_ Acharya_Thubten_Loden 2015.4.18

Tibetan Buddhist Society Peaceful Land of Joy Meditation Center http:// www.tibetanbuddhistsociety.org/meditate-in-melbourne.aspx 2015.4.18

附錄　佛光山國際翻譯中心外文著作一覽表

佛光山國際翻譯中心外文書籍

No.	書名（Title）	語言	作者	出版社	附註
A	**English 英文**				
1	Where is the Way: Humanistic for Everyday Life 人間佛教何處尋?	英文	星雲大師		
2	Buddha Land in the Human World 人間佛國	英文	星雲大師		
3	The Biography of Sakyamuni Buddha 釋迦牟尼佛傳	英文	星雲大師		
4	Ten Paths to Happiness: A Commentary on the Sumati Sutra 十種幸福之道·佛說妙慧童女經	英文	星雲大師		
5	Meditation and Wisdom 禪定與智慧	英文	心定和尚		
6	Original Vows of Ksitigarbha Bodhisattva Sutra 地藏菩薩本願經	英文	蔡君玉（翻譯）		
7	Parading the Buddha: Localizing Buddha's Birthday Celebrations 佛誕節的本土化與演變	英文	覺瑋法師		
8	Little Panka Sweeps the Mind 掃心地—周利槃陀伽的故事	英文	法則		
9	Wind and Rain: The Life of Bodhisharma 中國禪宗初祖—達摩大師	英文	王美智		
10	The Patriarch of Chan: The Life of Ikkyu 機智的禪者—一休大師	英文	王美智		
11	Essence of Buddhism 基本佛法迷你書	英文	星雲大師		
12	Endless Know 佛教的生命、生死、生活學	英文	星雲大師		
13	Little Lotus and the Loving-Kindness Cup 小蓮花與慈心盃	英文	Susan Tidwell		
14	Bells, Gongs, and Wooden Fish 魚鱉磬的歌唱	英文	星雲大師		
15	FaXiang 法相	英文	慈莊法師		
16	Inspiration - Humble Table, Wise Fare Minibook 佛光菜根譚迷你書	中英文	星雲大師		
17	Four Insights for Finding Fulfillment 成就的秘訣：金剛經	英文	星雲大師		
18	The Three Virtuous Brothers 三好兄弟兒童童冊	英文	Susan Tidwell		
19	The Universal Gate 觀世音菩薩普門品講話	英文	星雲大師		
20	After Many Autumns 佛教作品文選	英文	星雲大師		
21	Life: Politics, Human Rights, and What the Buddha Said About Life 佛教對當代問題的探討（二）	英文	星雲大師		
22	The Buddha's Light Philosophy 佛光學	英文	星雲大師		
23	The Rabbit's Horn 六祖壇經講話	英文	星雲大師		
24	The Great Realizations 人大人覺經講話	英文	星雲大師		
25	For All Living Beings 人間佛教的戒定慧	英文	星雲大師		
26	Footprints in the Ganges 佛陀的故事（二）	英文	星雲大師		
27	Infinite Compassion, Endless Wisdom 菩薩行證	英文	星雲大師		
28	Being Good: Buddhist Ethics for Everyday Life 人間佛教的經證	英文	星雲大師		
29	Where is Your Buddha Nature? 人間佛教的人情味	英文	星雲大師		

30	The Core Teachings 佛法要義	英文	星雲大師
31	Humanistic Buddhism: A Blueprint for Life人間佛教的藍圖	英文	星雲大師
32	Chan Heart, Chan Art 禪話禪畫	英文	星雲大師
33	Bright Star, Luminous Cloud: The Life of a Simple Monk雲水日月	英文	符芝瑛
34	All in a Thought (E&I 1) 迷悟之間 1	英文	星雲大師
35	Prescription for the Heart (E&I 2) 迷悟之間 2	英文	星雲大師
36	A Moment, A Lifetime (E&I 3) 迷悟之間 3	英文	星雲大師
37	A Life of Pluses and Minuses (E&I 4) 迷悟之間 4	英文	星雲大師
38	Let Go, Move On (E&I 5) 迷悟之間 5	英文	星雲大師
39	Tending Life's Garden (E&I 6) 迷悟之間 6	英文	星雲大師
40	Seeking Happiness (E&I 7) 迷悟之間 7	英文	星雲大師
41	Keys to Living Well : Dharma Words 1 星雲法語 1	英文	星雲大師
42	The Mind of a Practitioner: Dharma Words 2 星雲法語 2	英文	星雲大師
43	Traveling to the other Shore 佛陀 － 六波羅蜜的修示	英文	星雲大師
44	Humble Table, Wise Fare 1: Living the Dharma佛光菜根譚 1	英文	星雲大師
45	A Look at Modern Social Issues 佛教對當代問題的探討	英文	星雲大師
46	Sutra of the Medicine Buddha 藥師經及其修持法門	英文	星雲大師
47	Opening the Mind's Eye 打開心眼	英文	星雲大師
48	Living Affinity佛法與生活	英文	星雲大師
49	Handing Down the Light 傳燈	英文	符芝瑛
50	Pearls of Wisdom: Prayers for Engaged Living 1佛光祈願文 (上)	英文	星雲大師
51	Pearls of Wisdom: Prayers for Engaged Living 2佛光祈願文 (下)	英文	星雲大師
52	From the Four Noble Truths to the Four Universal Vows從四聖諦到四弘誓願	英文	星雲大師
53	Of Benefit to Oneself and Others 六波羅蜜自他兩利之評價	英文	星雲大師
54	On Buddhist Democracy, Freedom, and Equality論佛教民主自由平等的真義	英文	星雲大師
55	Cloud and Water: An Interpretation of Chan Poems 星雲說偈	英文	星雲大師
56	Star and Cloud 人間佛教的行者	英文	鄭問
57	Describing The Indescribable 金剛經講話	英文	星雲大師
58	Humble Table, Wise Fare - Hospitality For The Heart I佛光菜根譚 (上)	英文	星雲大師
59	Humble Table, Wise Fare - Hospitality For The Heart II佛光菜根譚 (下)	英文	星雲大師
60	Contemporary Thoughts on Humanistic Buddhism當代人心的思路	英文	星雲大師
61	Buddhism Core Ideas 核心教誨	英文	星雲大師
62	The Philosophy of Being Second 老二哲學	英文	星雲大師

96	Sounds of the Dharma: Buddhism and Music 佛教與音樂	英文	星雲大師		小叢書類
97	Looking Ahead: A Guide For Young Buddhists 佛教青年的展望	英文	星雲大師		小叢書類
98	The Amitabha Sutra and the Pure Land School 從阿彌陀經看淨土思想的建立	英文	星雲大師		小叢書類
99	Building Connections: Buddhism & Architecture佛教與建築	英文	星雲大師		小叢書類
100	The Diamond Sutra and the Study of Wisdom and Emptiness從金剛經視到到般若空性的研究	英文	星雲大師		小叢書類
101	Protecting Our Environment佛法與環保	英文	星雲大師		小叢書類
102	On Becoming a Bodhisattva 菩薩的宗教體驗	英文	星雲大師		小叢書類
103	Speaking of Love and Affection 談情說愛	英文	星雲大師		小叢書類
104	Buddhism, Medicine, and Health 佛教與醫學	英文	星雲大師		小叢書類
105	Nirvana 涅槃	英文	星雲大師		小叢書類
106	Seeing the Buddha 佛陀的樣子	英文	星雲大師		小叢書類
107	A Disscussion on Perception and Understanding 佛教對知和見的看法	英文	星雲大師		小叢書類
108	Buddhism and Volunteerism佛教與義工	英文	星雲大師		小叢書類
109	Buddhism and Tea Ceremony 佛教與茶道	英文	星雲大師		小叢書類
110	Buddhism and Sculpture 佛教與雕塑	英文	星雲大師		小叢書類
111	Buddhist Perspectives on Spiritual Practice 佛教對修行問題的看法	英文	星雲大師		小叢書類
112	The Buddhist Perspective on the Supernatural 佛教對神通的看法	英文	星雲大師		小叢書類
113	Buddhism and Healing 佛教對身心疾病的看法	英文	星雲大師		小叢書類
114	Ghosts and the Afterlife 論鬼的形像	英文	星雲大師		小叢書類
115	The Buddhist Perspective on Time and Space 佛教對時空的看法	英文	星雲大師		小叢書類
116	Worldly Living, Transcendental Practice 從入世的生活到佛教出世的生活	英文	星雲大師		小叢書類
117	The Buddhist Perspective on Women's Rights佛教對女性問題的看法	英文	星雲大師		小叢書類
118	Buddhism and Vegetarianism 佛教對素食問題的看法	英文	星雲大師		小叢書類
119	Letting Go 佛教與生活(一)	英文	星雲大師		小叢書類
120	Seeing Clearly 佛教與生活 (二)	英文	星雲大師		小叢書類
121	Meditation 禪修	英文	星雲大師		小叢書類
122	The Triple Gem 皈依三寶的意義	英文	星雲大師		小叢書類
123	The Five Precepts 受持五戒的意義	英文	星雲大師		小叢書類
124	Starting a Daily Practice 如何修持佛法	英文	星雲大師		小叢書類
125	The Life of Master Hsing Yun 星雲大師的一生	英文	佛光山國際翻譯中心		小叢書類
126	The Eighteen Arhats 十八羅漢				
127	Visiting a Buddhist Temple 寺院參訪				

No.	Title	Language	Author				Note
128	Poems for the Ten Ox-Herding Pictures《十牛圖頌》隨身修行小冊	中英文	師遠禪師				小叢書類
129	Speaking of You and Me 談你說我	英文	星雲大師				小叢書類
130	The Heavenly Realms and the Hell Wolds 談天說地	英文	星雲大師				小叢書類
131	Different Practices, Same Path I 從佛教各宗各派說到各種修持的方法 (一)	英文	星雲大師				小叢書類
132	Different Practices, Same Path II 從佛教各宗各派說到各種修持的方法 (二)	英文	星雲大師				小叢書類
133	Different Practices, Same Path III 從佛教各宗各派說到各種修持的方法 (三)	英文	星雲大師				小叢書類
134	When We See Clearly I 佛教與生活 (一)	英文	星雲大師				小叢書類
135	When We See Clearly II 佛教與生活 (二)	英文	星雲大師				小叢書類
136	When We See Clearly III 佛教與生活 (三)	英文	星雲大師				小叢書類
137	The Buddhist Perspective on Compassion 佛教的慈悲主義	英文	星雲大師				小叢書類
138	Dharma Words of Master Venerable Hsing Yun 星雲大師法語	英文	星雲大師				小叢書類
139	Self-Awarness and Practicing the Buddha's Way 自覺與行佛	英文	星雲大師				小叢書類
140	To Resolve and To Develop 發心與發展	中英文	星雲大師				小叢書類
141	Mindful Wisdom, Heartful Joy I 星雲法語 (一)	英文	星雲大師				小叢書類
142	Mindful Wisdom, Heartful Joy II 星雲法語 (二)	英文	星雲大師				小叢書類
143	Buddhism and Medicine 佛教與醫學	英文	星雲大師				小叢書類
144	The Eight Consciousness 八識講話	中英文	星雲大師				
145	One Hundreds Tasks of Life 人生百事	中英越	星雲大師				小叢書類
B	**Spanish 西班牙文**						
1	Cutatro Principios para encontrar la plenitud: Sutra del Diamante金剛經成就的秘訣	西班牙文	星雲大師				
2	Tierra de Buda en el Mundo Humano 人間佛國	西班牙文	星雲大師				
3	La Esencia del Budismo 佛教的真諦	西班牙文	星雲大師				
4	Charlas Sobre Chan 星雲禪話1	西班牙文					
6	Vision Budista del Mas alla 生死與涅槃	西班牙文	星雲大師				
6	Entre la Ignorancia y la Iluminacion I 迷悟之間 (一)	西班牙文	星雲大師				
7	Entre la Ignorancia y la Iluminacion II 迷悟之間 (二)	西班牙文	星雲大師				
8	Entre la Ignorancia y la Iluminacion III 迷悟之間 (三)	西班牙文	星雲大師				
9	Perspectiva Budista acerca del Destino la Magia y lo Sobrenatural 佛教對沖通的看法	西班牙文	星雲大師				
10	Perspectiva Budista acerca de la Medicina y la Salud 佛教與醫學	西班牙文	星雲大師				
11	Sutra del Buda de la Medicina 藥師經	西班牙文	星雲大師				
12	La Filosofía De Ser El Segundo 老二哲學	西班牙文	星雲大師				

			周慧珠 潘人木 林鴻堯						
13	El Sutra Ilustrado de las Cien Parabolas - Vol. 1 兒童百喻經 1	西班牙文							
14	El Sutra Ilustrado de las Cien Parabolas - Vol. 2 兒童百喻經 2	西班牙文	洪志明／洪義男						
15	El Sutra Ilustrado de las Cien Parabolas - Vol. 3 兒童百喻經 3	西班牙文	管家琪／龔雲鵬						
16	El Sutra Ilustrado de las Cien Parabolas - Vol. 4 兒童百喻經 4	西班牙文	洪志明／林傳宗						
17	El Sutra Ilustrado de las Cien Parabolas - Vol. 5 兒童百喻經 5	西班牙文	黃淑萍／巫筱芬						
18	El Sutra Ilustrado de las Cien Parabolas - Vol. 6 兒童百喻經 6	西班牙文	謝武彰／王金選						
19	El Sutra Ilustrado de las Cien Parabolas - Vol. 6 兒童百喻經 7	西班牙文	管家琪／陳維霖						
20	El Sutra Ilustrado de las Cien Parabolas - Vol. 8 兒童百喻經 8	西班牙文	洪志明／管月淑						
21	El Sutra Ilustrado de las Cien Parabolas - Vol. 9 兒童百喻經 9	西班牙文	黃淑萍／孫淑萍						
22	El Sutra Ilustrado de las Cien Parabolas - Vol. 10 兒童百喻經 10	西班牙文	方素珍／鐘偉民						
23	El Sutra Ilustrado de las Cien Parabolas - Vol. 12 兒童百喻經 12	西班牙文	方素珍／黃淑英						
24	Con Sumo Gusto 心甘情願	西班牙文	星雲大師						
25	El Camino del Bodhisattva 菩薩的宗教體驗	西班牙文	星雲大師						
26	Arquitectura Budista: Diseno y Funcion al Servicio del Dharma 佛教與建築	西班牙文	星雲大師						
27	Condicionalidad: la Ley Karmica de Causa y Efecto 因果與業力	西班牙文	星雲大師						
28	La Rueda del Renacimiento 佛教對輪迴的看法	西班牙文	星雲大師						
29	Biografia Ilustrada del Buda Sakyamuni 佛陀畫傳	西班牙文	星雲大師						
30	Plegarias I 佛光祈願文 1	西班牙文	星雲大師						
31	Sutras I 佛經 (一)	西班牙文							
32	Sutras II 佛經 (二)	西班牙文							
33	El Corazon Del Dharma 佛法的實踐與進階	西班牙文	星雲大師						
34	Un Manantial para el Espiritu 心靈的活泉—星雲法語有聲書 (一)	西班牙文	星雲大師						
35	Contemplando al Buda 佛陀的樣子	西班牙文	星雲大師						
36	La Arquitectura de la Vida segun el Budismo Humanitario 生命的工程師	西班牙文	心定和尚						
37	Karma, Meditacion y Sabiduria 業力、禪定與智慧	西班牙文	心定和尚						
38	Perspectiva Budista sobre el amor y el afecto 談情說愛	西班牙文	星雲大師						小叢書類
39	Que es el Budismo? 什麼是佛教?	西班牙文	星雲大師						小叢書類
40	La esencia del Chan 禪的真諦	西班牙文	星雲大師						小叢書類
41	Diez cosas que nos preocupan en la vida 人生十問	西班牙文	星雲大師						小叢書類
42	Los conceptos fundamentales del budismo humanitario 人間佛教的基本思想	西班牙文	星雲大師						小叢書類
43	El budismo y la psicologia 佛教與心理學	西班牙文	星雲大師						小叢書類

	Title	Language	Author	Notes
44	Los sonidos del Dharma: El budismo y la musica 佛教與音樂	西班牙文	星雲大師	小叢書類
45	Un enfoque budista de la administracion de empresas 佛教的管理學	西班牙文	星雲大師	小叢書類
46	El budismo y la ceremonia del te 佛教與茶道	西班牙文	星雲大師	
47	La statisfaccion de esta vida con el Budismo 佛教的圓滿人生	西班牙文	心定和尚	小叢書類
48	Buda, El Gran Maestro 偉大的佛陀	西班牙文	星雲大師	
49	El Budismo y el vegetarianismo 佛教對素食問題的看法	西班牙文	星雲大師	小叢書類
50	Protegiendo nuestro medio ambiente 佛教與環保	西班牙文	星雲大師	
51	La Llegada de la Muerte 人死亡之後的生命怎麼樣?	西班牙文	星雲大師	小叢書類
52	Ensenando, aprendiendo Y Perservando el Camino del Budismo Chan 從教禪守道談到禪宗的特色	西班牙文	星雲大師	
53	La Felicidad y La Paz 幸福與安樂	西班牙文	星雲大師	
54	Meditacion 禪修 （佛光禪入門）	西班牙文	星雲大師	
55	Reflexiones en el Sendero de la Cultivacion del Maestro Hsin Pei 心培和尚禪修行	西班牙文	星雲大師	
C	**Portuguese 葡萄牙文**			
1	Espalhando A Luz 傳燈	葡萄牙文	符芝瑛	
2	Budismo Puro E Simples 八大人覺經	葡萄牙文	星雲大師	
3	Budismo Significados Profundos 佛法入門	葡萄牙文	星雲大師	
4	Sutra do Buda da Medicina 藥師經及其修持法門	葡萄牙文	星雲大師	
5	Purificando a mente- a meditacao no budismo chines 中國禪修入門	葡萄牙文	星雲大師	
6	Budismo Conceitos Fundamentais 佛法概論	葡萄牙文	星雲大師	
7	Budismo Conceitos Fundamentais 佛法概論	葡萄牙文	星雲大師	葡萄牙版
8	Nuvem de Estrelas Veneravel Mestre Hsing Yun 人間佛教的行者	葡萄牙文	鄭羽書	
9	Cultivando O Bem 人間佛教的經證	葡萄牙文	星雲大師	
10	Historias Ch'an 禪話 (一)	葡萄牙文	星雲大師	
11	Contos Ch'an 禪話 (二)	葡萄牙文	星雲大師	
12	O Valor da Verdade 迷悟之間 (一)	葡萄牙文	星雲大師	
13	Receita para a coracao 迷悟之間 (二)	葡萄牙文	星雲大師	
14	O Caminho para a Felicidade 迷悟之間 (一)	葡萄牙文	星雲大師	
15	人間佛教的戒定慧	葡萄牙文	星雲大師	
16	Carma, Meditacao e Sabedoria 業力、禪定與智慧	葡萄牙文	心定和尚	
17	Carma, Meditacao e Sabedoria 業力、禪定與智慧	葡萄牙文	心定和尚	葡萄牙版
18	A Engenharia da Vida 生命的工程師	葡萄牙文	心定和尚	
19	A Engenharia da Vida 生命的工程師	葡萄牙文	心定和尚	葡萄牙版
20	Sabor e Saude 美食與健康素食譜	葡萄牙文	陳金枝	

No.	Title	Language	Author	Category
21	Buda Shakyamuni Livro de Colorir 釋迦牟尼佛填色冊	葡萄牙文	馬佛光文化	
22	Bodisatva Guan Yin Livro de Colorir 觀世音菩薩填色冊	葡萄牙文	馬佛光文化	
23	Buda Amitabha Livro de Colorir 阿彌陀佛填色冊	葡萄牙文	馬佛光文化	
24	Bodisatva Kshitigarbha Livro de Colorir 地藏王菩薩填色冊	葡萄牙文	馬佛光文化	
25	Bodisatva Maitreya Livro de Colorir 彌勒菩薩填色冊	葡萄牙文	馬佛光文化	
26	Proteçao dos Animais Livro de Colorir 護生畫集填色冊	葡萄牙文	馬佛光文化	
27	A Essencia do Ch'an 禪的真諦	葡萄牙文	星雲大師	小叢書畫類
28	A Perspectiva Budista sobre Causa e Condicao 佛教對因緣的看法	葡萄牙文	星雲大師	小叢書畫類
29	A Perspectiva Budista Sobre Magia E Sobrenatural 佛教對神通的看法	葡萄牙文	星雲大師	小叢書畫類
30	A Roda do Renascimento 佛教對輪迴的看法	葡萄牙文	星雲大師	小叢書畫類
31	A Essencia do Budismo 佛教的真諦	葡萄牙文	星雲大師	小叢書畫類
32	Caracteristicas Singulares do Budismo 佛教的特質	葡萄牙文	星雲大師	小叢書畫類
33	Conceitos Fundamentais do Budismo Humanista 人間佛教的基本思想	葡萄牙文	星雲大師	小叢書畫類
34	O Que E Budismo? 什麼是佛教?	葡萄牙文	星雲大師	小叢書畫類
35	Quando Merremos 人死亡之後的生命怎麼樣?	葡萄牙文	星雲大師	小叢書畫類
36	Budismo, Medicina E Saude 佛教與醫學	葡萄牙文	星雲大師	小叢書畫類
37	Preservacao do Meio Ambiente e do Universo Mental 環保與心保	葡萄牙文	星雲大師	小叢書畫類
D	**German 德文**			
1	Wahrhaftig Leben 人間佛教的經證	德文	星雲大師	
2	老二哲學	德文	星雲大師	
3	Der Lotus im Fluss / Lotus in a Stream 佛法入門	德文	星雲大師	
4	Von der Unwissenheit zur Erleuchtung I 迷悟之間 (一)	德文	星雲大師	
5	Von der Unwissenheit zur Erleuchtung II 迷悟之間 (二)	德文	星雲大師	
6	Von der Unwissenheit zur Erleuchtung III 迷悟之間 (三)	德文	星雲大師	
7	Buddhas kleines Stundenbuch 佛光采根譚 (一)	德文	星雲大師	
8	Buddhas Weisheitsperlen 佛光采根譚 (二)	德文	星雲大師	
9	Fo-Guang-Shan Andachtsbuch I 佛光山課誦本 (一)	德文	星雲大師	
10	Perlen der Weisheit 佛光祈願文	德文		
11	Ein Bündel Brennholz 星雲禪話 (一)	德文	星雲大師	
12	Bereitschaft des Herzens 心甘情願	德文	星雲大師	
13	Immer Willig / 心甘情願	德文	星雲大師	
14	Wenn Wir Sterben 人死後的生命怎麼樣	德文	星雲大師	小叢書畫類

		語言	作者	類別
15	Der Grosse Buddha 偉大的佛陀	德文	星雲大師	小叢書類
16	Die grundlegenden Vorstellungen des Humanistichen Buddhismus/人間佛教的基本思想	德文	星雲大師	小叢書類
17	Das Rad der Wiedergeburt 佛教對輪迴的看法	德文	星雲大師	小叢書類
18	Das Wesen des Ch'an 禪的真諦	德文	星雲大師	
19	CD fuer von Unwissenheit zur Erleuchtung迷悟之間 CD	德文	星雲大師	小叢書類
20	CD fuer von Unwissenheit zur Erleuchtung迷悟之間(二) CD	德文	星雲大師	CD
E	**Swedish 瑞典文**			
1	Buddhas Liv I Bilder 佛陀的一生	瑞典文	星雲大師	
2	Mellan okunskap och upplysning迷悟之間 (一)	瑞典文	星雲大師	
3	Buddhas Ljus Rotsaksvisdomsord 佛光菜根譚	瑞典文	星雲大師	
4	Lejonets Rytande - Tal om chan 星雲說偈	瑞典文	星雲大師	
5	Att Vara God - Buddhistisk etik I vardagslivet 人間佛教的經證	瑞典文	星雲大師	
F	**Japanese 日文**			
1	星雲大師的人間佛教	日文	滿義法師	小叢書類
2	星雲法語	日文	符芝瑛	小叢書類
3	傳燈	日文	符芝瑛	小叢書類
4	星雲禪話 (一)	日文	星雲大師	小叢書類
5	星雲禪話 (二)	日文	星雲大師	小叢書類
6	佛光菜根譚	日文	星雲大師	小叢書類
7	圖文佛光菜根譚	日文	星雲大師	小叢書類
8	佛光山星雲大師	日文	南方人物周刊	小叢書類
9	生活的智慧	日文	星雲大師	小叢書類
10	何謂人生	日文	星雲大師	小叢書類
11	何謂開悟	日文	星雲大師	小叢書類
12	修行的道	日文	星雲大師	小叢書類
13	成功的條件	日文	星雲大師	小叢書類
14	菩薩與義工	日文	星雲大師	小叢書類
15	往事百語・難遭難遇	日文	星雲大師	小叢書類
16	星雲法語	日文	星雲大師	小叢書類
17	心・金錢與命運	日文	星雲大師	小叢書類
18	人間佛教叢書(一)星雲法語・生活的般若	日文	星雲大師	小叢書類
19	人間佛教叢書(二)星雲法語・人生十問	日文	星雲大師	小叢書類
20	佛教對素食問題的看法	日文	星雲大師	小叢書類

	Title	Language	Author	Note
11	La Sagesse eternelle - Sans Souri 佛光菜根譚・自在	中法文	星雲大師	
12	La Sagesse eternelle - Education 佛光菜根譚・教育	中法文	星雲大師	
13	La Sagesse eternelle - Determination 佛光菜根譚・勵志	中法文	星雲大師	
14	La Sagesse eternelle - Trésor de la Connaissance 佛光菜根譚・寶典	中法文	星雲大師	
15	La Sagesse eternelle - La Revelation 佛光菜根譚・啟示	中法文	星雲大師	
16	Conscience de soi et practique de la Voie du Bouddha 自覺與行佛	中法文	星雲大師	
17	Perspective Bouddhiste sur la Compassion 佛教的慈悲主義	中法文	星雲大師	
18	Modeste Table, sage nourriture I 佛光菜根譚 (一)	中英法文	星雲大師	
19	Modeste Table, sage nourriture II 佛光菜根譚 (二)	中英法文	星雲大師	
20	Modeste Table, sage nourriture III 佛光菜根譚 (三)	中英法文	星雲大師	
21	Les Concept Fondamentaux Du Bouddhisme Humanitaire 人間佛教的基本思想	中英法文	星雲大師	
22	La causalité, le karma 佛教的因果與業	法文	星雲大師	小叢書類
23	La voie du milieu, la vacuité 佛教的中道與空	法文	星雲大師	小叢書類
24	Prendre refuge auprès des Trois Joyaux 皈依三寶的意義	法文	星雲大師	小叢書類
25	Recevoir et observer constamment les cinq préceptes 受持五戒的意義	法文	星雲大師	
26	人間佛教的基本思想	法文	星雲大師	
27	偉大的佛陀	法文	星雲大師	
28	Comment Embellir Sa Vie 美化人生	中英法文	星雲大師	小叢書類
29	Nature et Vie (Nature and Life) 自然與生命	法文	星雲大師	小叢書類
30	浮祐旅行者的365日中華文化佛教寶典	法文	星雲大師	
I	**Sinhalese 錫蘭文**			
1	Environment and Spiritual Preservation 環保與心保	錫蘭文	星雲大師	
2	人間佛教的性格	錫蘭文	星雲大師	
3	人間佛教的人情味	錫蘭文	星雲大師	
4	人間佛教的經證	錫蘭文	星雲大師	
5	老二哲學	錫蘭文	星雲大師	
6	星雲祝偈	錫蘭文	星雲大師	
7	人生百事	錫蘭文	星雲大師	
8	迷悟之間 (一)	錫蘭文	星雲大師	
9	迷悟之間 (二)	錫蘭文	星雲大師	
J	**Thai 泰文**			
1	迷悟之間 (一)	泰文	星雲大師	
2	迷悟之間 (二)	泰文	星雲大師	

3	佛光菜根譚・自在	泰文	星雲大師	
4	佛光菜根譚・寶典	泰文	星雲大師	
5	佛光菜根譚・啟示	泰文	星雲大師	
6	皆大歡喜	泰文	星雲大師	
7	心甘情願	泰文	星雲大師	
8	老二哲學	泰文	星雲大師	
9	傳燈	泰文	符芝瑛	
10	我的宗教體驗	泰文	星雲大師	小叢書類
11	人間佛教的基本思想	泰文	星雲大師	小叢書類
12	佛教與生活（一）	泰文	星雲大師	小叢書類
13	佛教與生活（二）	泰文	星雲大師	小叢書類
14	星雲大師法語	泰文	星雲大師	小叢書類
15	人間生活禪CD	泰文	星雲大師	小叢書類
K	**Indonesian 印尼文**			
1	Di antara Keraguan dan Kesedaran 迷悟之間	印尼文	星雲大師	
2	Mewariskan Pelita 傳燈	印尼文	符芝瑛	
3	Dharma Humanistik 人間佛教的性格	印尼文	星雲大師	
4	Praktis Dharma Humanistik 我如何實踐人間佛教	印尼文	星雲大師	
5	Mutiara Kebijaksanaan 佛光祈願文（一）	印尼文	星雲大師	
6	Perenungan Dharma Master Hsing Yun I 佛光菜根譚（一）	印尼文	星雲大師	
7	Perenungan Dharma Master Hsing Yun II 佛光菜根譚（二）	印尼文	星雲大師	
8	Nasib dalam Pandangan Agama Buddha 佛教對命運的看法	印尼文	星雲大師	小叢書類
9	Bagaimana membina Kebahagiaan di dalam Kehidupan如何建立幸福美滿的生活	印尼文	星雲大師	小叢書類
10	Ajaran Kebenaran Dalam Kehidupan Sehari-hari 1 星雲大師法語	印尼文	星雲大師	小叢書類
11	Ajaran Kebenaran Dalam Kehidupan Sehari-hari 2 星雲法語（二）	印尼文	星雲大師	小叢書類
12	Ajaran Kebenaran Dalam Kehidupan Sehari-hari 3 星雲法語（三）	印尼文	星雲大師	小叢書類
13	Seratus Tugas Kehidupan	印尼文	星雲大師	小叢書類
L	**Nepalese 尼泊爾文**			
1	人間佛教的藍圖	尼泊爾文	星雲大師	
2	人間佛教的人情味	尼泊爾文	星雲大師	
3	佛光世紀	尼泊爾文	星雲大師	
4	佛光菜根譚・生活勤奮人和	尼泊爾文	星雲大師	小叢書類
5	佛光菜根譚・教化修行責任	尼泊爾文	星雲大師	小叢書類

6	佛光菜根譚 · 勵志敢品警揚	尼泊爾文	星雲大師			小袁書頻
7	佛光菜根譚 · 自然果集法則	尼泊爾文	星雲大師			小袁書頻
M	**Hindi 印度文**					
1	Humble Table, Wise Fare 佛光菜根譚	印度文	星雲大師			小袁書頻
2	The Young Buddhist's Path to Success 佛教青年成功之道	印度文	星雲大師			小袁書頻
3	One Hundred Tasks of Life 人生百事	印度文	星雲大師			小袁書頻
N	**Vietnamese 越南文**					
1	人間佛國	越南文	星雲大師	美國佛光出版社		
2	Giới Định Tuệ Trong Phật Giáo Nhân Gian 人間佛教的戒定慧	越南文	星雲大師	美國佛光出版社		
3	Phat Quang Thai Can Dam 佛光菜根譚	越南文	星雲大師			
4	Nac Thang Cuoc Doi 迷悟之間	越南文	星雲大師			
5	Muoi Bai Giang Kinh Bat Dai Nhan Giac 八大人覺經十講	越南文	星雲大師			
6	Cho Ngu'o'I niem vui 心甘情願	越南文	星雲大師			
7	Nghia tinh tran quy 皆大歡喜	越南文	星雲大師	東方出版社	行端法師	
8	Sao troi mênh mông 有情有義	越南文	星雲大師	東方出版社	行端法師	
9	mười điêu không của người xuất gia 星空寬闊	越南文	星雲大師	東方出版社	行端法師	
10	Đời sống rộng mở 出家人的"不"	越南文	星雲大師	東方出版社	達摩志海	
11	Phước báo từ đâu đến 生活寬闊	越南文	星雲大師		素娥	
12	Một làbao nhiêu 福報那裡求	越南文	星雲大師	時代與紅德	李仕榴	
13	Đao sinh tôn 一是多少	越南文	星雲大師	時代與紅德	範明珠	
14	Quán tự tai 生存之道	越南文	星雲大師	時代與紅德	海潮	
15	Mật màsinh mệnh 觀自在	越南文	星雲大師	時代與紅德	釋童今	
16	Thoát vòng tục luy 生命密碼	越南文	星雲大師	時代與紅德	阮福安 Samana	
17	Nhìn xa trong rộng 玉琳國師	越南文	星雲大師	時代與紅德	廣渡	
18	Tự tuyen 遠見	越南文	星雲大師	時代與紅德	妙芳	
19	Những bí mật của tâm tự傳	越南文	星雲大師	Tôn giao	杜康 (Thuan Hung)	
20	Thiên và giải thoát 心的秘密	越南文	星雲大師	Thoi dai	Thuan Hung	
21	Bênh của thanh niên nên禪興解脫	越南文	星雲大師	e-book	Đạt Ma Khả Triết	
22	Mười vị đệ tử lớm của đức Phật 青年人的通病	越南文	星雲大師	e-book	Tam Minh Ngo Tang Giao	
23	Thoat Vong tuc luy 十大弟子傳	越南文	星雲大師	e-book	Thich Quang Do	
24	Phat quang dai tu dien 玉琳國師	越南文	星雲大師	e-book	Thich Quang Do	
25	佛光大辭典	越南文	星雲大師	Que Me	Thich Quang Do	

國家圖書館出版品預行編目資料

人間佛教世界展望 / 釋永東 著
-- 初版. -- 臺北市：蘭臺出版：博客思發行, 2016.1
面；　公分. -- (佛教研究叢刊；9)
ISBN 978-986-5633-22-6（平裝）
1.佛光山 2.佛教事業 3.國際化

220.6　　　　　　　　　　　　　104026583

佛教研究叢刊9

人間佛教世界展望

作　　者：釋永東
美　　編：高雅婷
編　　輯：高雅婷
封面設計：林育雯
出 版 者：蘭臺出版社
發　　行：博客思出版社
地　　址：臺北市中正區重慶南路1段121號8樓14
電　　話：（02）2331-1675或（02）2331-1691
傳　　真：（02）2382-6225
E—MAIL：books5w@gmail.com或books5w@yahoo.com.tw
網路書店：http://store.pchome.com.tw/yesbooks/、http://www.bookstv.com.tw/
　　　　　http://www.5w.com.tw、http://www.books.com.tw
　　　　　博客來網路書店、華文網路書店、三民書局
總 經 銷：成信文化事業股份有限公司
電　　話：02-2219-2080　　傳　真：02-2219-2180
劃撥戶名：蘭臺出版社 帳號：18995335
地　　址：香港新界大蒲汀麗路36號中華商務印刷大樓
　　　　　C&C Building, 36,Ting, Lai, Road, Tai,Po, New,Territories
電　　話：(852)2150-2100　　傳真：(852)2356-0735
總 經 銷：廈門外圖集團有限公司
地　　址：廈門市湖裡區悅華路8號4樓
電　　話：86-592-2230177　　傳　真：86-592-5365089
出版日期：2016年1月 初版
定　　價：新臺幣360元整（平裝）
ISBN：978-986-5633-22-6